Dietmar Friedmann

ILP
Integrierte
Lösungsorientierte
Psychologie

D1726753

Dietmar Friedmann

ILP
Integrierte
Lösungsorientierte
Psychologie

Psychotherapie
und Coaching

3. Auflage

Die Deutsche Bibliothek verzeichnet diese Publikation
in der Deutschen Nationalbibliografie;
detaillierte bibliografische Daten sind im Internet über
http://www.dnb.ddb.de abrufbar

3., unveränderte Auflage 2013
© 2011 by Wissenschaftliche Buchgesellschaft, Darmstadt
1. Auflage 2004
Redaktion: Ulrike Finck, Sinsheim
Satz: Lichtsatz Michael Glaese GmbH, Hemsbach
Umschlaggestaltung: Peter Lohse, Büttelborn
Gedruckt auf säurefreiem und alterungsbeständigem Papier
Printed in Germany

www.wbg-wissenverbindet.de

ISBN 978-3-534-26278-6

Elektronisch sind folgende Ausgaben erhältlich:
eBook (PDF): 978-3-534-71422-3
eBook (epub): 978-3-534-71972-3

Inhalt

Einleitung

Wenn etwas gelingen soll, ist es besser von Lösungen auszugehen, statt von Problemen. Lenkt man die Aufmerksamkeit der Klienten auf mögliche Lösungen und auf Gelungenes, können in kürzerer Zeit bessere Ergebnisse erzielt werden, als wenn man sich viel mit dem beschäftigt, was misslungen ist. Das sind die übereinstimmenden Erfahrungen jener, die lösungsorientiert vorgehen. Sie arbeiten mit Träumen und Zielen, mit Ressourcen und Erfahrungen, aber auch mit Intuition und dem Wissen, wie unsere Wirklichkeit funktioniert. Lösungsorientiertes Vorgehen erfordert neben solidem handwerklichem Können eine innere Haltung, die man ihrerseits als lösungsorientiert beschreiben kann.

Dieses Buch behandelt die Integration lösungsorientierter Verfahren auf dem Hintergrund einer prozessorientierten Persönlichkeitstypologie. Dabei handelt es sich um schon bewährte Verfahren wie die Lösungsorientierte Kurztherapie[1] und das fortgeschrittene NLP[2], aber auch um Neuentwicklungen. Die Systemisch-energetische Kurztherapie, bisher eher intuitiv eingesetzt, wurde methodisch zugänglich gemacht. Und mit dem typgenauen Autonomie-Training wird deutlich, wie der Einzelne sein Wohlbefinden beeinträchtigt und wie er es zurückgewinnen kann.

Wie ist es möglich, dass ein Verfahren zugleich Psychotherapie und Coaching sein kann? Bisher galten Therapie und Coaching als zwei völlig unterschiedliche Tätigkeiten, etwa Therapie ist etwas für Kranke, Coaching für Gesunde. Doch die systemischen, lösungs- und ressourcenorientierten Verfahren sind eigentlich Coaching-Methoden. Sie kümmern sich wenig um die Symptome des (psychischen) Krankseins und auch nicht um die Heilung von psychischen Störungen.

Sie arbeiten von Anfang an auf Lösungen hin, aktivieren und unterstützen die gesunden Anteile des Klienten. Sie vertrauen darauf, dass Krankheiten und Störungen Symptome sind, die von selbst verschwinden, wenn der Klient konstruktiv mit sich und seinem Leben umgeht. Das ist eine in der Psychotherapie (und Medizin) neue Sichtweise.

Die Praxis gibt ihnen Recht. Klienten realisieren in einem Bruchteil der bisherigen Behandlungszeiten stabile positive Ergebnisse. Deshalb nennt man diese Verfahren auch Kurztherapien. Nicht weil sie ‚Taschenausgaben' einer richtigen und ausführlichen Therapie sind, sondern weil sie in kurzer Zeit erfolgreich die Ziele ihrer Klienten realisieren.

Für die alltägliche Lebenspraxis sind diese ‚therapeutischen' Coaching-Verfahren nützlich, um mit sich und anderen ‚gesund' umzugehen. ILP ist angewandte Lebenskompetenz. Das heißt, im ILP stecken viel Wissen und praktisch Erfahrung, wie man mit den vielfältigen Herausforderungen des Lebens angemessen und erfolgsversprechend umgehen kann.

Damit wird ein neues Kapitel in der Geschichte der Psychotherapie aufgeschlagen. Wir sind jetzt in der dritten oder vierten Generation angelangt, und in jeder stellen sich neue Aufgaben. In den letzten Jahrzehnten wurden mannigfaltige Verfahren zur lösungs- und ressourcenorientierten Therapie entwickelt. Sie nützen und unterstützen die schöpferischen Fähigkeiten der Klienten. Man arbeitet mit ihnen auf deren Kompetenzebene, aktiviert ihre Ressourcen und lenkt ihren Blick nach vorne auf lohnende und attraktive Ziele.

Was steht jetzt an? Es kommt jetzt darauf an die unterschiedlichen lösungsorientierten Ansätze zu integrieren. Das erfordert offen zu sein, Zusammenhänge zu erkennen, Erkenntnisse kompatibel zu machen. Was bedeutet hier Integration? Integrieren ist nicht Mischen und Vermischen. Es ist ein passgenaues Zusammenfügen, so dass jedes Teil wie bei einem Puzzle seinen Platz hat und findet. Dabei wird deutlich, dass manche Puzzleteile nur rudimentär ausgebildet sind und andere ganz fehlen, also fertiggestellt oder neu gestaltet werden müssen. Mischungen dagegen haben den Charakter des Beliebigen, man denke an Tabak-, Kaffee- oder Duftmischungen – der eine mag die, der andere jene.

Hier stellt sich die Frage, lässt sich unsere Wirklichkeit tatsächlich mit einem Puzzle[3] vergleichen, ist sie ‚vorstrukturiert', funktioniert sie nach erkennbaren Gesetzmäßigkeiten und vorhersagbaren Prozessen – oder ist sie eher ein zufälliges Durcheinander? Das könnte die entscheidende Frage sein, die den Übergang markiert von der dritten zur vierten Generation. Die meisten lösungsorientierten Therapeuten denken pragmatisch und konstruktivistisch. Für sie ist die Wirklichkeit so etwas wie ein Baukasten aus Legosteinen – man kann sie so oder anders zusammensetzen und alles Mögliche damit bauen. Dagegen habe ich nichts einzuwenden, doch es ist nicht alles.

Ähnlich stellt sich die bisherige Lösungsorientierte Therapie selbst dar, eine Fülle wirksamer Ansätze und Methoden. Das sieht aus wie Reichtum, hat aber auch etwas von einer Überschwemmung: das Wertvolle geht unter in einer Masse des Mittelmäßigen – ein Werkzeugkasten voller Werkzeuge ohne

Gebrauchsanleitungen. Ich stimme hier De Shazer zu, der darauf besteht, die Dinge einfach zu halten, oder Walter und Peller, die sich auf nur drei Methoden konzentrieren – auch wenn mein eigener Ansatz deutlich differenzierter ist. Integration bedeutet für mich deshalb auch, den Weizen von der Spreu zu trennen. Dabei dürfen keine persönlichen Vorlieben im Spiel sein, sondern das muss sich aus der Sache ergeben.

Wie kann so eine Aufgabe gelöst werden? Was uns vermutlich am meisten daran hindert weiterzukommen, sind gedankliche Einschränkungen. Die banale und leicht zu durchschauende Form von Behinderungen sind Ideologien. Sie werden heute vor allem dafür eingesetzt, veraltete Verfahren zu rechtfertigen und zu schützen. Subtiler sind wissenschafts- und erkenntnistheoretische Einstellungen, die sich in der Vergangenheit darin bewährt haben, bestimmte Wirklichkeitsaspekte zu erschließen, dann aber verallgemeinert werden und das bereits Bekannte für die ganze Wirklichkeit halten. Hier hilft, dass man sie nicht als allgemein gültige Wahrheiten betrachtet, sondern als Erkenntniswerkzeuge, die einen bestimmten und begrenzten Anwendungsbereich haben.

Meine eigenen psychologischen Forschungen, speziell zu den Themen Typologie und Psychotherapie, bestanden hauptsächlich darin, die für diese Themen relevanten Gesetze der menschlichen Wirklichkeit herauszufinden, ihnen wissend und methodisch zu entsprechen und das dann in der therapeutischen Praxis anzuwenden und zu überprüfen. Die dabei gewonnenen Erkenntnisse sind keine Geheimwissenschaft, sondern was sie beschreiben oder tun, liegt offen zu Tage. Man muss nur bereit sein hinzuschauen und es auszuprobieren. Das bedeutet jedoch eine Schwelle zu überschreiten, und solche Schwellen sind immer mit Tabus belegt.

Die Geschichte der Psychotherapie ist eine Folge solcher Tabubrüche – man spricht auch von Paradigmenwechsel. Dieser Begriff verschleiert allerdings, dass es sich dabei um existentielle Entscheidungen handelt. In der Psychotherapie up to date zu sein, bedeutet paradoxerweise, dass man das Risiko eingeht, bestraft zu werden. In der Praxis sieht das so aus, dass zum wiederholten Mal die vorausgehende und inzwischen etablierte Generation nicht wirklich versteht, was die nachfolgende tut, und, statt das Neue begeistert aufzunehmen, es abwertet. Eine erfreuliche Nachricht ist, dass im Dezember 2008 die Systemisch-lösungsorientierte Psychotherapie vom Wissenschaftlichen Beirat Psychologie (WBP) wissenschaftlich anerkannt wurde.

Man muss kein Prophet sein um vorauszusagen, dass die neuen Erkenntnisse und Methoden der lösungsorientierten Psychologie viele Lebensbereiche verändern werden. Sie können Menschen, die seelisch leiden, meist rasch und nachhaltig helfen. Werden sie in der Psychosomatik eingesetzt, kann, vorsichtig geschätzt, einer von drei Schwerkranken geheilt werden, der ohne diese Unterstützung dazu verurteilt wäre, chronisch krank zu bleiben oder vorzeitig zu sterben. Sie können pädagogische und sozial-psychologische Tätigkeiten wesentlich erfolgreicher gestalten als das bisher möglich ist. Und sie können das Klima der Führung und der Zusammenarbeit in Unternehmen günstig beeinflussen. Da das alles immer auch positive wirtschaftliche Auswirkungen hat, empfiehlt es sich, hier Mittel zu investieren, um als Folge davon Einsparungen und Gewinne zu erzielen.

De Shazer sagt, lösungsorientierte Therapie sei einfach, doch nicht leicht. Dem möchte ich zustimmen. Man kann sie nicht aus Büchern lernen, sondern sie erfordert eine sorgfältige und praxisbezogene Ausbildung. Sonst besteht die Gefahr, dass sie dilettantisch eingesetzt und dadurch diskreditiert wird. Man wird das nicht verhindern können, denn auch eine mangelhafte lösungsorientierte Therapie ist für den Klienten oft besser als eine perfekte problemorientierte. Doch das entspricht nicht meinem Qualitätsanspruch sowohl an lösungsorientierte Verfahren wie an eine entsprechende Ausbildung.

1. Rundum wirksam – die Integration lösungsorientierter Konzepte

Was ist neu an den lösungsorientierten Verfahren?

Bis Ende der siebziger Jahre erschien es so, als ob es ein gesichertes Wissen darüber gäbe, wie Psychotherapie funktioniert. Doch die Praxis enttäuschte. Dann entschlossen sich einige Praktiker, das Wissen beiseite zu lassen und zu erforschen, wie erwünschte Veränderungen tatsächlich zustande kommen. Immer dann, wenn sie etwas über das *Wie* des Gelingens herausgefunden hatten, setzten sie es in der Praxis ein. Sie folgten dem Prinzip: Wenn etwas funktioniert, wiederhole es und mache mehr davon! Auf diesem Weg wurden die lösungsorientierten Verfahren entwickelt.[4]

In der Vergangenheit hatte man sich viel mit Problemen, mit Störungen und psychischen Krankheiten beschäftigt und darüber eine Menge Erkenntnisse gewonnen. Jetzt interessierte man sich für Lösungen, für Fähigkeiten und Ressourcen. Denn man will den Klienten ja nicht beibringen, wie sie seelisch krank werden oder es bleiben können, sondern wie sie gesund werden. Dazu musste man herausfinden, was Klienten seelisch gesund macht und wie sie ihr Leben zufriedenstellend gestalten können.

Dabei hat sich bewährt, mit den Klienten auf deren Kompetenz-Ebene[5] zu arbeiten: Was sind ihre Wünsche und Ziele? Was bringen sie mit an Erfahrungen, an Fähigkeiten und Ressourcen? Welche Strategien kennen sie, die sich bei ihnen in der Vergangenheit bewährt haben und die jetzt für eine Lösung eingesetzt werden können? So werden die Klienten von der ersten Minute an als kompetente Partner für die von ihnen gewünschten Veränderungen behandelt. Dann können in wesentlich kürzerer Zeit deutlich bessere Ergebnisse erzielt werden.

Die lösungs- oder ressourcenorientierte Therapie ist relativ jung. 1989 erschien bei uns De Shazers „Wege der erfolgreichen Kurztherapie", 1992 Bandlers „Veränderung des subjektiven Erlebens" – beide Bücher wurden 1985 zum ersten Mal veröffentlicht, vorläufige Höhepunkte einer mehr als zehnjährigen intensiven Forschungsarbeit. Eine Generation früher hat Milton

Erickson auf eine verblüffend neue Art mit Klienten gearbeitet, die für seine Zeitgenossen ebenso beeindruckend wie unverständlich war. Für mich waren darüber hinaus Fragen interessant wie: Mit welchen Gesetzmäßigkeiten haben wir es bei unserer psychologischen Arbeit zu tun? Können sie erkannt, beschrieben und bewusst genutzt werden? Wie funktioniert das, was wir als Lebens-Wirklichkeit kennen? Wie spiegeln sich die Gesetzmäßigkeiten des äußeren Lebens in unserer Psyche? Was hat das für Konsequenzen für Psychotherapie und Coaching? 1975 entdeckte ich die drei eigengesetzlichen Lebensbereiche, 1980 die prozessorientierte Persönlichkeitstypologie. Seit 1990 arbeitete ich an der Integrierten Kurztherapie. 2001 begann ich ein typspezifisches Autonomie-Training zu entwickeln.

Die pragmatische und die konstruktivistische Haltung waren entscheidende Voraussetzungen dafür, die lösungsorientierten Therapien entwickeln zu können. Sie hielten wenig oder nichts von Theorie, sondern setzten ganz auf Intuition und praktische Erfahrungen. Doch die Integration der entdeckten Methoden und Verfahren braucht eine neue Art des Wissens. Es beschreibt die Strukturen, Gesetzmäßigkeiten und Prozesse der äußeren und inneren Wirklichkeit.

Alle diese Entdeckungen, Weiter- und Neuentwicklungen, die zur prozessorientierten Persönlichkeitstypologie, zur Integrierten Lösungsorientierten Psychotherapie und zum Autonomie-Training führten, folgen einer bestimmten Gesetzmäßigkeit. Sie lässt sich graphisch durch ein Dreieck mit Pfeilen darstellen. Es beschreibt, wie die äußere und innere Wirklichkeit funktioniert: nicht statisch, sondern in Prozessen. Und es zeigt, wie die Wirklichkeit strukturiert ist, nicht dualistisch, sondern triadisch[6]. Drei eigengesetzliche Lebensbereiche spiegeln sich in drei Ichs[7]: die Bereiche Beziehung, Erkennen und Handeln im Beziehungs-, Erkenntnis- und Handlungs-Ich.

Drei eigengesetzliche Lebensbereiche   **Drei eigenständige Ichs**

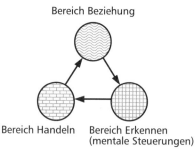
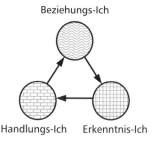

Abb. 1 Die triadischen Strukturen der äußeren und inneren Wirklichkeit

Diese Entsprechung von Innen und Außen, die Zuständigkeit eines Ichs für
je einen Lebensbereich macht es uns möglich, dass wir, ohne lange nachdenken zu müssen, uns angemessen verhalten, je nachdem was im Leben gerade
angesagt ist. Die eigentlichen Entdecker der drei Ichs dürften Berne[8] mit seinen Ich-Zuständen bzw. Freud mit seinem Instanzen-Modell[9] sein. Doch
beide haben ihre Modelle zu eng psychologisch verstanden und erklärt. Zwar
sprach Berne gelegentlich von psychischen Organen, doch diese Sichtweise
wurde in der Transaktionsanalyse nicht weiter verfolgt.

Die äußere Lebenswirklichkeit und ihre psychische Entsprechung

De Shazer und Bandler haben in unterschiedliche Richtungen geforscht, De
Shazer eher erfolgsorientiert: Wie werden Ziele erreicht, und wie können Klienten darin unterstützt werden? Bandlers Forschungsinteresse ist mehr erkenntnisorientiert: Wie funktioniert unser Erleben und wie lässt es sich ändern?
Beide haben viel von Erickson gelernt. Sein Ansatz war beziehungsorientiert:
Wie kann ich mit Klienten so umgehen, dass es ihnen unmöglich wird, weiterhin ihr problem- und leiderzeugendes Verhalten fortzusetzen? Von den Ergebnissen her sind alle drei Vorgehensweisen lösungs- und ressourcenorientiert.
   Die unterschiedlichen Fragestellungen haben zu unterschiedlichen For-
schungs-Ergebnissen und Anwendungs-Schwerpunkten geführt. Für mich
ging es nicht darum, mich für die eine oder andere Schule zu entscheiden. Ich
vermutete, dass die unterschiedlichen Vorgehensweisen den je andersartigen
Bedingungen der drei Lebensbereiche entsprechen. Tatsächlich zeigte sich,
dass De Shazers Lösungsorientierte Therapie in erster Linie auf praktische
Veränderungen abzielt, Bandlers NLP auf die der mentalen Steuerungen und
Ericksons paradoxe Interventionen sich direkt auf der Beziehungs-Ebene
auswirken.
   So ist es kein Zufall, dass sich in den letzten Jahrzehnten drei Therapie-
Schulen mit unterschiedlichen Schwerpunkten entwickelt haben: die Lösungsorientierte Kurztherapie, das Fortgeschrittene NLP und die Systemische
Familientherapie. Sie entsprechen in etwa den unterschiedlichen Bedingungen der drei Lebensbereiche *Handeln, Erkennen*[10] und *Beziehung*. Das heißt,
dass eine Therapie, die praktische Veränderungen in der Lebensgestaltung
anstrebt, anders denken und vorgehen wird als ein tiefenpsychologisches Verfahren, das frühe Muster des Erlebens verändern möchte, oder eine Therapie-
Schule, die auf die Veränderung von Beziehungen ausgerichtet ist.

De Shazers Lösungsorientierte Kurztherapie entspricht den Erfolgskriterien des Bereiches Handeln, sich Ziele setzen und seine Ressourcen nützen. Mit Bandlers Fortgeschrittenem NLP lassen sich alte einschränkende Programme in erlaubende ändern, jene mentale Steuerungen, die nachhaltig unsere Reaktionen und unser Erleben bestimmen. Und Ericksons systemisch-energetische Interventionen wirken ein auf das Beziehungsgeschehen. Da jede Veränderung in einem Lebensbereich der Unterstützung der anderen Lebensbereiche bedarf, führt das dazu, dass sich in jeder Schule Elemente der anderen Schulen finden.

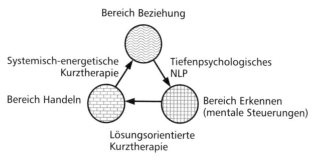

Abb. 2 Integration der drei Therapie- oder Coaching-Verfahren

Mein erster Beitrag auf dem Weg zu einer Integration dieser wirksamen Methoden war das psycho-ontologische Landkartenwissen: das Wissen über die Eigengesetzlichkeiten der drei Lebensbereiche, über die unterschiedlichen Fähigkeiten der drei Ichs und die Wesensunterschiede der Persönlichkeitstypen. Es machte sichtbar, wo noch weiße Flecken sind, was fehlt oder was methodisch erschlossen werden musste, um dem jeweiligen Thema gerecht zu werden. Mein zweiter Beitrag war, vorhandene Methoden weiter oder fehlende neu zu entwickeln. Zugleich ermöglicht dieses Wissen, die dann zur Verfügung stehenden Verfahren entsprechend der jeweiligen Persönlichkeit zu organisieren und sie bis ins Detail passgenau anzuwenden. Die Integration der lösungsorientierten Verfahren war mein dritter Beitrag.

Jedes dieser lösungs- und ressourcenorientierten Verfahren ist schon für sich allein wirksam. Obwohl sie schon seit mehr als zwei Jahrzehnten bekannt und zugänglich sind, kämpfen sie noch immer um ihre Anerkennung. Denn sie verstoßen gegen eine Reihe wissenschaftlicher, medizinischer und psychotherapeutischer Paradigmen. Gorbatschows oft zitierter Satz: „Wer zu spät kommt, den bestraft das Leben", kann durch eine andere Erfahrung ergänzt werden: „Wer zu früh kommt, den bestrafen die Fachleute."

Es gibt in der Geschichte des Fortschrittes kontinuierliche Verbesserungen und einschneidende Veränderungen. Zu den Letzteren zählen etwa der Übergang vom Schlitten zum Wagen, vom Floß zum Boot oder von der Hand- zur Maschinenarbeit. Ein ähnlich revolutionärer Umbruch ist der Übergang von der problem- zur lösungsorientierten Therapie. Das lösungsorientierte Denken und Handeln lässt sich nicht in das problemorientierte integrieren.

Damit lösungsorientierte Verfahren anerkannt und in breitem Umfang eingesetzt werden können, muss zweierlei geschehen. Es muss sich ein neues Denken und Verstehen durchsetzen, wie Psychotherapie, Beratung oder Coaching funktionieren. Eine Hilfe dabei ist, dass dieses neue Denken auch in anderen Wissenschafts- und Lebensbereichen zu finden ist.[11] Und über die Anerkennung und Anwendung von Psychotherapie-Verfahren dürfen nicht die Argumente der Interessen-Verbände und -Vertreter entscheiden, sondern es muss vom Wohl der Klienten ausgegangen werden.

Bisher hat man logisches, vernünftiges Denken mit wissenschaftlichem Denken gleichgesetzt. Es wird immer deutlicher, dass mit diesem Denken nur ein Teil der menschlichen Wirklichkeit zu erfassen ist. Doch Psychotherapie hat es mit der ganzen Wirklichkeit zu tun. Dazu kommt, dass Medizin und Psychotherapie sich in der Vergangenheit vor allem mit Krankheiten und Störungen befasst haben. Damit weiß man noch nichts über Gesundheit und gelingendes Leben, beide sind weder das Gegenteil, noch einfach die Abwesenheit von Krankheiten bzw. Problemen.

Und schließlich hat man Störungen wie Tatsachen behandelt, die man diagnostizieren und therapieren müsse. Doch wenn Klienten beginnen, angemessen mit ihrer Lebens-Wirklichkeit umzugehen und diese entsprechend ihrer Bedürfnisse zu gestalten, verschwinden diese Störungen in den meisten Fällen. Manchmal genügt dazu schon eine Änderung der Sichtweise. Etwas, was einfach verschwindet, ist keine Tatsache, sondern lediglich ein Symptom. Solche Symptome können eine tiefer liegende Ursache haben, doch häufiger entstehen sie durch falsche oder fehlende Lösungsstrategien.

Die Integration lösungsorientierter Konzepte

Milton Erickson gilt für viele als der Vater der modernen Psychologie. Seine Arbeitsweise war höchst unkonventionell. Was seinen Klienten geholfen hat und seine Schüler bewundert haben, war aus der Sicht vieler Kollegen unprofessionell und unwissenschaftlich. Es entsprach weder der üblichen Vorgehensweise, noch konnte man sich die Wirkungen erklären. Da er keine lehr- und lernbaren Therapie-Methoden entwickelt hatte, war der direkte Einfluss auf seine Schüler eher gering. Doch er hat ihnen Mut gemacht, neue Wege zu gehen. So liegt denn auch die Stärke der Lösungsorientierten Kurztherapie in ihrer pragmatischen Haltung: gut ist, was wirkt. Damit konnte man ganz unvoreingenommen experimentieren. Und seine Nachfolger sind zu Erkenntnissen gekommen, die geeignet sind, die praktische Psychologie zu revolutionieren.

Die Lösungsorientierte Kurztherapie, das fortgeschrittene NLP und die Systemische Familientherapie sind wirksame Therapie- und Coaching-Verfahren. Sie sind in ihrer Philosophie und in ihren Methoden verwandt. Sie denken und arbeiten lösungs- und ressourcenorientiert. Und doch hat jedes dieser Verfahren seinen eigenen Schwerpunkt in der Anwendung. Die Lösungsorientierte Kurztherapie ist besonders geeignet, wenn es um praktische Lebensgestaltung geht. Das fortgeschrittene NLP bewährt sich dann, wenn alte einschränkende Programme oder Verhaltensmuster geändert werden sollen. Und die Systemische Kurztherapie kann direkt das Beziehungs-Geschehen beeinflussen.

Schon der gesunde Menschenverstand legt nahe, dass eine Kombination wirksamer Verfahren bessere Ergebnisse erzielen kann als jedes Verfahren im Einzelnen. Das umso mehr, wenn diese Verfahren sich nicht nur deutlich unterscheiden in ihrer Zielsetzung und ihrem Anwendungsbereich, sondern auch in ihren Methoden. Systeme, egal ob das Institutionen, Familien oder einzelne Personen[12] sind, bestehen aus Faktoren, die sich gegenseitig stabilisieren. Ein System, in dem es nicht ehrlich zugeht, trifft früher oder später falsche Handlungs-Entscheidungen und behandelt Menschen schlecht. Das Gleiche gilt für unmenschliche oder inkompetente Systeme, immer werden auch die anderen Teile des Systems in Mitleidenschaft gezogen.

Versucht man in ein ‚krankes‘ System Wahrheit zu bringen, werden sich andere Teile des Systems bedroht fühlen und versuchen, die Wahrheit zu unterdrücken. Ähnliche Erfahrungen wird man machen, wenn man in so ein System Handlungs-Kompetenz oder Menschlichkeit einbringen möchte, ohne dass man die Möglichkeit hat, die anderen Faktoren zu beeinflussen. Kann man nur einen Faktor ändern, ist der Ausgang ungewiss, denn die beiden anderen werden dagegenarbeiten. Die Erfolgsaussichten sind wesentlich besser, wenn man gleichzeitig alle relevanten Faktoren ändern kann. Dann werden sie sich jetzt gegenseitig im Positiven verstärken und stabilisieren: die Wahrhaftigkeit, das erfolgreiche Handeln und die Menschlichkeit.

Nun sind die drei genannten Therapie-Verfahren nicht ganz so einseitig, die lösungsorientierte Therapie enthält systemische Elemente, das NLP und die Systemische Therapie lösungsorientierte. Oft genügt es auch, eine Veränderung an einer bestimmten Stelle in Gang zu bringen, in der Erwartung, dass die Klienten durch Eigeninitiative das Begonnene fortsetzen und so eine zufriedenstellende Lösung realisieren. Denn Psychotherapie ist keine Reparatur, wie sie bei technischen Geräten notwendig ist. Bei Maschinen muss alles in Ordnung gebracht werden, da gibt es keine Selbstheilungsprozesse.

Untersucht man jedoch, worin die Stärke jedes der drei Therapie-Verfahren liegt, zeigt es sich, dass kein Verfahren ein anderes ersetzen kann. Grundsätzlich sollte man dem Klienten die bestmögliche Hilfe anbieten. Und es scheint mir ethisch nicht vertretbar, die Mängel eines Therapie-Verfahrens damit zu rechtfertigen, dass man die Klienten nicht verwöhnen dürfe, sie ein Recht auf ihr Leiden hätten, Veränderungen Zeit bräuchten und Ähnlichem. Besonders fragwürdig ist eine Psychotherapie-Gesetzgebung, die wenig wirksame Therapie-Verfahren privilegiert und wirksame benachteiligt.[13]

Rundum wirksam

Integrierte Lösungsorientierte Psychologie (ILP) ist, um in klassischen Termini zu sprechen, ein verhaltenstherapeutisches, systemisches und tiefenpsychologisches Therapie-Verfahren. Allerdings werden ausschließlich lösungs- und ressourcenorientierte Methoden benützt. Etwas mehr als ein Drittel dieser Methoden wurde aus der Lösungsorientierten Kurztherapie und dem Fortgeschrittenen NLP übernommen (z.B. die Arbeit mit Zielen oder bestimmte NLP-Techniken), knapp die Hälfte wurde weiter entwickelt und präzisiert (z.B. die Arbeit mit Glaubenssätzen oder das Tit For Tat) und der Rest wurde neu entwickelt (z.B. die Systemische Energieumwandlung).[14]

Jemand, der mit lösungsorientierten Methoden vertraut ist, wird im Detail vieles wiedererkennen. In der gesamten Vorgehensweise unterscheidet sich jedoch ILP deutlich von anderen lösungsorientierten Schulen. Sie benützt in ihrem Vorgehen die Landkarte der prozessorientierten Persönlichkeitstypologie. Dadurch ist der Ablauf einer Therapie- oder Coaching-Sitzung weitgehend durchorganisiert. Und gestützt auf dieses ,Landkarten-Wissen' kann sie den Klienten Angebote oder Vorschläge machen. Diese Arbeitsweise gleicht mehr der eines Trainers im Sport als der eines herkömmlichen Therapeuten.

Das Ziel der ILP beschränkt sich nicht darauf, dass ein Klient konkrete Lösungen erreicht. Er soll fähig werden, künftig Lösungen ohne therapeutische Hilfe zu realisieren. Es wird also nicht nur am Thema, sondern ebenso an der Person des Klienten gearbeitet. Die Methodik ist eine ,Rundum-Therapie'. Sie lässt sich leiten von der Fragestellung: Wo und was sind die wirksamsten

Ansatzpunkte für Veränderungen? Diese ‚Weichenstellungen' hin auf Lösungen sind verschiedenartig, je nachdem, ob sie auf Handlungs-, Beziehungs- oder Erkenntnis-Ziele ausgerichtet sind.

Das bedeutet, dass Therapie ebenso unterschiedlich sein muss wie die Bereiche, in denen sie wirken soll. In der Praxis gibt es eine Vielfalt von Therapie-Verfahren. Doch bisher fehlten die Gebrauchsanleitungen dafür, wie diese Verfahren passgenau einzusetzen sind. Dazu bedarf es einer Art Landkarte, die die äußere und innere Wirklichkeit des Klienten abbildet. Doch die wissenschaftstheoretischen Einstellungen, die das Denken in der neueren Psychotherapie bestimmen, sind nicht geeignet solche Erkenntnisse zu liefern. Ihre Stärke liegt im kritischen Hinterfragen, im Relativieren, in der Dekonstruktion. Das ist auch nützlich in der Psychotherapie, doch sie muss sich auch auf positive Daten stützen können.

Auf die Gefahr hin, von zeitgenössisch Denkenden belächelt zu werden, wollte ich herausfinden, wie unsere Wirklichkeit funktioniert. Meine erste Entdeckung war, dass unsere äußere Lebenswirklichkeit nicht gleichartig ist und somit nach einem einzigen Prinzip funktioniert, sondern aus drei Lebensbereichen besteht, die eigengesetzlich sind[15]. Sie gestalten sich nach eigenen Kausalitäten[16], beziehen sich auf jeweils andere Zeit-Dimensionen[17], haben verschiedene personale Bezüge[18], realisieren unterschiedliche Energien[19] und erfordern spezielle Fähigkeiten[20]. Jahre später wurde mir klar[21], dass die Organisation unserer Psyche[22] sich spiegelbildlich zu diesen drei Lebensbereichen verhält. Auch die drei Grundtypen der Persönlichkeit[23] lassen sich erklären als frühe Spezialisierungen auf einem der drei Lebensbereiche.

Im 19. Jahrhundert hatte man noch geglaubt, dass Menschen vernunftgesteuerte Wesen seien. Dieses idealistische Menschenbild hat Freud gründlich relativiert. Psychologisch relevanter sind un- und halbbewusste Steuerungs-Mechanismen, frühe Entscheidungen aus der Kindheit. Sie werden im tiefenpsychologischen NLP als Glaubenssätze oder Grundeinstellungen beschrieben, als Erwartungshaltungen oder Befürchtungen und als Identitäten: Ich bin jemand, der … Diese können ermittelt, lokalisiert und stabil verändert werden. Veränderungen in Beziehungen zu anderen oder zum eigenen Körper wurden erfolgreich mit paradoxen Interventionen angeregt. Dazugekommen ist die methodisch ausgefeilte Systemisch-energetische Kurztherapie. Und praktische Veränderungen im Leben werden am wirksamsten mit der Lösungsorientierten Kurztherapie vorbereitet und begleitet.

Die drei Verfahren in der Integrierten Lösungsorientierten Psychologie entsprechen den Bedingungen des jeweiligen Lebensbereiches und damit zugleich dem entsprechenden Ich und dem Persönlichkeitstyp. Das heißt, die

Eigengesetzliche Lebensbereiche

Bereich Beziehung

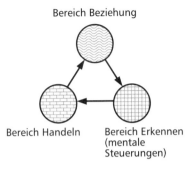

Bereich Handeln   Bereich Erkennen
                    (mentale
                    Steuerungen)

Drei Ichs

Beziehungs-Ich

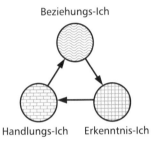

Handlungs-Ich   Erkenntnis-Ich

Drei Therapie-Verfahren

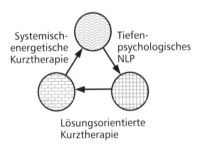

Systemisch-   Tiefen-
energetische   psychologisches
Kurztherapie   NLP

Lösungsorientierte
Kurztherapie

Abb. 3 Zusammenhänge zwischen den Lebensbereichen, den Ichs und den
Therapie-Verfahren

äußerst anspruchsvolle Aufgabenstellung, in der psychologischen Arbeit dem
Thema, den psychoontologischen Prozessen und dem Persönlichkeitstyp
gerecht zu werden, wird dank der äußeren und inneren Übereinstimmung
dieser drei Aspekte auf überraschend einfache Weise gelöst.

Psychotherapie als Coaching, Neuprogrammierung und Reintegration

Wer mit den neuen lösungsorientierten Methoden arbeitet, steht immer wieder vor der Frage, wie nennt er das, um was es sich bei seiner Arbeit handelt: Psychotherapie, Psychologische Beratung oder Coaching? Man könnte antworten, wenn er als Psychotherapeut arbeitet, ist es Psychotherapie, wenn er als Berater arbeitet, handelt es sich um Psychologische Beratung und ein Trainer ist im Coaching tätig – obwohl sie das Gleiche tun und gleiche Wirkungen erzielen.[24] Entscheidend ist, dass die Erwartungen erfüllt werden, die mit diesen Bezeichnungen verknüpft sind, dass es vollwertige Psychotherapie ist, wirksame Psychologische Beratung und erfolgreiches Coaching. Um dieses Dilemma der Bezeichnungen zu umgehen, benütze ich häufig synonym Begriffe wie praktische Psychologie, angewandte Psychologie, Integrierte Kurztherapie, Integrierte Lösungsorientierte Psychologie oder die Abkürzung ILP[25], doch häufig auch die Begriffe Psychotherapie oder Therapie.

Die einzelnen Verfahren, die in der Integrierten Lösungsorientierten Psychologie eingesetzt werden, unterscheiden sich deutlich. Das tiefenpsychologische NLP entspricht von der Aufgabenstellung her am meisten der klassischen Psychotherapie. Seit Freud wissen wir, wie frühe Erfahrungen das spätere Leben beeinflussen. In früheren Generationen waren sie so etwas wie ein Lebensschicksal, Segen oder Fluch, den die Menschen hinnehmen mussten. Das Wissen, dass späteres Erleben viel mit frühen Erfahrungen zu tun hat, bedeutete jedoch noch lange nicht, darauf wirksam Einfluss nehmen zu können.

Erst neue Erkenntnisse darüber, dass es nicht die traumatischen Erfahrungen selbst sind, die späteres Erleben und Verhalten bestimmen, sondern die daraus resultierenden Einstellungen, war ein erster Schritt auf dem Weg zu wirksamen Veränderungen. In der Transaktionsanalyse wurden diese Einstellungen beschrieben als das Zusammenwirken von Einschärfungen[26] und Antreibern[27]. Solch eine Kombination könnte lauten: *Lebe nicht!* und *Mach es anderen recht!* oder *Denke nicht!* und *Streng dich an!*. Nach anfänglichen euphorischen Hoffnungen, jetzt die tiefenpsychologische Aufgabenstellung gelöst zu haben, stellte sich heraus, dass diese Einstellungen sehr stabil sind und sich gegen bessere Absichten und Erlaubnisse immer wieder durchsetzen. Der nächste Schritt war die Entdeckung des fortgeschrittenen NLP[28], wie diese einschränkenden Einstellungen als Programme gespeichert sind, und wie sie durch erlaubende Einstellungen auf der Programm-Ebene ersetzt und stabilisiert werden können. Mein Beitrag dazu war, die typspezifischen Ausprägungen dieser Einstellungen zu formulieren. Damit hat sich die tiefenpsychologische Arbeit sowohl in ihrer Wirksamkeit entscheidend verbessert, als auch die Art und Atmosphäre ihres Vorgehens so verändert, dass sie für einen klassischen Tiefenpsychologen kaum wiederzuerkennen ist. War sie früher bewegend wie ein Drama, so wirkt sie heute eher wie die nüchterne und genaue Arbeit eines Programmierers.

Ähnlich revolutionierend für die angewandte Psychologie ist die Erkenntnis der Lösungsorientierten Kurztherapie, dass von Anfang an auf Lösungen hingearbeitet werden kann und dass damit rasche und nachhaltig wirksame Verbesserungen erzielt werden. Die Erfolge der Lösungsorientierten Kurztherapie[29] legen es nahe, dass die problemorientierte Arbeitsweise früherer Therapie-Verfahren es den Klienten eher erschwert hat positive Veränderungen zu realisieren als sie darin zu unterstützen. Da ich die problem- und die lösungsorientierte Arbeitsweisen kenne und praktiziert habe, kann ich das aus eigenen Erfahrungen bestätigen. Ähnliches berichten mir immer wieder Ausbildungs-Teilnehmer, die als Klienten problem- und lösungsorientierte Therapien erlebt haben.

Die Lösungsorientierte Kurztherapie ist besonders geeignet, praktische Veränderungen im Verhalten sowie in der Lebensplanung und -gestaltung zu erzielen. Handeln wird vor allem bestimmt durch Ziele. Hier geht es um konkrete Ergebnisse, um Erfolge. Insofern erinnert dieses Therapie-Verfahren an Coaching. Es gibt weitgehende Übereinstimmungen zwischen den lösungsorientierten Methoden und Anleitungen zur erfolgreichen Lebens- oder Berufsplanung und -gestaltung. Ein Beispiel ist das lesenswerte Buch von A. L. Williams „Das Prinzip Gewinnen" (1991), in dem er seine Niederlagen und Erfolge als Sporttrainer und Unternehmer analysiert und daraus Empfehlungen für erfolgreiches Handeln ableitet.

Das dritte Therapie-Verfahren, die Systemisch-energetische Therapie, ist revolutionär in dem Sinne, dass diese Methoden bisher eher peripher eingesetzt wurden, etwa paradoxe Interventionen in der Systemischen Familientherapie, das Pacen im NLP oder das TIT FOR TAT De Shazers. Nur Perls, mit der gestalttherapeutischen Reintegration abgespaltener Anteile, und Erickson, mit seinen paradoxen Interventionen, haben überwiegend systemisch-energetisch gearbeitet. Da Erickson fast ausschließlich intuitiv vorgegangen ist, konnte und wollte er nicht erklären, wie er zu seinen therapeutischen Interventionen kam.

Natürlich kann man seine Arbeitsweise beobachten und darin sich wiederholende Muster feststellen, ihnen Namen geben und sie nachahmen. Doch damit fehlt immer noch die Gebrauchsanweisung, welche Methode wann passend ist. Es hat mehrere Jahrzehnte gedauert, bis aus der Systemisch-energeti-schen Therapie ein präzise anwendbares Verfahren wurde, wohl vor allem des-halb, weil sie sich der Erklärung und Steuerung durch die Vernunft entzieht. Sie kann methodisch kontrolliert eingesetzt werden, doch ist sie gedanklich kaum nachvollziehbar.

Das hängt damit zusammen, dass wir zwar der Ursache-Wirkungs-Kausa-lität entsprechend nach dem Wenn-dann-Muster denken können. Deshalb kann man die Lösungsorientierte Therapie gut erklären. Doch wir können nicht paradox oder gegenläufig denken, um so die Wirkungsweise der syste-mischen Kausalität gedanklich abzubilden. Wer das begriffen hat und sich nicht fürchtet, vorübergehend die Kontrolle durch die Vernunft aufzugeben, wird bei dieser Arbeitsweise bewusst aufs Denken verzichten. So nützlich das Denken bei anderen Schritten in der Integrierten Kurztherapie ist, hier hilft es nicht nur nicht weiter, sondern stört die systemisch-energetischen Prozesse. Das gilt für den Therapeuten oder Coach ebenso wie für den Klienten.

Wie ist es dann möglich, in und mit der Systemisch-energetischen Therapie verantwortungsbewusst, genau und erfolgreich zu arbeiten? Der Wirkungs-weise der systemischen Kausalität kann durch methodisches Vorgehen ent-sprochen werden. Dabei werden die emotionalen Reaktionen des Klienten und der beteiligten Personen einbezogen, die Intuition des Therapeuten und, was ich häufig erlebt habe, die Kreativität der Klienten, wenn es darum geht paradoxe Aufgabenstellungen anzuwenden. Für einen vernunftgläubigen Menschen mag sich das zweifelhaft anhören, doch in der Praxis ist damit ein präzises Arbeiten mit erstaunlichen Erfolgen möglich.

Ein Beispiel ist die Weiterentwicklung von De Shazers TIT FOR TAT[30]. Es ist ein strategisches Vorgehen nach dem Simile-Prinzip, Ähnlichem mit Ähn-lichem zu begegnen. Bei De Shazer wird dabei das Verhalten des Klienten geändert, etwa einem rücksichtslosen Verhalten eines Partners mit einem ent-schlossenen Verhalten zu begegnen. In der ILP geht es nicht um Änderungen des äußeren Verhaltens, sondern der inneren Haltung. Neu ist auch, dass diese Haltungs-Änderungen oder -Antworten in der ILP wesentlich passgenauer ermittelt und angewandt werden. Entsprechend besser sind die Wirkungen.

Die Entdeckung der drei Lebensbereiche

Ich hatte sieben Jahre als Lehrer an einer Grund- und Hauptschule gearbeitet und die Erfahrung gemacht, dass ein Unterricht nach den Prinzipien der Reformpädagogik immer wieder an der Institution Schule scheiterte. Ich habe dann nochmals Erziehungswissenschaft studiert mit dem Ziel, an einer Schulreform mitzuarbeiten. Für meine Doktorarbeit[31] hatte ich mir vorgenommen, eine Schule zu entwerfen, die von ihren organisatorischen Bedingungen her die Prinzipien der Reformpädagogik unterstützt. Mir war klar, dass der gute Wille und das Engagement des Einzelnen nicht ausreichen, um dieses Ziel zu erreichen.

Während die Lern-Leistungs-Schule die Kinder und Jugendlichen jahrzehntelang auf ein späteres Leben hin ausbilden möchte, geht die Reformpädagogik davon aus, dass schon in der Schule interessantes und lebenswertes Leben stattfinden müsse, dass Lernen aus dem Leben hervorgehen und Leben und Lernen sich befruchten sollten. Mir stellte sich die Frage, was dieses ‚Leben‘ sei, das in der Schule stattfinden sollte. Dazu benötigte ich eine einfache und verständliche Philosophie, die das Leben als Ganzes beschreibt, fand aber, dass alle Philosophen, die ich kannte, sich auf eher schwerverständliche Weise mit Teilaspekten befassten. Ich begann selbst zu forschen und entdeckte, dass das Leben nicht einheitlich und nicht mit einer Idee erklärbar ist, sondern aus drei eigengesetzlichen Lebensbereichen besteht. Obwohl diese drei Lebensbereiche in sich autonom sind, stehen sie in einem sich gegenseitig bedingenden Zusammenhang. Schon damals ging ich davon aus, dass es sich bei dieser Theorie nicht um eine zweckmäßige Einteilung handelt, die man auch anders hätte vornehmen können, etwa dass man von zwei, fünf oder sieben Bereichen ausgeht, sondern dass sich in ihr eine grundlegende Gesetzmäßigkeit des Lebens ausdrückt: die Lebenswirklichkeit ist triadisch strukturiert.

Diese Theorie hat sich in den kommenden Jahrzehnten immer wieder bestätigt und bewährt. Um die Eigengesetzlichkeit der drei Bereiche zu beschreiben, stützte ich mich auf die alltäglichen Erfahrungen, dass man unterschiedlich vorgeht und verschiedene Fähigkeiten einsetzt, je nachdem ob man ein Handlungs-, Beziehungs- oder Erkenntnis-Ziel verfolgt. Es ist irritierend, wenn jemand die falsche Strategie anwendet oder eine richtige missversteht. In meiner Dissertation zeigte ich, dass Marx das Hegel'sche zielkausale Denken, das für die geistige Welt gültig ist, auf die politische Welt des Handelns übertrug, was den Marxismus für Intellektuelle faszinierend, aber für die Praxis problematisch machte.

Den sich gegenseitig bedingenden Zusammenhang stellte ich mir so vor, dass jeweils einer der Bereiche die Führung übernimmt und die beiden anderen eine ihm dienende Funktion einnehmen. So braucht beispielsweise berufliches Handeln Fachwissen und kollegiale Zusammenarbeit. Erkenntnisgewinnung in der Wissenschaft braucht ein bestimmtes Handeln, Forschen und fachlichen Austausch. Und Beziehungs-Erleben geht von Wahrnehmungen aus und braucht ein spezielles Handeln, damit es realisiert wird. Heute gehe ich davon aus, dass die Tätigkeit, um die es geht, in den beiden anderen Lebensbereichen vorbereitet wird.

Persönlichkeiten und Psychotherapie als ähnliche Prozesse

So wie die Persönlichkeiten mit ihren Strukturen Lebensprozesse spiegeln, folgt eine wirksame Psychotherapie den Prozessen, die für unterschiedliche Persönlichkeiten[32] typisch sind. Dabei ist eine bestimmte Reihenfolge wichtig: Was kommt zuerst, was dann und was dann? Ebenso muss das typspezifische Erleben berücksichtigt werden. Ein Denker (*Sachtyp*) fühlt sich überrannt, wenn er sofort handeln soll, oder überfallen, wenn er unvorbereitet mit Gefühlen überschüttet wird. Während es für einen kontrollierten und kontrollierenden Menschen (z. B. *Beziehungstyp*) fast unerträglich ist, sich hilflos zu fühlen, benützt der oben erwähnte Denker Hilflosigkeit dazu, dass andere etwas für ihn tun.

Doch viele Therapeuten gehen von sich, von ihrem Erleben aus. So konnte ich eine Therapeutin (*Beziehungstyp*) beobachten, die Satz für Satz die Aussagen ihrer Klientin (*Sachtyp*) in ihre eigene Sprache und ihr eigenes Erleben übersetzte. Klientin: „Ich war ziemlich unsicher in der Situation." Therapeutin: „Du wolltest einen guten Eindruck machen und …" Klientin: „Nein, ich wusste nicht, was die von mir wollten." Therapeutin: „Dir fielen nicht die richtigen Worte ein." Klientin: „Ich dachte, ich bin nicht gut genug. Ich wusste nicht, was sie von mir erwarten." Therapeutin: „Du kamst dir ein bisschen dumm vor." Klientin: „Ja, vielleicht auch, doch eher unfähig." Die Klientin merkte, dass ihre Therapeutin Schwierigkeiten hatte, sie zu verstehen, und begann ihr sprachlich entgegenzukommen, Kompromisse zu machen.

Als ich begann mit einzelnen Methoden der lösungsorientierten Therapie zu arbeiten, fiel mir auf, dass *Sachtypen* mit Hilfe der Lösungsorientierten Kurztherapie gute Fortschritte machten. Es ist das Therapie-Verfahren, das sie direkt in ihre Schlüsselfähigkeiten bringt: sich Ziele setzen, Entscheidungen treffen, Verantwortung übernehmen, Handeln. Das war auch das Verfahren, bei dem ich am deutlichsten scheiterte, wenn *Sachtyp*-Klienten nicht bereit waren, ihre Opfer-Spiele aufzugeben. Einer hatte sich dafür entschieden, gegenüber der ganzen Welt beleidigt zu sein. Als ich ihm nicht recht gab, war er auch mit mir beleidigt.

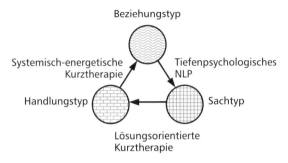

Abb. 4 Persönlichkeitstyp und Therapie-Verfahren

Bei *Handlungstypen* habe ich bemerkt, dass sie besonders gut auf systemisch-energetische Methoden ansprachen. Versuchte ich mit ihnen lösungsorientiert zu arbeiten, so machten sie das mit ‚dem Kopf‘ brav mit, doch es änderte sich wenig. Unabhängig vom Thema sind sie in der Regel gefühlsmäßig blockiert. Dadurch versuchen sie Lösungen auf der Handlungs- oder Denkebene zu finden und zu realisieren. Dabei geht es ihnen immer schlechter und die Situation verschlimmert sich. Die systemische Energie-Umwandlung ließ ihre Energien wieder fließen. Oft berichten sie, wie es ihnen dabei warm wird und sie wieder Zugang zu ihren Gefühlen finden.

So kommen sie in ihr Beziehungs-Ich, in ihre Schlüsselfähigkeiten, Fühlen, Spontaneität, Freude und liebevolle Zuwendung, Spaß und spielerisches Verhalten. Sie selbst benützen häufig Bilder wie ‚ins Fließen kommen‘. Die systemische Energie selbst können wir nicht wahrnehmen. Doch wir können mit ihr arbeiten. Die Chinesen sagen von Chi, der Lebensenergie, dass sie bestimmt wird von der Intensität, der Richtung und der Information, die sie transportiert.[33] Das bestätigt sich in der systemisch-energetischen Arbeit. Alle drei Bedingungen müssen erfüllt sein, damit sie wirkt. Das ist methodisch erreichbar.

Und bei *Beziehungstypen* konnte ich beobachten, dass das tiefenpsychologische NLP ihnen besonders gut lag. Zunächst erklärte ich es mir damit, dass viele *Beziehungstypen* ihr Erleben visuell repräsentieren, also in Bildern denken, und die eingesetzten NLP-Methoden vorzugsweise auf der visuellen Ebene arbeiteten. Doch es dürfte auch hier der Weg in ihre Schlüsselfähigkeiten des Erkenntnis-Ichs sein. In diesem Zusammenhang ist es notwendig, die Funktion des Erkenntnis-Ichs deutlich zu machen. Im Bereich Erkennen geht es um mentale Steuerungen. Dazu zählen das Denken, aber auch die Sinne und die Programme, die unser Erleben steuern.

Wenn Menschen seelisch oder körperlich krank werden, ist das meist die Folge von jahrzehntelangem Leben im Banne einschränkender Programme. Sie wirken sich aus auf allen Ebenen, im Denken, im Handeln und im Fühlen. Da sie sich einmal bewährt haben als Überlebens-Strategien in der Kindheit, erscheinen sie nützlich, verlässlich und vor allem vertraut. Die meisten Menschen merken gar nicht, dass sie sich damit selbst und andere unnötig quälen. Sie meinen, dass das normal und natürlich sei, und sind gelegentlich nur etwas irritiert, dass andere sich auf andere Weisen einschränken, manche mehr, manche weniger. Dass es heute möglich ist, diese einschränkenden Programme zu identifizieren und durch erlaubende zu ersetzen, ist ein kaum zu überschätzender Fortschritt in der angewandten Psychologie. Wir leisten diese Arbeit mit dem tiefenpsychologischen NLP.

Synergetische Wirkungen erzielen

Im Sommer 2001 hatte ich damit begonnen, ein Autonomie-Training zu entwickeln. Im Herbst des gleichen Jahres wurde ich auf die Arbeit von Grossarth-Maticek aufmerksam gemacht. Seine Forschungsergebnisse, seine Fallbeispiele und ganz besonders sein Autonomie-Training weckten mein Interesse. In langfristig und breit angelegten Untersuchungen hat er erforscht, welche Faktoren in welchen Wechselwirkungen Menschen gesund- oder krankmachen. Dabei dürfte es sich um die bisher differenziertesten und aussagekräftigsten Untersuchungen zum Thema Psychosomatik handeln.

Die Ergebnisse seiner jahrzehntelangen und umfangreichen Forschungen lassen sich relativ einfach zusammenfassen: Gesunde Lebensführung trägt etwa ein Drittel bei zum Gesundsein, doch gute Selbstregulation, also der psychische Faktor zu zwei Dritteln. Man weiß in der Psychosomatik schon lange, dass psychische Faktoren entscheidend mitverantwortlich dafür sind, ob jemand krank oder gesund wird. Doch die Forschungs-Ergebnisse von Grossarth-Maticek zeigen, dass die Faktoren Psyche und Lebensgestaltung noch wirksamer sind, als man das bisher angenommen hat.

Dazu hat er ein Autonomietraining entwickelt. Es ermutigt die Patienten, ihre alten, krankmachenden Denk- und Lebensmuster aufzugeben und sich für ein Leben zu entscheiden, in dem sie Lust, Sicherheit und Sinn finden. Grossarth-Maticek ist kein Psychotherapeut und er nennt seine Therapie bewusst Autonomie-Training. Es ist relativ simpel, doch er kann seine Wirksamkeit empirisch nachweisen. Sie beruht nach meinen Einschätzungen auf drei Faktoren: Er macht den Patienten deutlich, dass sie in einem alten Lebensmuster gefangen sind, für das sie einen unnötigen und hohen Preis bezahlen. Er vermittelt ihnen mit der Autorität seiner Persönlichkeit, dass sie die Erlaubnis haben und fähig sind, sich für ein Leben zu entscheiden, in dem sie sich wohl fühlen und Sinn finden. Er unterstützt sie auf ihrer Kompetenzebene, dieses selbstbestimmte Leben zu verwirklichen.

Interessant dabei sind die erzielten synergetischen Wirkungen. Kommen ungesunde Lebensführung und schlechte Selbstregulation zusammen, so verstärken sie sich nicht im Sinne einer Addition, sondern die Wahrscheinlichkeit krank zu werden erhöht sich um ein Vielfaches. Das Gleiche gilt für das positive Zusammenwirken von gesunder Lebensführung und guter Selbstregulation. Hier potenzieren sich die Chancen für Gesundheit.

Ich nehme an, dass derart synergetische Wirkungen auch innerhalb der psychologischen Arbeit stattfinden. Zwar können einzelne Interventionen durchaus Veränderungen in Gang bringen, besonders dann, wenn sie ins Schwarze treffen. Doch ich bin überzeugt, dass eine sinnvolle Kombination wirksamer Verfahren die Chancen auf gute Ergebnisse vervielfacht, auch dann, wenn der Therapeut mit der einen oder anderen Intervention danebentrifft.

Zwar könnte man argumentieren, dass weniger Unterstützung mehr ist, weil dadurch mehr Eigeninitiative des Klienten erforderlich ist. Und man könnte die lösungsorientierte Philosophie anführen, dass aus kleinen Schritten große werden. Dennoch bin ich der Meinung, dass man den Klienten die bestmögliche Hilfe gewähren sollte. Dazu kommt, dass nicht jeder Therapeut eine geniale Persönlichkeit sein kann. Man kann viel lernen von Leuten wie Erickson, De Shazer, Bandler oder auch Grossarth-Maticek, doch man kann sie nicht zum Maßstab nehmen. Viel wichtiger ist es, dass normal begabte Therapeuten, Berater oder Coachs verlässlich gute, rasch und nachhaltig wirksame Arbeit leisten. Das ist das Ziel meiner Arbeit in Psychotherapie-Entwicklung und -Ausbildung.

2. Ist das noch Psychotherapie?

Sich auf ein neues Element einlassen

Bei Spaziergängen im Kaiserstuhl sah ich gelegentlich Schülern einer Drachensegler-Schule zu, wie sie ihre ersten Flugversuche unternahmen. Sie liefen mit ihrem Fluggerät den Berg hinunter, machten Sprünge von zwei, drei Metern, und dann rannten sie wieder auf dem Boden. Später trauten sie sich längere Strecken zu segeln. Vermutlich macht ein kleines Kind ähnliche Erfahrungen, wenn es laufen lernt und die Sicherheit des Krabbelns auf allen vieren aufgibt zugunsten des noch unsicheren Gehens auf zwei Beinen. Einige Jahre später, beim Fahrradfahren oder Schwimmenlernen geht es wieder darum, sich neuen Bewegungsabläufen oder einem neuen Element anzuvertrauen.

Dieses Bild des Drachensegelns habe ich oft vor Augen, wenn ich an den Unterschied zwischen den problemorientierten und den lösungsorientierten Therapien denke. Wer lösungsorientiert arbeitet, bewegt sich in einem neuen Element, lässt die alten Sicherheiten hinter sich. Vertreter der älteren Schulen verstehen meist nicht, was es bedeutet lösungsorientiert zu arbeiten. Es erscheint ihnen eher oberflächlich, unseriös und unwissenschaftlich.

Bei meinen Ausbildungsteilnehmern konnte ich beobachten, wie sie sich allmählich auf die lösungsorientierte Denk- und Arbeitsweise einließen. Es erfordert ein bestimmtes Maß an Mut, an innerer Freiheit, an Vertrauen in die Fähigkeiten des Klienten und eine Dienstleistungshaltung. Man muss es aushalten können, dass man weder das Problem des Klienten, noch das, was die Lösung in ihm und in seinem Leben ausmacht, wirklich versteht und verstehen muss, um mit ihm lösungsorientiert zu arbeiten. Es gibt nach meiner Einschätzung heute mehr Menschen, die diese Voraussetzungen mitbringen als vor zwanzig, dreißig und weit mehr als vor fünfzig Jahren. Vermutlich wären damals die neuen Verfahren weder begriffen noch akzeptiert worden.

Die moderne Psychotherapie zu verstehen ist paradoxerweise weniger schwierig für Laien als für Fachleute. Warum? Laien bringen neue Informationen in Beziehung zu ihren Lebenserfahrungen, Fachleute setzen sie in Beziehung zu dem, was sie wissen, bzw. was man ihnen beigebracht hat. Hier rächt sich die starke Ideologisierung der Psychotherapie in der Vergangenheit.

Grawe, der die an psychotherapeutische Schulen gebundene Ausbildung überwinden möchte, bringt es in „Psychotherapie im Wandel" mit der Formulierung „Von der Konfession zur Profession" programmatisch auf den Nenner.[34] Die moderne Psychotherapie bricht gleich mit mehreren Überzeugungen darüber, was Psychotherapie sei und wie sie zu funktionieren habe. Lässt man sich auf sie ein, so geht eine Menge verloren von dem, was Therapeuten vertraut ist und woran sie ihre Fachkompetenz festmachen:

Psychodiagnostik und Psychopathologie werden uninteressant, da man nicht mehr davon ausgeht, dass aus Problemen Lösungen abgeleitet werden können. Rückblickend erscheint das ‚wissenschaftliche' Gebaren in der Psychotherapie und Psychiatrie eher wie ein archaisches Beschwörungsritual, das weit mehr dem Selbstverständnis und Diskurs der Therapeuten dient als dem Wohl der Patienten.

Das Aufarbeiten der Vergangenheit wird weitgehend ersetzt durch Änderung der gelernten Programme (Reaktionsmuster, Grundeinstellungen, Erwartungshaltungen, Identitäten). Die tiefenpsychologische Arbeit verliert dadurch an emotionaler Dramatik und erinnert an den Arbeitsstil eines Programmierers.

Vernünftigkeit und Wissenschaftlichkeit sind keine allein verbindlichen Maßstäbe mehr für diese Psychotherapie. Erickson vertritt die Haltung des ‚wissenden Nichtwissens'. Die Grenzen zwischen ‚wissenschaftlich anerkannten' und alternativen Verfahren bestehen nicht mehr. Die Kontrolle durch Erkennen und Verstehen wird teilweise aufgegeben.

Was wird dafür gewonnen?

Die Klienten werden als kompetent gesehen, und ihre Kompetenz wird von Anfang an genützt. Das stärkt sie, macht sie erfolgreich, und es geht ihnen meist schon recht gut in und nach den ersten Therapie-Sitzungen. Sie erleben sich als fähig, zuversichtlich und machen positive Erfahrungen.

In ihrer Lebenssituation erfahren sie in der Regel schon nach wenigen Sitzungen eine deutliche Verbesserung des beklagten Sachverhaltes. Statt sich monate- oder jahrelang mit kaum lösbaren Problemen zu quälen, können sie sich wieder den Herausforderungen ihres Lebens stellen und beginnen diese zu meistern.

Körperlich Leidende und Kranke können wieder berechtigte Hoffnungen auf Heilung schöpfen, das gilt auch bei schweren Krankheiten. Endlich ist es möglich, dass die Erkenntnisse der Psychosomatik umgesetzt werden durch eine rasch wirksame Psychotherapie. Das kann zu deutlichen Kosteneinsparungen im Gesundheitswesen führen.

Die neuen Erkenntnisse und Methoden in der Psychotherapie sind viel mehr ‚Coaching' als ‚Behandlung'. Sie lassen sich in vielen Lebensbereichen erfolgreich einsetzen, in der Pädagogik, der Partner- und Familientherapie, in Führungskräfte-Trainings, in der Arbeit mit Arbeitslosen und Behinderten oder der Seelsorge.

Drei Generationen in der Geschichte der Psychotherapie

Schon die erste Generation[35] der Psychotherapie beginnt mit einem neuen Menschenbild, das für die damalige Zeit revolutionär war. Glaubte das wissenschafts- und fortschrittsgläubige Denken des 19. Jahrhunderts noch, dass der Mensch ein vernunftgesteuertes Wesen sei, so schockierte Freud seine Zeitgenossen mit der These, dass das menschliche Erleben und Verhalten in hohem Maße vom Unbewussten bestimmt werde und verdrängte Sexualität dabei ein wesentlicher Faktor sei. So interessant seine wissenschaftlichen Erkenntnisse auch heute noch sind, die Psychoanalyse als psychotherapeutische Methode gehört wohl eher ins Museum für Psychotherapie. Sie ist vergangenheitsbezogen, problemorientiert und eine Behandlung dauert zwischen 200 und 600 Stunden.

Was bleibt ist die Erkenntnis: Die Menschen suchen in ihrem späteren Leben verzweifelt nach dem, was sie in ihrer Kindheit nicht bekommen haben (an Liebe, Beachtung und Bestätigung), doch sie suchen es häufig bei Personen, die es ihnen nicht geben können oder wollen, mit Methoden, die nicht funktionieren, oder mit Einstellungen, die sie daran hindern, das Erreichte zu genießen. Auch wenn es einschränkend und leidvoll ist, so stellen sie doch immer wieder Situationen her, die mit ihren frühen Erfahrungen verwandt sind. Die Psychoanalyse macht diese Prozesse bewusst. Es gelingt ihr, sie zu entschärfen. Doch sie ist wenig in der Lage, echte Alternativen aufzubauen.

Die zweite Generation[36], die Humanistische Psychologie[37], ist optimistischer. Sie glaubt an Persönlichkeitsentwicklung und Selbstverwirklichung, dass der Mensch von Natur aus ein kreatives und glückliches Wesen sei, er müsse sich nur von seinen durch Erziehung und Gesellschaft auferlegten Fesseln befreien. Sie arbeitet nicht mehr vergangenheits-, sondern gegenwartsbezogen, nach wie vor problemorientiert und glaubt an das Heilsame von Wiedererleben und Bewusstmachen der traumatischen Erfahrungen und ihrer Wiederholung im jetzigen Leben. Ließ sich die erste Generation von der Frage leiten: „Was ist die Ursache des Problems?"[38], so stellte sich die zweite Generation die Frage: „Was hält das Problem aufrecht?"[39]

Die Therapeuten mischen sich aktiv in den Therapieprozess ein, konfrontieren, informieren und unterstützen die Klienten. Eine Behandlung dauert zwischen 20 und 60 Stunden. „Wir graben nicht in einem Bereich, über den wir nichts wissen, im sog. Unbewussten … Es ist alles da, wenn du lernst, den Inhalt der Sätze nur die zweite Geige spielen zu lassen … es ist so viel unschätzbares Material vorhanden, dass wir nichts anderes zu tun brauchen, als zu Offensichtlichkeiten, zur äußersten Oberfläche zu greifen und es dem

Patienten wiederzugeben, damit es ihm bewusst wird … Wir haben es also ziemlich leicht, verglichen mit den Psychoanalytikern, weil wir das ganze Sein eines Menschen unmittelbar vor uns haben …"[40] Sie erreicht meist bessere Ergebnisse als die Psychoanalyse und das in wesentlich kürzerer Zeit.

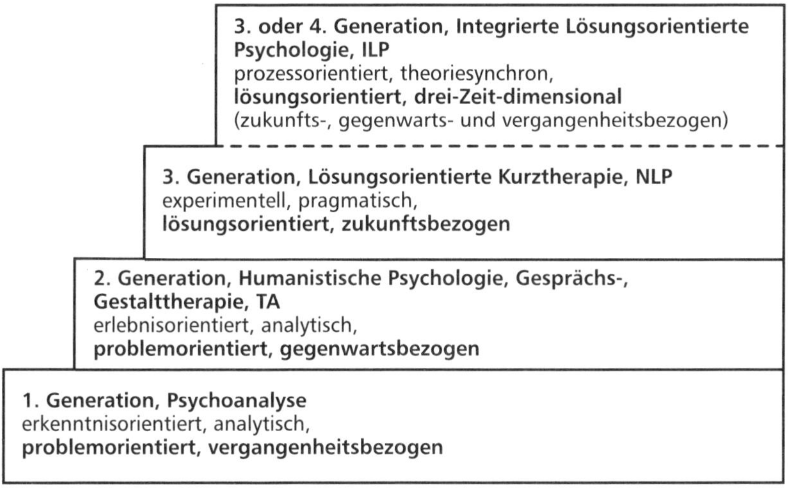

---

3. oder 4. Generation, Integrierte Lösungsorientierte Psychologie, ILP
prozessorientiert, theoriesynchron,
lösungsorientiert, drei-Zeit-dimensional
(zukunfts-, gegenwarts- und vergangenheitsbezogen)

- -

3. Generation, Lösungsorientierte Kurztherapie, NLP
experimentell, pragmatisch,
lösungsorientiert, zukunftsbezogen

2. Generation, Humanistische Psychologie, Gesprächs-, Gestalttherapie, TA
erlebnisorientiert, analytisch,
problemorientiert, gegenwartsbezogen

1. Generation, Psychoanalyse
erkenntnisorientiert, analytisch,
problemorientiert, vergangenheitsbezogen

Abb. 5 Drei oder vier Generationen in der Geschichte der Psychotherapie

Die dritte Generation[41], die Lösungsorientierten Kurztherapien[42], arbeiten von Anfang an auf Lösungen hin und konsequent mit den Ressourcen des Klienten bzw. seinen gesunden Anteilen. Im NLP[43] werden frühkindliche Einstellungen, die die Menschen im Erwachsenenleben einschränken, durch erlaubende ersetzt. Es interessieren nicht mehr die Leichen im Keller des Unbewussten, sondern das, was das Kind aus den frühen Erfahrungen gelernt, bzw. für welche Lebensstrategien es sich entschieden hat. Diese frühkindlichen Programme lassen sich jetzt ermitteln und stabil verändern. Die Lösungsorientierte Kurztherapie ist zukunftsbezogen und lösungsorientiert. Eine Behandlung dauert meist weniger als 10 Stunden[44].

„Im Übrigen bin ich der Meinung, dass es um so besser ist, je rascher ein Problem gelöst wird. Der Klient kann wieder in seinen Alltag zurückkehren, anstatt sich noch länger mit einer möglicherweise höchst vertrackten Situation herumzuquälen … Wenn in einer unklaren Situation aber erst einmal spezifische Ziele festgelegt sind, dann sind auch die Voraussetzungen dafür gegeben, dass Lösungen sich innerhalb kurzer Zeit ‚spontan' entwickeln."[45]

Die Integrierte Lösungsorientierte Psychologie[46] kann man zur dritten Generation rechnen als Integration dessen, was die lösungsorientierten Therapien zu bieten haben, oder sogar schon zu einer vierten Generation. Für Letzteres spricht die Reaktion der Kollegen von der lösungsorientierten Fraktion, die man am besten als Nicht-Reaktion beschreiben könnte. Ich vermute, dass sich darin Verunsicherung ausdrückt. Was führt zu dieser Irritation, was ist anders und neu in der ILP verglichen mit den lösungsorientierten Schulen? Es ist der hohe Stellenwert, den das persönlichkeitstypische Wissen[47] in der ILP hat und Inhalt sowie Abfolge ihrer Interventionen bestimmt.

Dagegen denken und handeln die Lösungsorientierten Kurztherapien pragmatisch, gut ist was funktioniert. Theorie ist für sie überflüssig und hinderlich[48]. Dieser Befreiungsschlag gegen das analytische und spekulative Denken, diese Entscheidung für ein wissendes Nichtwissen war zweifellos notwendig und hat den Weg geöffnet für experimentelles Vorgehen: Was hilft den Klienten wirklich? Diese Frage stellt sich nicht, wenn man wie in der ersten und auch noch in der zweiten Generation an seine Methoden glaubt und von ihrer Wahrheit und Überlegenheit überzeugt ist.

Die ILP jedoch scheint rückfällig zu werden, ist theoriegeleitet oder besser theoriesynchron. Denn es ist weder so, dass hier die Theorie die Praxis bestimmt, noch dass die Theorie die Praxis nur interpretiert. Beide, Praxis und Theorie, erhellen und unterstützen sich gegenseitig. Die Theorie folgt der Praxis und leitet sie zugleich an. Psychotherapie muss sich nach dem Verständnis der ILP so genau wie irgend möglich an den Prozessen des Lebens orientieren und ihnen entsprechen – denen der äußeren, der ontischen Lebenswirklichkeit ebenso wie denen der inneren, der psychischen. Die Theorie bildet diese Prozesse ab.

Diese Theorie ist anders als herkömmliche Theorien. Ich vergleiche sie gerne mit einer Landkarte. Sie informiert und ist in jedem Detail überprüfbar. Sie ist weder eine subjektive Interpretation der Wirklichkeit noch eine Ideologie, die der Wirklichkeit übergestülpt wird. Genau dagegen hatte sich die dritte Generation gewandt, Psychotherapie als Interpretation und Ideologie. Doch sie hat das Kind mit dem Bade ausgeschüttet und lehnt Theorie grundsätzlich ab. Das hat zur Folge, dass sie damit Übersicht und Orientierung verliert und in einem Methoden-Pluralismus erstickt. Sie hat sich eine Fülle wirksamer Werkzeuge geschaffen, doch es fehlt ihr an Gebrauchsanweisungen.

In der ILP bestimmt und optimiert dieses Landkarten-Wissen die methodischen Vorgehensweisen. Sie folgen passgenau den Prozessen der unterschiedlichen Persönlichkeiten und den Gesetzmäßigkeiten der verschiedenen Themenbereiche. Wenn jemand dieses Wissen ignoriert und die ILP rein aus pragmatischer oder gar ideologischer Sicht betrachtet, wird er vielleicht über ihre Erfolge erstaunt sein, doch ihre Vorgehensweise wird ihm als willkürlich und dogmatisch festgelegt erscheinen.

Die ILP ist mehr als ein Kompendium lösungsorientierter Methoden. Zum einen werden diese Methoden persönlichkeitsspezifisch konkretisiert und eingesetzt, zum anderen wurden sie methodisch weiterentwickelt, oder es wurden wichtige Lebensbereiche überhaupt erst therapeutisch erschlossen und methodisch zugänglich gemacht. Letzteres gilt besonders für den paradoxen oder systemisch-energetischen Bereich des zwischenmenschlichen Geschehens[49]. In den letzten Jahren wurde die ILP durch ein Autonomie-Training ergänzt. Während die ILP auf wirksame Veränderungen abzielt, fördert das Autonomie-Training die Basis dieser Veränderungen nach der Maxime: Kehre zurück zu dem, was du bist!

Dieser Prozess der permanenten Verbesserung hat bisher bei der Psychographie etwa dreißig Jahre gedauert, bei der Integrierten Lösungsorientierten Psychologie etwa zwanzig Jahre und beim Autonomie-Training etwa zehn Jahre. Dabei kommen immer neue Erkenntnisse dazu, die ein Verfahren komplexer, genauer und praktikabler machen. Eine ebenso wichtige Aufgabe ist, diese Erkenntnisse durch Ausbildungen zu sichern. Die meisten Entwickler therapeutischer Verfahren haben sich darauf beschränkt, ihr Können und Wissen zu demonstrieren. Doch das ist keine Ausbildung, die geeignet ist, ihr Können adäquat weiterzugeben, reicht keineswegs aus für die Qualitätssicherung ihrer Verfahren.[50] Damit etwas erfolgreich wird, muss es gut organisiert werden. Das gilt für die methodische Anwendung ebenso wie für die Ausbildung von Therapeuten.

Im Ergebnis gibt es wohl kein Therapie- oder Coaching-Verfahren, das so durchorganisiert ist wie die ILP. Manche Therapeuten schreckt das ab, sie wollen einen größeren Freiheitsgrad in ihrer Arbeit, wollen aus dem Bauch heraus arbeiten, intuitiv und kreativ. Vielleicht verwechseln sie Psychotherapie mit der Arbeit eines Künstlers. Doch man sollte sich nicht täuschen. Auch wenn Erickson spontan und intuitiv gearbeitet hat, so folgte er doch präzise jenen Gesetzmäßigkeiten, die Veränderungen ermöglichen. Was für jeden Beruf selbstverständlich ist gilt auch hier: Intuition und Kreativität können Dilettantismus im handwerklichen Können und Fachwissen nicht ersetzen, im Gegenteil, Wissen und Können machen sicher und frei für Intuition und Kreativität.

Wissendes Nichtwissen als therapeutische Haltung

Das Bekenntnis zum wissenden Nichtwissen ist zu einer Art Glaubensbekenntnis der Lösungsorientierten Therapie geworden:

Für Erickson verhält es sich so, „… dass die Patienten, die uns aufsuchen, uns deshalb aufsuchen, weil sie nicht genau *wissen*, WARUM sie eigentlich kommen. Sie haben Probleme, und wenn diese Probleme ihnen wirklich bekannt WÄREN, dann wären sie nicht erst *gekommen*. Da sie nicht wissen, was es mit ihren Problemen WIRKLICH auf sich hat, können sie uns das auch nicht sagen. Sie können uns nur eine ziemlich wirre Schilderung dessen geben, was sie denken. Und wir hören sie mit UNSEREM Hintergrund an und wissen nicht, was sie uns sagen, aber wir wissen immerhin besser, dass wir nicht wissen. Und dann müssen wir ETWAS tun, das eine *Veränderung* im Patienten in Gang bringt …"[51]

Was er da sagt, trifft keineswegs nur auf Klienten zu, die therapeutische Hilfe suchen, sondern beschreibt die Situation, in der wir uns ständig befinden. Wir können das Ganze unseres Lebens nicht gedanklich erfassen. Wir können an vielen Stellen Einfluss darauf nehmen und vertrauensvoll abwarten, was daraus wird, doch wir können es nicht überblicken. Die offene Haltung des wissenden Nichtwissens ist eine Voraussetzung dafür, lösungsorientiert arbeiten zu können.

Sind Therapeuten überhaupt willens und fähig, diese Haltung des Nichtwissens in ihrer Arbeit zu praktizieren? Können sie so diszipliniert mit ihrem Denken umgehen, dass sie weder *ihr* Verstehen der Situation des Klienten, noch *ihre* Vorstellungen, wie er sein Problem lösen sollte, in ihn hineininterpretieren? Das würde ihnen wesentlich leichter fallen, wenn ihnen klar würde, dass Verstehen und Bescheidwissen ohnehin nur Selbsttäuschungen sind, dass sie weder seine Situation wirklich verstehen, noch eine Lösung für ihn finden können.

In ihren Ausbildungen lernen sie etwas ganz anderes. Wer eine Prüfung bestehen will, um Psychotherapie ausüben zu dürfen, muss sich bestens auskennen in Psychodiagnostik und wissen, wie diese oder jene Störung zu behandeln ist. Hier wird immer noch vorausgesetzt, dass die Psyche ähnlich funktioniere wie der Körper, und man sie analog schulmedizinischen Vorstellungen heilen könne.

Die Wirksamkeit Lösungsorientierter Verfahren resultiert daraus, dass sie so genau wie irgend möglich den Gesetzmäßigkeiten und Prozessen der Wirklichkeit folgt. Dabei berücksichtigt die Integrierte Lösungsorientierte Psychologie ebenso die äußere, also die uns umgebende Lebenswirklichkeit wie die innere, die psychische. Das erinnert an ein Fragment Heraklits, der vor etwa 2500 Jahren formuliert hat: „Weisheit ist es, … gemäß der Natur zu handeln, indem man auf sie hört."

Wie kann man diese Übereinstimmung erreichen? Wie kann man so auf die Natur der menschlichen Wirklichkeit hören, dass sie uns etwas über ihre verborgenen Wirkungsmechanismen verrät? Dazu gibt es verschiedene Möglichkeiten. Eine der ältesten und in den letzten Jahrzehnten wieder wertgeschätzten Methoden praktischer Erkenntnis-Gewinnung lässt sich von den Fragen leiten: Was funktioniert in der Praxis? Wie lässt sich das, was funktioniert, wiederholen?

Diese Methode nutzen sowohl die Lösungsorientierte Kurztherapie wie das NLP. Verfolgt man die Veröffentlichungen von De Shazer und seinen Mitarbeitern, so lässt sich über die Jahrzehnte hinweg beobachten, wie immer wieder neue Erkenntnisse zur lösungsorientierten Therapie gewonnen, bzw. wie frühere bestätigt werden. Dabei hat die Begeisterung De Shazers für das Prinzip, so einfach wie möglich zu bleiben, die Lösungsorientierte Kurztherapie davor bewahrt, ein Sammelsurium von Methoden zu werden.

Ein anderer Zugang sind Beobachtung und Intuition. Darin war Erickson ein großer Meister. Er hat die Stärken und die Schwächen seiner Klienten als Material für ihre Therapie benützt. Sein Anspruch war, für jeden Klienten eine eigene Psychotherapie zu erfinden, maßgeschneidert auf dessen individuelle Persönlichkeit. Er hat die Klienten nicht von außen behandelt, sondern ist mit ihnen in ihre Welt hineingegangen und hat sie mit der Medizin geheilt, die sie in seine Praxis mitbrachten.

Ein dritter Zugang ist das Wissen der Psychographie, der prozessorientierten Persönlichkeitstypologie. Es ist eine neue Art von Theorie, die die äußere und innere Wirklichkeit des Menschen beschreibt, ähnlich wie das eine Landkarte mit der Landschaft tut. Das ist etwas irritierend, nicht nur für die Kollegen von der lösungsorientierten Zunft. Denn die Philosophie der neueren Psychotherapien ist die des Konstruktivismus: Jeder Mensch lebt in seiner von ihm geschaffenen Wirklichkeit. Und wenn Menschen leiden, dann sollten sie diese Wirklichkeit verändern. Das ist nicht verkehrt, und auch wir machen uns dieses Wissen zunutze[52].

Diese Philosophie des Konstruktivismus ist hilfreich, den naiven Realismus zu überwinden, den Einzelnen nicht als Opfer widriger Umstände, sondern als Schöpfer seiner Wirklichkeit zu sehen. Doch sie ist wenig geeignet, objektive Bedingungen der Wirklichkeit zu erkennen, seien es die psycho-ontologischen Prozesse oder gesellschaftliche und institutionelle Bedingungen. Es erinnert mich an den Sport. Jede Sportart hat ihre eigenen Regeln, doch alle werden ausgeübt im Geltungsbereich der physikalischen Naturgesetze. Und die Psychographie beschreibt Gesetzmäßigkeiten, die für die Psychotherapie relevant sind.

Es ist eine Selbsttäuschung zu glauben, man könne die äußere oder innere Wirklichkeit des Menschen völlig unvoreingenommen wahrnehmen. Schon Gadamer[53] hat darauf hingewiesen, dass wir die Wirklichkeit mit Hilfe eines Vorwissens erkennen, dass jedoch die Erfahrung wiederum das Vorwissen verändert: Man sieht nur, was man weiß! Oder umgekehrt, was man nicht weiß, sieht und hört man nicht! Die Integrierte Lösungsorientierte Psychologie ist pragmatisch, intuitiv und wissend. Sie nützt die Erfahrungen der lösungs-orientierten Therapien, das, was an praktischen Verfahren in den letzten Jahrzehnten entwickelt und erprobt wurde. Sie hat das Beste davon übernommen, es methodisch weiterentwickelt und integriert.

Doch sie weiß auch, dass bei all dem bewährten handwerklichen Können und bei aller Ähnlichkeit typspezifischer Probleme und ihrer Lösungswege jeder Klient und jede therapeutische Situation einmalig ist. Und dass dieser Einmaligkeit nur durch Intuition und Kreativität entsprochen werden kann.

Schließlich nützt sie ihr ,Landkartenwissen' sowohl in der Planung von Therapie, in der Durchführung und in der Ergebniskontrolle. Darin liegt ein nicht zu unterschätzender Vorteil gegenüber Therapie-Schulen, die meinen, ohne ein derartiges Orientierungs-Wissen auskommen zu können.

Effektivität und Effizienz als Maßstäbe

Als ich in meiner Jugend anfing, mich für Psychotherapie zu interessieren, erschien sie mir als eine Welt geheimnisvollen Wissens, verwandt den Tätigkeiten von Künstlern, Philosophen und Dichtern. Ich nahm an, dass die Psychotherapeuten über die Geheimnisse des Lebens Bescheid wüssten. Diese Annahme hat sich später relativiert. Doch die Faszination blieb und hat mich herausgefordert, selbst dazu beizutragen, diesem Anspruch näher zu kommen.

Auf der anderen Seite ist Psychotherapie für mich ein Dienstleistungs-Unternehmen. Also müsste das Ziel einer Psychotherapie sein, wirksam und kostengünstig zu sein und überall dort eingesetzt zu werden, wo sie anderen Maßnahmen überlegen ist oder entscheidend unterstützt. Das ist heute erreichbar. Doch dazu müssen drei Bedingungen erfüllt sein: Es müssen Psychotherapie-Verfahren zur Verfügung stehen, die zuverlässig und rasch zu gewünschten Veränderungen führen, Ausbildungen, die gewährleisten, dass die

Anwender gute Arbeit leisten, und eine Psychotherapie-Gesetzgebung, die die oben genannten Ziele unterstützt.

Eine wirksame Psychotherapie wird immer einfach sein. De Shazer und seine Mitarbeiter sind dafür ein gutes Beispiel. Walter u. Peller stützen sich auf nur drei Methoden, die Arbeit mit Zielen, mit Lösungs-Filmen und Ausnahmen. Sie werden eingebettet in systemische Elemente wie Verständnis zeigen, Annehmen und Anerkennen, nicht nur verbal, sondern auch körpersprachlich[54], dann hinter dem Klienten bleiben oder ihn überholen[55]. Bei Nachuntersuchungen[56] an dem wissenschaftlichen Institut BFTC wurde bei durchschnittlich 4,6 Sitzungen eine Erfolgsrate von 80,4% erreicht. Als die Klienten 18 Monate später nochmals befragt wurden, hatte sich die Erfolgsrate auf 86% erhöht. 77% berichteten, dass sich keine neuen Probleme entwickelt hätten, und 67% sprachen von Verbesserungen in Bereichen, die nicht Thema der Therapie waren. Interessant ist auch, dass Klienten, die vier oder mehr Sitzungen hatten, eine deutlich höhere Erfolgsrate (91,1%) erreichten als Klienten, die nur zu einer bis drei Sitzungen kamen (69,4%).

Das sind gute Ergebnisse. Sie sind beeindruckend, besonders wenn man beachtet, dass in der Lösungsorientierten Kurztherapie vieles von dem verschenkt wird, was an gleichwertigen lösungsorientierten Verfahren heute zur Verfügung steht. Dabei handelt es sich um Methoden, die andere Aspekte der therapeutischen Arbeit betreffen und die nur unzureichend durch das lösungsorientierte Vorgehen ersetzt werden können. Wenn ich beispielsweise davon ausgehe, was Ausbildungsteilnehmer in der ILP-Ausbildung lernen, so nützt die Lösungsorientierte Kurztherapie weder das psychographische Wissen, das es ermöglicht, dem Anderen in seiner Andersartigkeit gerecht zu werden, noch das tiefenpsychologische NLP, das geeignet ist, alte, einschränkende Programme rasch und stabil zu ersetzen durch erlaubende, noch die Methoden der Systemisch-energetischen Kurztherapie, die Leid in Lösungsenergie verwandelt oder passgenaue Haltungen ermittelt, um damit schwierigen Personen und Situationen souverän begegnen zu können und sie günstig zu beeinflussen, und auch nicht das psychographische Autonomie- und Gesundheits-Training – alles höchst wirksame Methoden.

Eine Stärke der Lösungsorientierten Kurztherapie liegt darin, dass sie leicht zu lernen und gut anzuwenden ist, vorausgesetzt, man hat Vertrauen in die Wirkung ihrer einfachen Methoden. Denn ein Verfahren der angewandten Psychologie ist nur so gut, wie es vom Therapeuten oder Coach umgesetzt wird. Das bedeutet, die Ausbildung muss ebenso gut sein wie das Verfahren selbst. Das wird häufig übersehen. Früher haben die großen Psychotherapie-Entwickler wie Erickson, Perls oder Bandler ihr Können und Wissen so weitergegeben, dass sie es vorführten, darüber sprachen und die Seminar-Teilnehmer die eine oder andere Übung machen ließen. Die Teilnehmer waren dann zwar beeindruckt, doch ob sie damit diese Verfahren wirklich beherrschten, erscheint mir eher unwahrscheinlich.

Absage an Wissenschaftlichkeit oder neues Wissenschafts-Paradigma?

Wissenschaftlichkeit ist ein Kind der Aufklärung und hat einen emanzipatorischen Anspruch. Wahrheiten, die durch die Autoritäten von Kirche und Staat gestützt wurden, mussten sich der Kritik stellen. Vernunft und wissenschaftliche Methoden wurden die neuen Maßstäbe. Das hat sich in vielen Lebensbereichen bewährt, hat positive Veränderungen ermöglicht, in den Wissenschaften selbst, in der Technik, der Wirtschaft, der Verwaltung oder in der Politik. Und es wirkt heute noch nach, so dass Wissenschaftlichkeit so etwas wie ein Gütesiegel ist. Auf der anderen Seite wird deutlich, dass die Herrschaft der Vernunft teuer bezahlt wurde. Große Teile unserer Lebenswirklichkeit wurden ignoriert. Es wurden Fortschritte in bestimmten Bereichen erzielt, andere wurden vernachlässigt oder tabuisiert. Das hat zur Folge, dass viele Probleme in unserer Gesellschaft nicht gelöst werden, manche werden einfach übersehen, andere relativ erfolglos ‚bekämpft'.[57]

Ein Beispiel ist unser Gesundheitswesen. Es ist teuer, doch bei weitem nicht so effektiv, wie es sein könnte. Gesundheit ist nicht einfach die Abwesenheit von Krankheit. Man wird nicht gesund, indem man die Krankheit beseitigt. Gesundheit hat gegenüber der Krankheit eine eigene Qualität. Sie ist das Ergebnis von multifaktoriellen, interaktiven und synergetischen Wirkungen. Zur Gesundheit gehören neben körperlichen Faktoren seelisch-geistige, soziale, kulturelle und umweltbedingte. Ein Gesundheitswesen, das sich weitestgehend auf das Körperliche beschränkt, kann nicht erfolgreich sein. Es versucht seine geringe Effektivität durch aufwendige ‚Materialschlachten' auszugleichen.

Seit mehr als einem halben Jahrhundert bestätigt die psychosomatische Forschung immer wieder, dass die Psyche entscheidenden Einfluss darauf hat, ob Menschen gesund bleiben, krank werden oder wieder gesunden. Untersuchungen darüber, wie durch lösungsorientierte Therapien sich die Chancen verbessern, gesund zu bleiben oder wieder gesund zu werden, kommen übereinstimmend zu dem Ergebnis, dass sie sich mehr als verdoppeln und dass sich die Überlebenszeiten bei zugleich höherer Lebensqualität vervielfachen.[58]

Das bedeutet, dass wirklich große Fortschritte in der Medizin mit Sicherheit weniger von neuen Medikamenten als von der psychosomatischen Psychotherapie zu erwarten sind.

Warum hatte das psychosomatische Wissen wenig Konsequenzen für die Praxis des Gesundheitswesens? Der wohl wichtigste Grund ist der, dass bis vor kurzem keine rasch und verlässlich wirksamen Psychotherapien verfügbar waren. Eine psychoanalytische Behandlung dauert zu lange, ist zu unspezifisch in ihren Wirkungen und könnte nur einem kleinen Kreis von Patienten zugute kommen. Und Verhaltenstherapie ist von ihrem methodischen Ansatz her weniger geeignet für psychosomatische Themen. Heute ist es erstmals möglich, die wissenschaftlichen Erkenntnisse der Psychosomatik psychotherapeutisch auf breiter Basis umzusetzen.

Den neuen Erkenntnissen in der Psychotherapie muss auch ein neues Wissenschafts-Verständnis entsprechen. Wissenschaft darf keine Ideologie sein, die dem Leben ihre Regeln aufzwängt. Das wissenschaftliche Denken und seine Methoden müssen dem Gegenstand der Untersuchung angemessen sein und nicht umgekehrt. Wissenschaft sollte auch nicht hinter den Entwicklungen in der Praxis zurückbleiben. So wie sich in der Psychotherapie von Generation zu Generation grundlegende Paradigmenwechsel vollzogen haben, findet das auf ganz ähnliche Weise in der Wissenschaft statt.

Capra spürt seit 1970[59] diesem Verständnis von Wissenschaft nach. Für einen der aussagekräftigsten Ansätze hält er die Bootstrap-Philosophie von Geoffrey Chew, die davon ausgeht, dass es für das naturwissenschaftliche Wissen keine festen Fundamente mehr gibt: „Für Chew ist das materielle Universum ein dynamisches Gewebe zusammenhängender Geschehnisse. Keine der Eigenschaften dieses Gewebes sind fundamental; alle ergeben sich aus den Eigenschaften der anderen Teile, und die umfassende Stimmigkeit ihrer Zusammenhänge bestimmt die Struktur des ganzen Gewebes."[60] Das beschreibt ziemlich genau mein Verständnis von der Integrierten Lösungsorientierten Psychologie.

Doch wie kann man so etwas theoretisch darstellen und in der Ausbildung praktisch vermitteln? Ich vergleiche es manchmal mit einem jener altmodischen, sich langsam drehenden Kinder-Karusselle. Wer mitfahren will, kann an jeder Stelle aufspringen. Bei Ausbildungsteilnehmern beobachte ich, dass sie sich nach dem ersten Drittel der Ausbildung ziemlich verwirrt fühlen. Sie meinen dann überhaupt nichts mehr zu verstehen. Bis ihnen dann allmählich klar wird, was man verstehen kann und was nicht, und wo Denken weiterhilft und wo es eher stört.

Das Neue, und für manchen Bedrohliche, ist: Wir können mit unserem Wissen, mit unserer Vernunft und unserem Verstehen die Wirklichkeit nur

unvollständig kontrollieren. Wir konnten das nie, das war immer eine Selbsttäuschung, doch jetzt wissen wir, dass es so ist. Das bedeutet aber nicht, dass
wir mit den nicht verstehbaren Bereichen nicht umgehen könnten. Viele
konnten das schon immer. Sie haben sich dabei auf Erfahrung und Intuition
gestützt. Nur damit konnte die Wissenschaft nichts anfangen. In der Therapie
stützen wir uns zusätzlich auf methodische Vorgehensweisen.

Als Bandler und Grinder anfingen, das NLP zu entwickeln, machten sie sich
Gedanken darüber, was an ihrem Vorgehen neu und anders ist. Zunächst
schoben sie das psychologische Wissen auf die Seite: „Wenn man Erfahrungen
mit Theorie vermischt und alles zusammen in einen Topf tut, dann ergibt das
eine Psychotheologie."[61] Dann konzentrierten sie sich darauf herauszufinden,
wie etwas funktioniert. Dieses *Wie* meinen sie, wenn sie sagen: „Wir bieten
euch nicht etwas an, was *wahr* ist, sondern nur Dinge, die *nützlich* sind."[62] An
die Stelle des Wissens trat das methodische Vorgehen. Dass auch darin eine
Gefahr liegt, dass an die Stelle des Besserwissens nun das Manipulieren treten
kann, hat Virginia Satir geahnt, als sie warnend über den Umgang mit diesen
neuen Methoden sagte: „… sie müssen in einen Rahmen gestellt werden, der
durch Einfühlung und Liebe für die Persönlichkeit des anderen geprägt ist."[63]

Ist das noch Psychotherapie?

Die lösungsorientierten Verfahren und speziell die Integrierte Lösungsorientierte Psychologie sind ohne Zweifel Psychotherapie, wenn sie als Psychotherapie eingesetzt werden. Denn mit ihnen lässt sich das, was Psychotherapie als
Ziel hat, nämlich Menschen darin zu unterstützen, psychisch gesund zu werden, besser erreichen. Doch diese Methoden sind nicht therapiespezifisch. Sie
dürfen nicht von der Psychotherapie vereinnahmt werden. Sie können beim
gleichen Klienten und gleichem Thema ebenso als psychologische Beratung
oder Coaching verwendet werden, ohne dass ein Unterschied in der Vorgehensweise oder im Ergebnis erkennbar wäre. Das macht deutlich, wie unsinnig diese Unterscheidungen heute sind.

Manche Befürworter der lösungsorientierten Verfahren haben jedoch
Bedenken, ihre neu entwickelten Verfahren als Psychotherapie zu bezeichnen,
weil sie befürchten, dass sie mit der herkömmlichen Psychotherapie verwechselt werden. Bandler schreibt: „Obwohl viele Psychologen und Sozialarbeiter
NLP verwenden, um das zu tun, was sie ‚Therapie' nennen, denke ich, dass es
angemessener ist, NLP als lernpädagogischen Prozess zu bezeichnen."[64] Und
Walter und Peller, die aus der Schule De Shazers kommen, meinen zum

gleichen Thema: „Wir verwenden in diesem Handbuch den Begriff ‚Therapie‘, obwohl wir viel lieber ein anderes Wort benutzt hätten. Uns missfallen die Konnotationen von Behandlung, Pathologie und ExpertInnentum der TherapeutIn, die der Begriff ‚Therapie‘ impliziert."[65]

Wenn ich von Lösungsorientierter Psychologie spreche, dann deshalb, weil dies Psychotherapie, Beratung, Coaching, Pädagogik, Autonomie-Training oder andere Anwendungen beinhalten kann. Doch ich habe kein Problem damit, diese neuen Verfahren auch als Psychotherapie zu bezeichnen. Denn sie lösen das ein, was Psychotherapie immer versprochen hat.

In den letzten Jahren beobachte ich, dass die Lösungsorientierte Kurztherapie eine vorsichtige Anerkennung erfährt, allerdings verbunden mit der Einschränkung, dass sie eher für Beratung geeignet sei und eine ‚richtige‘ Therapie nicht ersetze – während es zum guten Ton zu gehören scheint, andere Therapien der neuen Richtungen unisono abzulehnen als oberflächlich, manipulativ usw. Ich bin kein kritikloser Bewunderer irgendwelcher therapeutischen Richtungen, doch diese Kritiken lassen häufig eine genaue Kenntnis dieser Therapien vermissen.

Die Skepsis gegenüber neueren Therapien hat mehr mit wissenschaftstheoretischen, gesellschaftlichen und gesundheitspolitischen Ansichten zu tun als mit der Problematik dieser Verfahren. Dadurch, dass sie benachteiligt, ausgegrenzt und diffamiert werden, gehört Idealismus dazu, als Ausbilder für eine hochwertige Ausbildung zu sorgen und als Auszubildender eine derartige Ausbildung zu machen. Das ‚Gute des Schlechten‘ ist, dass man Zeit hat und in aller Ruhe qualitativ Hochwertiges entwickeln kann, damit dann, wenn die künstlich errichteten Dämme beseitigt werden, für Qualität gesorgt ist hinsichtlich der neuen Verfahren, der Organisation der Ausbildung und der Anwendung.

3. Gesetzmäßigkeiten und Prozesse

Wie funktioniert die Wirklichkeit?

Das naive Bewusstsein meint, die Wirklichkeit sei etwas Reales, mit dem man sich mehr oder weniger abfinden müsse. Probleme, Störungen erscheinen ihm als harte Tatsachen, etwas auf das man sich, wenn auch in einem bedauerlichen Sinne, verlassen kann. Das täuscht. Auch Probleme und Störungen sind nicht wirklich verlässlich. Sie werden spontan hergestellt, allerdings nach immer dem gleichen oder ähnlichen Rezept. Dadurch gewinnen sie den Charakter von Realitäten. Doch gelegentlich verschwinden sie. Vielleicht hat jemand das Rezept geändert, oder er hat begonnen Lösungen zu kreieren statt Probleme.

Walter u. Peller bringen das Beispiel von Eltern, die Schwierigkeiten mit einem Kind haben. Sie können denken, dass ihr Kind ungezogen sei oder gestört oder dass sein schwieriges Verhalten normal sei für sein Alter. Je nachdem, wie sie darüber denken, wird sich ihr Erleben und Handeln unterscheiden. Wenn sie denken, es sei ungezogen, werden sie sich vielleicht ärgern und ihm mit erzieherischen Maßnahmen drohen. Wenn sie annehmen, es sei gestört, werden sie sich Sorgen machen und mit ihm zum Therapeuten gehen. Wenn sie glauben, sein Verhalten sei entwicklungsbedingt normal und vorübergehend, werden sie sich bemühen, irgendwie damit zurechtzukommen.

Pragmatismus, Konstruktivismus, die Beschäftigung damit, was Sprache ist und bewirkt,[66] helfen zu verstehen, wie Menschen sich ihre Wirklichkeit schaffen. Bandler u. Grinder sind dafür typische Vertreter: „Was wir im Grunde tun, ist, wenig Aufmerksamkeit auf das zu richten, was die Leute *sagen*, dass sie tun, und viel Aufmerksamkeit auf das zu richten, was sie *tun*. Wir sind keine Psychologen, und wir sind auch keine Theologen oder Theoretiker. Wir haben *keine* Ahnung von der ‚wirklichen' Natur der Dinge und wir sind nicht sonderlich daran interessiert, was ‚wahr' ist. Die Funktion der Modellbildung besteht darin, zu Beschreibungen zu kommen, die *nützlich* sind."[67] Wie gehen sie vor? Sie beobachten andere, von denen sie glauben etwas lernen zu können, probieren selbst Dinge aus und beobachten wieder, was dann geschieht.

Das klingt zwar ganz einleuchtend und scheint die Frage zu beantworten, wie die lösungsorientierten Verfahren entstanden sind. Doch ich glaube nicht so recht daran, dass sie so zu ihren Erkenntnissen gekommen sind. Denn mir scheinen weder der Pragmatismus noch der Konstruktivismus in der Lage zu sein, so etwas hervorzubringen. Der Pragmatismus kommt mir etwas einfältig und der Konstruktivismus etwas abgehoben vor. Vermutlich lag es an etwas, was nicht thematisiert wird, nämlich an ihren Fähigkeiten intuitiv zu erkennen, wie etwas anders und qualitativ besser funktioniert. Dann, wenn die neue Erkenntnis sich bewährt hatte, konnte sie mit Hilfe des Konstruktivismus oder Pragmatismus bestätigt werden.

Die lösungsorientierte Psychotherapie unterstützt unterschiedliche Zielsetzungen. Perls und Erickson ging es um ein menschlich erfülltes Leben. Dazu mussten sie sich aus Zwängen und Konventionen lösen. Bandler scheint besonders daran interessiert zu sein, wie Menschen zu einer subjektiven Zufriedenheit kommen. Dazu musste er die Programme entdecken, die das Erleben bestimmen. De Shazer scheint mehr daran interessiert zu sein, dass die Leute etwas aus ihrem Leben machen. Dazu musste er einen Schritt zurückgehen, dorthin, wo das Handeln vorbereitet wird, zum Denken und seiner Manifestation, der Sprache: „Ich sah mich gezwungen, Interviews zu betrachten, als wären sie Texte, Geschichten, Stücke aus der Literatur. Das war genau die Richtung, die ich vermeiden wollte, denn ich befürchtete, sie würde uns von der *pragmatischen Praxis der Kurztherapie* wegführen."

Die Erkenntnis, dass die menschliche Wirklichkeit etwas Selbstgeschaffenes ist, zunächst durch das Denken und Vorstellen, dann durch Organisieren und Institutionalisieren, macht auch deutlich, dass man sie nicht hinnehmen und sich mit ihr abfinden muss, sondern dass man sie verändern kann. Die lösungsorientierte Kurztherapie macht sich das zunutze. Dass sich der lösungsorientierte Therapeut nicht mehr für das Versagen des Klienten interessiert, sondern für seine Kompetenzen, ändert dessen Selbstwahrnehmung und beeinflusst seine Art mit seinem Leben umzugehen. Wenn Menschen anfangen, statt über ihr Problem zu grübeln, sich mit attraktiven Zielen und Lösungsfilmen zu beschäftigen, sind sie auf dem richtigen Weg, ihrem Leben eine positive Richtung zu geben. Wenn sie analysieren, was ihnen gelungen ist, wird ihnen das helfen, Gelungenes zu wiederholen. Es wird zwar behauptet, dass man aus Fehlern lerne. Doch bei den meisten Menschen scheint das nicht besonders gut zu funktionieren.

Triadische Wirklichkeit

Wenn wir sagen, unsere Wirklichkeit sei selbstgeschaffen, stimmt das. Wenn wir sagen, dass wir uns auf die Wirklichkeit einlassen müssen, so wie sie ist, stimmt das auch. Und wenn wir sagen, man müsse das Beste aus der Wirklichkeit machen, ändern könne man ja doch nichts daran, stimmt das auch. Das heißt, es stimmt oder es stimmt nicht, je nachdem was wir meinen, wenn wir Wirklichkeit sagen. Doch was ist das, was wir Wirklichkeit nennen?

Eine entscheidende Antwort auf die Frage, was unsere Lebenswirklichkeit ausmacht, ist, dass sie nicht homogen, sondern triadisch ist. Sie ist nicht etwas Einheitliches, Gleichartiges, sondern sie besteht aus drei eigengesetzlichen Lebensbereichen, die in einem sich gegenseitig unterstützenden Zusammenhang stehen. Das ist etwas, was wir intuitiv und aus unserer Lebenserfahrung wissen und ständig berücksichtigen. Wir brauchen nur in unseren Kleiderschrank sehen. Wir ziehen etwas anderes an (oder aus), wenn wir im Garten arbeiten, in ein Konzert gehen oder jemand verführen wollen.

Die Entdeckung, dass unsere Wirklichkeit triadisch ist, erklärt vieles, etwa warum es so viele konkurrierende Erklärungs-Modelle über das Leben gibt, die alle ein Stück weit recht haben und sich doch widersprechen. Die für mich aufschlussreichsten Konsequenzen ergaben sich für das Verständnis von Typologien der Menschenkenntnis und der Struktur und Funktionsweise der Psyche. Aus ihr folgten immer wieder neue Entdeckungen und Entwicklungen auf dem Gebiet der angewandten Psychologie, die ohne diese grundlegenden Erkenntnisse über die menschliche Wirklichkeit nicht möglich gewesen wären.

Es handelt sich um keine der üblichen Erklärungsmodelle, die in der Regel eine Mischung aus Erfahrungen, Interpretationen und Mutmaßungen sind, auch nicht um eine Art Weltanschauung oder Ideologie, sondern um ein möglichst genaues Abbild der Wirklichkeit und um Methoden, die der Funktionsweise menschlichen Verhaltens so weit als möglich entsprechen. Wie zutreffend und wirksam sie sind, lässt sich nicht intellektuell, nicht im Diskurs ermitteln, sondern nur durch die Anwendung und Überprüfung in der Praxis.

Eine Schwierigkeit, die dem Verstehen der triadischen Strukturen unserer Wirklichkeit entgegensteht, ist, dass wir gewohnt sind nicht triadisch, sondern dualistisch zu denken. Wir denken in Gegensätzen, ja oder nein, richtig oder falsch, gut oder böse, wahr oder unwahr. Und da wir uns die Wirklichkeit denkend vor- und herstellen, erscheint sie uns dualistisch. Dazu kommt, dass man in den letzten Jahrzehnten mehr daran interessiert war, wie die Menschen Wirklichkeit wahrnehmen und subjektiv erschaffen als daran, wie sie wirklich ist. Immerhin war man sich in der Postmoderne einig, „dass die Wirklichkeit nicht homogen, sondern heterogen, nicht harmonisch, sondern dramatisch, nicht einheitlich, sondern divers strukturiert ist"[68].

Vielleicht ist Ihnen aufgefallen, dass auch in diesem Zitat in Gegensätzen gedacht und argumentiert wird. Wenn ich heute auf eine dualistische Aussage stoße, frage ich mich: Was ist das fehlende dritte Element? Umgekehrt habe ich die Beobachtung gemacht, dass triadische Modelle, die von anderen Autoren stammen, oft einen überraschend hohen und unmittelbar überzeugenden Erklärungswert haben und dass sie sich in der Praxis bewähren – wohl deshalb, weil sie nahe an der Wirklichkeit sind. Wenn beispielsweise sich die lösungsorientierte Therapie auf drei Methoden beschränkt, die Arbeit mit Zielen, mit Ausnahmen und mit Lösungsfilmen, dann sieht das nach nichts Besonderem aus, doch es ist in seiner Einfachheit genial. Das gilt ebenso für Bernes drei Ich-Zustände oder C. Steiners drei Lebens-Skripts – großartige Entdeckungen! Die ganze Transaktionsanalyse lebte davon und tausende Therapeuten haben damit gearbeitet.

Vergleicht man die Beschreibungen der Persönlichkeitstypen unterschiedlicher Typologien, so ist unschwer zu erkennen, dass sie das Gleiche meinen, dass es sich jeweils um den gleichen Persönlichkeitstyp handelt, obwohl diese Modelle in der Mehrzahl völlig unabhängig voneinander entstanden sind. Es wird besonders deutlich bei Typologien, die von drei Grundtypen ausgehen, ob Huter[69], mit seinem Empfindungs-, Ernährungs- und Bewegungs-Naturell, oder Freud, der ja auch einmal mit drei Typen angefangen hat, dem erotischen, dem narzisstischen und zwanghaften Typ, dann Schirm, der seine Typen Grün-, Blau- und Rottyp nennt, dem Enneagramm, das vom Herz-, Kopf- und Bauchmenschen spricht, oder meinem eigenen Modell, das vom *Beziehungstyp, Sachtyp* und *Handlungstyp* handelt. Manchmal lassen schon die Namen die Verwandtschaft ahnen, etwa erotischer Typ, Herzmensch und *Beziehungstyp* oder Blautyp, Kopfmensch und *Sachtyp.*[70]

Was ist die Basis dieser triadischen Struktur unserer Wirklichkeit? Ein Theologe würde sagen, der dreieinige Gott, der den Menschen (und die Welt) nach seinem Bilde geschaffen hat. Obwohl ich nicht in christlichen Kategorien denke, würde ich diese Aussage durchaus ernst nehmen. Meine Antwort ist, es sind die drei eigengesetzlichen Lebensbereiche, von denen jeder nach einer eigenen Kausalität funktioniert. Es dürfte 1975 gewesen sein, als mir das anfing klar zu werden[71]. Diese Erkenntnis hat sich in den nächsten Jahrzehnten Schritt für Schritt konkretisiert und in der Entwicklung der prozessorientierten Persönlichkeitstypologie[72], der Integrierten Kurztherapie[73] und des Autonomie-Trainings bewährt. Dabei habe ich nicht das eine vom anderen abgeleitet. Es hat Jahre gedauert, bis mir klar wurde, dass die psychischen

Eigengesetzliche Lebensbereiche

Bereich Beziehung

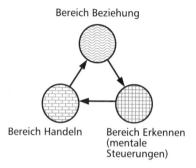

Bereich Handeln   Bereich Erkennen
(mentale
Steuerungen)

Drei Ichs

Beziehungs-Ich

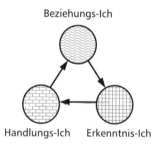

Handlungs-Ich   Erkenntnis-Ich

Drei Therapie-Verfahren

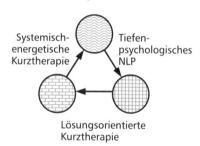

Systemisch-   Tiefen-
energetische   psychologisches
Kurztherapie   NLP

Lösungsorientierte
Kurztherapie

Abb. 6 Triadische Zusammenhänge zwischen den Lebensbereichen, den Ichs und den Therapie-Verfahren

Strukturen der drei Ichs die ontischen Strukturen der drei Lebensbereiche widerspiegeln. Aus meiner heutigen Sicht eine Selbstverständlichkeit, doch das Naheliegendste und Offensichtlichste scheint für uns das zu sein, was wir am spätesten erkennen.

Die drei Kausalitäten

Um die Unterschiede der drei Lebensbereiche deutlich zu machen, habe ich sie zunächst beschrieben aus der Sicht lebenspraktischer Erfahrungen. So werden im Bereich Handeln konkrete Ziele realisiert, indem man etwas macht oder herstellt. Wir können an die Tätigkeiten eines Handwerkers denken, eines Gärtners, einer Krankenschwester oder einer Architektin. Es geht um Produkte oder Dienstleistungen. Es wird planmäßig vorgegangen. Die Arbeitsabläufe müssen organisiert werden. Es werden bestimmte Fähigkeiten eingesetzt, etwa handwerkliches Können, Wollen, Erfahrung, Fachwissen, Sorgfalt und Fleiß. Wichtig ist auch eine gute Zusammenarbeit unter den Kollegen und mit den Kunden. Beides, Beziehungsverhalten und Denken, steht hier im Dienste des Handelns.

Im Bereich Beziehung geht es nicht um ein Ergebnis, das am Ende der Tätigkeit steht, sondern um das Beziehungserleben selbst: ‚Der *Weg* ist das Ziel!‘ Beziehung ist etwas, das stattfindet, das intensiviert werden kann. Sie wird erlebt, gefühlt. Man spricht in diesem Zusammenhang auch von emotionaler Intelligenz. Wenn man eine Person gerne hat, möchte man mehr Zeit mit ihr verbringen, mehr Nähe realisieren. Beziehungserleben findet im Jetzt statt und ist auf Intensität ausgerichtet. Man kann daran denken, wie Menschen miteinander umgehen, wenn sie Kontakt herstellen, jemand gewinnen möchten, ihre Anteilnahme und Zuneigung ausdrücken, andere oder sich selbst verwöhnen. Es sind emotionale Fähigkeiten, die das Geschehen beeinflussen, eine andere Art der Kompetenz als beim Handeln.

Im Bereich Erkennen geht es nicht nur oder vorrangig um das Denken, sondern um mentale Steuerungen. Denken dürfte dabei eine typisch menschliche Fähigkeit der mentalen Steuerungen sein, von der ja bekanntlich in unterschiedlichem Ausmaß Gebrauch gemacht wird. Damit ein Lebewesen in seiner Umwelt zurechtkommt, braucht es Informationen und Programme, die diese Informationen verarbeiten und die sein Verhalten steuern. Zum Erkennen gehören die Sinnestätigkeiten. Wir wissen heute, dass Sehen nicht ein einfaches Abbilden ist, sondern ein hochkomplexer Verarbeitungsprozess, eine Rekonstruktion, in die immer auch frühere Seherfahrungen eingehen. Das gilt auch für die anderen Sinne. Wahrnehmen, Erkennen, Erleben und Reagieren, all das wird ermöglicht und in seiner Qualität bestimmt durch die Tätigkeit teils angeborener, teils erlernter Programme. Erkennen setzt immer voraus, dass da schon etwas ist, schon etwas stattgefunden hat, was erkannt werden kann. Deshalb ist die Zeitdimension des Erkennens Vergangenheit.

Das Leben in diesen drei Bereichen unterscheidet sich auch atmosphärisch, man denke an die Betriebsamkeit beim Arbeiten, die emotionale Hingabe im Beziehungsverhalten und ruhiges, konzentriertes Nachdenken. Und es unterscheidet sich in den Strategien: beim Handeln planmäßig auf ein Ziel ausgerichtet, beim Beziehungsverhalten innig verweilend und beim Erkennen entspannt und aufmerksam fragend. Es unterscheidet sich bei den Ergebnissen: beim Handeln etwas Konkretes, ein Produkt oder eine Leistung, beim Beziehungsverhalten ein Gefühl der liebevollen Nähe und Verbundenheit und beim Erkennen eine Wahrnehmung, eine Information, eine Erinnerung. Dann wird das Ergebnis unterschiedlich überprüft, beim Handeln muss es sich in der Praxis bewähren, bei der Beziehung sich gut anfühlen und beim Erkennen wahr sein.

In den folgenden Jahren sind mir die kategorialen Aspekte dieser Eigengesetzlichkeiten bewusst geworden, etwa die unterschiedlichen Zeitdimensionen. Wir leben und verhalten uns in der Gegenwart, doch dabei beziehen wir uns je nach Lebensbereich auf unterschiedliche Zeiten. Handeln ist immer auf etwas ausgerichtet, was noch nicht realisiert ist. Handeln gestaltet Zukunft. Ist das Ziel erreicht – „Jetzt haben wir es geschafft!" –, ist die Handlung zu Ende. Beziehungserleben ist etwas Gegenwärtiges – „Ich bin so glücklich! Könnte es doch immer so bleiben!". Es ist der Wunsch nach einer immer währenden, paradiesischen Gegenwart. Und Erkennen lebt von Vergangenem. Was wir wahrnehmen oder erkennen ist genau genommen immer etwas, was schon vorbei ist. Das können, wie bei den Sinneswahrnehmungen, Bruchteile von Sekunden sein, die Aufklärung einer Straftat, die Tage, Wochen oder Monate zurückliegt, oder Fotografien und Analysen von Ereignissen in der Astronomie, die schon vor Milliarden von Jahren stattgefunden haben.

Ein ehemaliger Schüler, Werner Winkler, der selbst forschend auf dem Gebiet der Psychographie tätig ist, hat die personale Bezogenheit Ich, Du und Wir entdeckt.[74] So geht es im Bereich Handeln vornehmlich um das Wir, sei es in der Zusammenarbeit oder auf die Kunden bezogen. Im Bereich Beziehung steht das Du im Vordergrund und im Bereich Erkennen das Ich. Die drei Lebensbereiche werden auch durch unterschiedliche Energien bestimmt, der Bereich Handeln durch die schöpferische und kraftvolle Handlungsenergie, der Bereich Beziehung durch liebevolle Energie und der Bereich Erkennen durch geistige Energie. Dass im Christentum Gott zuerst als tatkräftiger Schöpfergott, dann als Gott der Liebe und schließlich als ‚Gott ist Geist' erfahren wurde, dürfte auch etwas über die Wurzeln unserer Wirklichkeit aussagen.

Die wohl wichtigste Entdeckung zur Eigengesetzlichkeit der Lebensbereiche war, dass es auch drei unterschiedliche Kausalitäten gibt. Gewöhnlich wird der Begriff Kausalität für die uns vertraute Ursache-Wirkungs-Kausalität benützt. Nach ihr funktioniert der Bereich Handeln. Schon in der Philosophie der Antike[75] wurde ihr die Zielkausalität entgegengestellt, auch Finalität oder Teleologie[76] genannt. Aristoteles bezeichnet Anaxagoras als den Ersten, der den Geist als Ursache des Kosmos, der gesamten Weltordnung, als Urheber der Bewegung und Entstehung erkannt und mit aller Deutlichkeit vertreten habe. Die wichtigste Eigenschaft des Geistes sei das Erkennen.

Mit dem Erkennen wird auch schon der Lebensbereich genannt, in dem diese Zielkausalität wirkt. Das Erkennen funktioniert nicht so, dass eine Erkenntnis, eine Wahrheit hergestellt, erzeugt wird, sondern umgekehrt, jedem Erkennen geht eine verborgene Wahrheit voraus. Die Wahrheit ‚wirkt‘, sie zeigt, enthüllt und offenbart sich. Das gilt auch für die Sinneswahrnehmungen. Das Sehen erschafft nicht das, was gesehen werden kann, das Hören erzeugt nicht, was gehört werden kann. Es ist das Sichtbare, das sich zeigt, die Klänge, die sich zu Gehör bringen. Beim Handeln können wir uns zwischen vielen Alternativen entscheiden, beim Erkennen nicht. Es hat keine Wahl, es erkennt die Wahrheit, so wie sie ist.

Die Zielkausalität macht verständlich, wie mentale Steuerungen wirken. Sie erklärt, warum und wie Gedanken und Einstellungen Wirkungen entfalten. So hatte der Begriff der ‚Sich-selbst-erfüllenden-Prophezeihungen‘ immer einen etwas unseriösen Beigeschmack, hatte etwas von Selbsttäuschung an sich – zu Unrecht, wenn man die Wirkungsweise der Zielkausalität versteht. Im tiefenpsychologischen Teil der ILP nimmt die Arbeit mit Grundeinstellungen (Glaubenssätzen), Erwartungshaltungen und Identitäten einen breiten Raum ein. Ihre lebensgestaltende Wirkung, im Schlechten und im Guten, hat mit der Zielkausalität zu tun.

Das ‚Werde, der du bist‘ gehört in diesen Bereich. Auch der Begriff ‚Entwicklung‘ deutet wortwörtlich und in der Sache auf diese Gesetzmäßigkeit hin, ähnlich wie ‚sich ent-falten‘. Da ist schon immer etwas da, etwas, was noch von seinen Einschränkungen befreit werden muss. Beides, ‚entwickeln‘ und ‚entfalten‘, waren ursprünglich praktische Tätigkeiten, so wie heute noch Kinder gewickelt werden oder Papier gefaltet wird. Wachstumsprozesse in der Natur dürften zielkausal gesteuert sein, vermutlich ebenso die Entstehung des Lebens auf der Erde. Die Voraussetzungen für spirituelle Entwicklung sind für Abendländer schwer zu verstehen, weil sie der Zielkausalität entsprechen. Eines der bekanntesten Zen-Gedichte ‚Jeder Mensch ist in seinem Wesen Buddha …‘ spricht diese Kausalität aus.

Ist es schon einigermaßen schwierig, die Zielkausalität verständlich zu machen, so ist es fast unmöglich, die systemische Kausalität erklären zu wollen. Autoren, die sich darin versucht haben, Laotse, Heraklit, die Evangelisten, Zen-Meister, reden in Paradoxa, doch diese sind per definitionem unverständlich: „Paradoxon – scheinbar falsche Aussage (oft in Form einer Sentenz oder eines Aphorismus), die aber bei genauerer Analyse auf eine höhere Wahrheit hinweist."[77] Doch sind es tatsächlich höhere Wahrheiten? Die genannten Autoren könnten das nahe legen. Um was geht es Laotse, wenn er über das Tao, oder Heraklit, wenn der über den Logos spricht? „Im Gegensinn verläuft des Taos Wirken."[78] Oder: „Mit dem Logos, mit dem sie doch dauernd in Verkehr stehen, mit dem sind sie uneins, und worauf sie alle Tage stoßen, das kommt ihnen fremdartig vor … Denn obgleich alles nach diesem Gesetz geschieht, machen sie den Eindruck, als ob sie nichts davon ahnten …"[79]

Sie sprechen über etwas Alltägliches, über etwas, mit dem wir es ständig zu tun haben, die systemische Kausalität. Sie bestimmt das Beziehungs-Geschehen. Dass wir uns schwer tun, sie zu begreifen, hat mehrere Gründe. Einer ist, wir können zwar folgerichtig denken, deshalb die Ursache-Wirkungs-Kausalität gut nachvollziehen, doch nicht gegenläufig, paradox. Ein anderer Grund ist, dass das systemisch-energetische Geschehen sich selbst unserer Wahrnehmung entzieht. Es ist das Black-Box-Phänomen. Wir können beobachten, was wir eingeben und beobachten, was herauskommt, doch nicht, was da drinnen geschieht. Ein dritter Grund dürfte sein, dass wir wenig geübt sind, auf diesen Bereich überhaupt zu achten. In der Psychotherapie wurde er erst in der Systemischen Familientherapie entdeckt, wobei dort sowohl die Interventionen wie die Erklärungsversuche noch etwas hilflos wirken.

Erickson hat vorrangig auf der systemisch-energetischen Ebene gearbeitet. Seine Interventionen waren ebenso erfolgreich wie unverständlich. Er hat, nach seinen eigenen Aussagen, intuitiv gearbeitet. Erste *methodische* Annäherungen an die systemische Kausalität waren die Symptom-Verschreibungen, etwas was schon Adler kannte, die Reintegrations-Methode von Perls[80]: „Sei das, was dich ängstigt …", das Pacen oder Spiegeln im NLP und das TIT FOR TAT bei De Shazer[81]. All das funktioniert nach dem auch in der Volksmedizin und Homöopathie bekannten Simile-Prinzip: Gleiches durch Gleiches heilen. Doch es waren noch einige Schritte notwendig bis zur heutigen Systemisch-energetischen Kurztherapie: Es geht nicht um ein ähnliches *Verhalten*, sondern eine ähnliche *energetische Haltung*. Sie darf nicht *negativ*-ähnlich[82], sie muss *positiv*-ähnlich sein. Und es genügt nicht, dass sie *irgendwie* ähnlich ist. Sie muss so *genau*, so passend positiv-ähnlich sein wie möglich.

Die drei Ichs als Organisations-Strukturen der Psyche

Es gibt zahlreiche Theorien darüber, wie unsere Psyche aufgebaut ist und wie sie arbeitet. Viele dieser Theorien sind spekulativ, manche bewähren sich ganz gut in der Praxis. Die Schwierigkeit ist, dass wir die Psyche nicht wie den Deckel einer Motorhaube öffnen und einen Blick hineinwerfen können. Die Annahme oder Erkenntnis, dass unsere Psyche spiegelbildlich zur äußeren Lebenswirklichkeit angelegt ist, macht ihre Erforschung wesentlich einfacher. Denn die Lebenswirklichkeit liegt offen vor uns, hier kennen wir uns weit besser aus und haben auch sprachlich weit mehr Möglichkeiten, sie angemessen zu beschreiben, als wenn es ausschließlich um die Psyche geht. Doch es gibt auch hier eine Schwierigkeit, die Lebenswirklichkeit ist uns zu vertraut, zu selbstverständlich als dass sie uns ‚frag-würdig‘ erscheinen würde. Ansonsten wäre man schon längst darauf gekommen, dass nicht nur die überirdische Welt triadisch strukturiert ist.

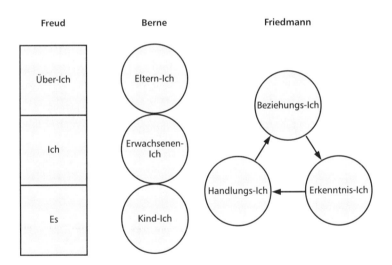

Abb. 7 Das Instanzen-Modell, die Ich-Zustände und die drei Ichs

Große Denker hatten schon immer ein intuitives Gespür für das triadische Organisationsprinzip. Freuds Instanzen-Modell ‚Über-Ich, Ich und Es‘ sieht das Ich in der Konflikt- und Entscheidungssituation zwischen den Bedürfnissen des Es und den moralischen Vorstellungen des Über-Ichs. Gleichzeitig geht in dieses Modell seine Unterscheidung ein zwischen bewussten und unbewussten Tätigkeiten. Berne mit seinen drei Ich-Zuständen übernimmt das Freud'sche Modell, wobei ihn die Unterscheidung zwischen bewusst und unbewusst nicht mehr interessiert und sowohl das Eltern-Ich und ganz besonders das Kind-Ich in ihrer lebendigen Wirklichkeit gesehen werden. Das Eltern-Ich enthält nicht nur verbietende, sondern auch erlaubende, fürsorgliche und schützende Züge. Und aus dem bedrohlichen Es wird ein faszinierendes Kind-Ich, der Inbegriff von Lebensfreude, Spontaneität und Liebe.

In beiden Modellen spiegeln sich zeitgenössisches Erleben und Hoffen. Die Unterdrückung der Bedürfnisse, der Gefühle und der Sexualität um 1900 durch eine strenge bürgerliche Moral brachte das Ich in eine bedrohliche Situation, es geriet zwischen die Mühlsteine von Wünschen und Verboten. Noch glaubte man mit Bewusstsein und Vernunft das Leben steuern zu können. Auch Berne setzte um 1950 zunächst auf das Erwachsenen-Ich als die Instanz für Lösungen. Doch für seine Schüler wurde um 1970 das Kind-Ich immer mehr zum Hoffnungsträger für Glück und Erfüllung. Die Erfolge der Transaktionsanalyse verbanden sich mit den Träumen von emotionaler und sexueller Befreiung zur Selbstverwirklichung.

Dass sich unsere Psyche spiegelbildlich organisiert hat zur Lebenswirklichkeit, erscheint zweckmäßig und nachvollziehbar. Ganz ähnlich sind Firmen organisiert, dann, wenn sie gut organisiert sind. Sie spiegeln in ihren Organisations-Strukturen ihre praktischen Aufgabenstellungen wider. Doch erst in

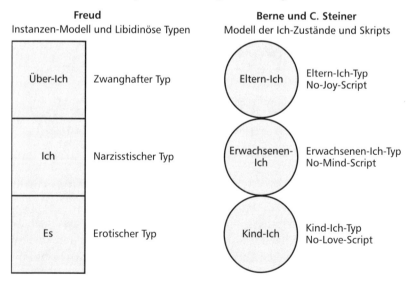

Abb. 8 Ich-Modelle und Typen der Persönlichkeiten und Lebensstrategien

meinem Modell wird deutlich gemacht, dass es sich bei den drei Ichs um psychische Organe handelt, die passend eingerichtet sind zu den unterschiedlichen Bedingungen unserer Lebens-Wirklichkeit. In den Generationen davor wurden ihre Funktionsweisen eingeschränkt wahrgenommen aus der Sicht eines Psychotherapeuten – das Es leidet unter der Strenge des Über-Ichs, das Kind-Ich ist abhängig von den Erlaubnissen des Eltern-Ichs. Sie wurden zu wenig gesehen als Voraussetzungen dafür, mit dem Leben als Ganzem zurechtzukommen.

Mein Modell der drei Ichs ist weniger psychologisch als lebenspraktisch. Bei den drei Ichs dürfte es sich um Grundausstattungen handeln, die in jeder Form des Lebens zu finden sind. Die Aspekte, die Freud oder Berne beschrieben haben, machen auch weiterhin Sinn, doch zunächst haben die drei Ichs nichts mit Psychotherapie zu tun. Es sind zuallererst psychische Organe, die es uns ermöglichen, mit der Lebenswirklichkeit zurechtzukommen. Erst darüber hinaus sind sie für die Psychotherapie interessant. Denn die drei Ichs sind die Bausteine unserer Persönlichkeit. Sie sind die Stationen der Prozesse, die unterschiedliche Persönlichkeitstypen ausmachen, die Beziehungs-Verhalten, Erkennen und Handeln ermöglichen, und sie sind die Adressaten für eine passgenaue Psychotherapie.

Die drei Persönlichkeitstypen als Prozesse

In den siebziger Jahren benützte ich in der therapeutischen Arbeit die Transaktionsanalyse, etwa das Modell der drei Ich-Zustände, der drei Nicht-o. k.-Positionen, der drei oder sechs Skripts[83] und die Beschreibungen einer großen Anzahl von Psycho-Spielen. Ich glaubte zu beobachten, dass Klienten bestimmte Ich-Zustände, Nicht-o. k.-Positionen, Spiele oder Skripts bevorzugen. War das zufällig oder gab es da immer wiederkehrende Kombinationen? Ich kannte die Typologie von Riemann[84] und versuchte Querverbindungen herzustellen zwischen den transaktionsanalytischen Modellen und seinem Modell der Menschenkenntnis. Das ist mir nicht zufriedenstellend gelungen.

Ich bin daran gescheitert, dass es bei Riemann vier Typen gibt, in der Transaktionsanalyse jedoch fast immer drei Kategorien möglichen Verhaltens beschrieben werden. Hätte ich damals gewusst, dass Freud auch mit drei Typen anfing und sie seinem Instanzen-Modell zuordnete, wäre es einfacher gewesen, die Zusammenhänge zu erkennen. Gab es doch auch in der Transaktionsanalyse mit dem Egogramm, das sich auf die Dominanz unterschiedlicher Ich-Zustände bezieht und den Skripts nach Steiner[85] schon so etwas wie

Typologien. Dass der erotische Typ und das No-Love-Script oder der narzisstische Typ und No-Mind-Script identisch sein sollen, erscheint auf den ersten Blick widersprüchlich. Doch Überkompensation und Defizit gehören bei jedem Typ zusammen, eines bedingt das andere.

Das Gute des Schlechten: Ich musste das Rad neu erfinden. Und anstatt einer statischen Zuordnung, die ich ursprünglich im Sinn hatte, entdeckte ich etwas Dynamisches, die Persönlichkeiten als Prozesse. Ich kam darauf über die Frage: Könnte es sein, dass das Drama-Dreieck der Transaktionsanalyse geeignet ist, typspezifische Abfolgen von Verhaltensweisen zu beschreiben? Dazu musste ich die Verbindungslinien des Dreiecks ersetzen durch Pfeile, also eine bestimmte Abfolge der Positionen. Dass Spieler ihre Positionen wechseln, das wusste man schon, doch noch nicht bekannt war, dass dieser Wechsel nicht beliebig ist, sondern typspezifisch und immer in einer vorhersagbaren Reihenfolge stattfindet.

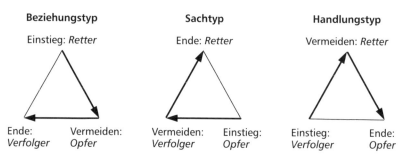

Abb. 9 Persönlichkeitstypische Spielabläufe

Das Drama-Dreieck beschreibt drei Spiel-Positionen, die des Retters, des Opfers und des Verfolgers. Man hätte durchaus zutreffend sagen können, es gibt den typischen Retter-Spieler, den typischen Opfer- und typischen Verfolger-Spieler. Doch das wäre wieder nur eine phänomenologische Typbeschreibung gewesen, die, wie andere Typologien, Persönlichkeitstypen unterscheidet durch deren Eigenschaften und Verhaltensweisen. Meine Vermutung war: Es gibt im Drama-Dreieck einen typspezifischen Einstieg, gewissermaßen die Lieblingsrolle, ein typspezifisches Vermeiden, das, was man am meisten fürchtet und verabscheut, und ein typspezifisches Ende des Spiels, quasi das böse Erwachen. Beobachtungen in der Praxis bestätigten diese Spielabläufe.

Doch ich hatte kein gutes Gefühl, eine Typologie vom negativen Verhalten her zu begründen. Deshalb ersetzte ich die Spiel-Positionen durch die drei Ichs. Das war die Geburtsstunde der prozessorientierten Persönlichkeits-

Typologie.[86] Ich nannte die erste Station des Prozesses den *Persönlichkeitsbereich*, die zweite den *Entwicklungsbereich* und die dritte den *Zielbereich*. Im Persönlichkeitsbereich sind wir zu Hause, er ist unser Heimatbereich. Dort verfügen wir über eine natürliche und selbstverständliche Kompetenz. Er ist allerdings auch die ‚unheimliche‘ Stätte der frühen Störungen. Der Entwick-

Beziehungstyp

Persönlichkeitsbereich:
Beziehungs-Ich

Zielbereich: Entwicklungsbereich:
Handlungs-Ich *Erkenntnis-Ich*

Sachtyp

Zielbereich:
Beziehungs-Ich

Entwicklungs- Persönlichkeitsbereich: bereich:
Handlungs-Ich *Erkenntnis-Ich*

Handlungstyp

Entwicklungsbereich:
Beziehungs-Ich

Persönlichkeitsbereich: Zielbereich:
Handlungs-Ich *Erkenntnis-Ich*

Abb. 10 Persönlichkeitstypische Prozesse

lungsbereich ist jener Ort, wo die wichtigsten Veränderungen geschehen. Hier finden wir die Fähigkeiten, die es zu entwickeln gilt. Ich nenne sie die Schlüsselfähigkeiten, denn sie sind vor allem für Qualität und Entwicklung zuständig. Im Zielbereich fällt die Entscheidung, ob man ein fremd- oder selbstbestimmtes Leben führen will.

Therapeutisch gesehen lassen sich die drei Bereiche wie folgt charakterisieren:

Persönlichkeitsbereich:	frühe Störungen	bzw. Gesundheit und Autonomie
Entwicklungsbereich:	Defizite	bzw. Entwicklung und Reife
Zielbereich:	fremdbestimmtes Verhalten	bzw. selbstbestimmtes Verhalten

Doch beschreiben wir zunächst den Mangel: ein *Beziehungstyp*, der misstrauisch und wenig liebevoll ist, nicht richtig nachdenkt und sich im Handeln übernimmt, weil er es allen recht machen, besser sein will als andere oder etwas Besonderes sein will; ein *Sachtyp*, der wenig Selbstbewusstsein hat, relativ unfähig ist im Praktischen und sich abhängig macht in Beziehungen, oder ein *Handlungstyp*, der zwanghaft handelt, wenig Gefühle zulässt und recht stur ist im Denken.

Eine Persönlichkeit im positiven Sinne wäre ein vertrauens- und liebevoller *Beziehungstyp*, der klar denkt, in seiner Mitte ist und sein Leben nach seinen Bedürfnissen gestaltet, ein selbstbewusster *Sachtyp*, der verantwortlich und tüchtig handelt und aus einer autonomen Haltung Beziehungen gestaltet und erlebt, und ein kreativer *Handlungstyp*, der sich auf Gefühle und den Fluss des Lebens einlässt und beweglich und menschlich ist im Denken. Die Realität ist allerdings, dass wir zwischen Mangel und Fülle wechseln.

Prozessorientierte Persönlichkeitstypologie und Psychotherapie

Die entscheidende Konsequenz aus den Erkenntnissen der prozessorientierten Persönlichkeitstypologie ist: Lösungs-Wege sind typspezifisch und gehen in unterschiedliche Richtungen. Es gibt nicht den *einen* Weg zur Lösung von Problemen, den *einen* Weg zur psychischen Gesundheit, den *einen* Weg der Persönlichkeitsentwicklung und der emanzipativen Lebensgestaltung, sondern ebenso wie es drei höchst verschiedenartige Persönlichkeitstypen gibt, gibt es mindestens *drei* unterschiedliche Wege. Und wenn man die Erkenntnisse des Autonomie-Trainings mit berücksichtigt, sind es schon *drei mal drei* Wege. Das bedeutet, persönlichkeitstypisches Wissen ist grundlegendes und unverzichtbares Fachwissen für alle, die mit Menschen arbeiten.

Dass Menschen von sich auf andere schließen und Therapeuten dabei keine Ausnahme machen, ist nahe liegend. Das, was für sie selbst attraktiv ist, was ihnen selbst gut tut und geholfen hat, meinen sie, auch anderen beibringen zu müssen. Doch das wird in zwei Drittel oder in acht von neun Fällen schiefgehen. Ein gutes oder genauer schlechtes Beispiel dafür ist Perls, der Vater der Gestalt-Therapie. Sobald er ins Predigen kommt, spricht er über sich und über seinen Weg – stimmig für *Handlungstypen*[87], bestärkend, aber nicht weiterführend für *Beziehungstypen* und kontraindiziert für *Sachtypen*: „Wenn du im Jetzt lebst … – wie jedes kleine Kind – dann findest du eine Lösung …"[88]; „Wenn einer einmal einen *Charakter* hat, dann hat er ein starres System entwickelt. Sein Verhalten versteinert sich, es wird vorhersagbar, und der Mensch verliert seine Fähigkeit, das Leben und die Welt frei und aus voller Kraft zu bewältigen …"[89]; „Es scheint unglaublich, dass wir ohne Ziele leben können … Wir wandeln lieber als halbe Leichen über die Erde, als dass wir in Gefahr leben und erkennen, dass das Leben in der Gefahr viel sicherer ist als dieses Versicherungsdasein aus Sicherheit und Nichts-Riskieren, für das sich die meisten von uns entscheiden."[90]

Weniger spezifisch sind die Methoden, die er und andere Therapeuten entwickelt haben. Sie sind in der Regel offen für unterschiedliche Ausgangs-Situationen und unterschiedliche Wege zu Lösungen. Doch die Arbeit mit methodischen Interventionen muss eingebettet sein in ein menschliches Annehmen, Verstehen und Anerkennen des Anderen. Sonst lässt man ihn in seinem Elend hängen, und er hat dann häufig nicht den Mut und die Kraft etwas Neues zu wagen. Sobald sich ein Therapeut auf dieses menschliche Miteinander einlässt, wird es schwierig für ihn, nicht seinen natürlichen Impulsen zu folgen und nicht direkte Hilfe anzubieten und seine eigenen Lebenserfahrungen ins Spiel zu bringen. Davor kann er sich mit Wissen über unterschiedliche Persönlichkeitstypen schützen und hellhörig werden für die speziellen Fähigkeiten seines Klienten, solche, die er schon mitbringt, und andere, die er für sich entdeckt.

Meine Ausbildungsteilnehmer lernen von Anfang an, dass Menschen auf eine charakteristische Weise verschieden sind, und dass wir, diesen Verschiedenheiten entsprechend, unterschiedliche Vorgehensweisen benützen. Und dennoch neigen auch sie dazu, ihre Rezepte weiterzugeben. Am letzten Tag einer ILP-Ausbildung, es war ein Sonntagmorgen, hielt eine Teilnehmerin in den Räumen eines idyllisch gelegenen Klosters ein Referat, in dem sie ein Projekt vorstellte, das Kindern helfen sollte. Ihr empathisches Credo war: Die Liebe löst alle Probleme. Für sie als *Handlungstyp* überzeugend, denn Liebe gehört zu ihren Schlüsselfähigkeiten. Alle waren ergriffen – nur ich wurde ärgerlich. Ich hatte die ganze Ausbildung über und nochmals kurz vor diesem Referat den Teilnehmern versucht klar zu machen, dass das Besondere unserer Ausbildung darin besteht, jedem auf seine Weise gerecht zu werden. Und dann wurde zum Abschluss wieder die *eine* Lösung propagiert! Es ist schon so: Die Liebe löst viele, doch sie löst nicht alle Probleme. Manche erfordern Erkennen, andere Handeln.

Die Lösungsorientierte Kurztherapie, das tiefenpsychologische NLP und die Systemische Kurztherapie, die zusammen die ILP ausmachen, zeichnen sich in jeder einzelnen Intervention aus durch Offenheit in der Fragestellung. Damit wird sichergestellt, dass mit dem Ziel des Klienten, mit seinen Ressourcen und Bedürfnissen, mit seinen Einschränkungen und Erlaubnissen und mit seiner im Leid gebundenen und durch die Reintegration befreiten Energie gearbeitet wird. Zugleich gibt es vermutlich kein anderes Therapie- oder Coaching-Verfahren und Autonomie-Training, das bis ins Detail so durchorganisiert ist. ILP folgt konsequent den Prozess-Abläufen, die für die unterschiedlichen Persönlichkeitstypen charakteristisch sind. Das sind, neben einem ethischen und menschlichen Engagement, die Erfolgsprinzipien der ILP: Offenheit, Passgenauigkeit und gute Organisation.

Tiefenpsychologisches Wissen

Die Psychotherapie beginnt mit Tiefenpsychologie. Bleuler[91] hat 1910 so die Freud'sche Psychoanalyse bezeichnet. Tiefe hat eine örtliche und zeitliche Bedeutung, sie meint die Tiefenschichten des Unbewussten und die prägenden Erfahrungen der frühen Kindheit, die im Unbewussten aufbewahrt sind und unmerklich das bewusste Erleben beeinflussen. Freud hat damit die bis dahin gültige Bewusstseins-Psychologie erschüttert: „Es war die Tiefenpsychologie, die von der Illusion einer allumfassenden Rationalität befreite."[92]
Dass frühe Kindheits-Erfahrungen prägend sind für das spätere Erleben und Handeln des Erwachsenen, darüber sind sich alle tiefenpsychologischen Schulen einig. Doch was ist das genau, was uns im Erwachsenen-Leben beeinflusst? Darüber hat sich das Verständnis gewandelt. Freud erklärte es mit dem Vorgang der Verdrängung nicht erlaubter Bedürfnisse. Die Folgen für

den Erwachsenen sind, dass er ein eingeschränktes, verarmtes Leben führt, gleichzeitig aber zu Fehlhaltungen und Fehlleistungen tendiert. Adler hat diese Fehlhaltung als Minderwertigkeitsgefühl beschrieben und die Fehlleistung als eine unrealistische Größenfiktion.

Bei Schultz-Hencke ist es eher ein gelerntes Verhalten. Das Kind wird in seinen vitalen Antrieben gehemmt, etwa durch unterdrückende, lieblose und verständnislose Erziehung oder Verwöhnung. Das Ergebnis ist für ihn der gehemmte Mensch, der sich unnötig einschränkt oder übertrieben ausbricht. Bei Sullivan und Perls sind es abgespaltene Ich-Anteile, die das Kind nicht leben durfte und später das Ich des Erwachsenen bedrohen. Boss, der sich auf Heideggers Daseinsanalyse stützt, sieht die Verstümmlung des Kindes und des späteren Erwachsenen darin, dass sie für sie existentiell wichtige Anteile der Wirklichkeit nicht wahrnehmen und nicht anerkennen.

Ähnlich wird der Prozess des Discountens in der Transaktionsanalyse verstanden. Discounten bedeutet sowohl abwerten als auch nicht wahrnehmen. In seiner härtesten Form ist es ein Nicht-Wahrnehmen, „Was willst du, es ist doch alles in Ordnung!", in den abgeschwächteren Formen ein stufenweises Abwerten von „Ja schon, aber das hat nichts zu bedeuten!" über „... aber daran kann man nichts ändern!" bis „... aber ich kann es nicht ändern!". Wie Partner discounten, wird besonders deutlich in Beziehungs-Konflikten. Man kann das Discounten auch gut beobachten, wenn es um notwendige Reformen in der Gesellschaft geht. Nach meiner Einschätzung werden die eigentlichen Skandale in unserer Gesellschaft zwar individuell erlitten, doch von der Öffentlichkeit kaum oder gar nicht wahrgenommen.

Für das tiefenpsychologische Verständnis stellt sich die Frage, ob die Verbote und Gebote[93] der Eltern direkt übernommen werden. Oder sind es Entscheidungen des Kindes, frühe Überlebensstrategien, die für die Situation des Kindes und seine individuellen Möglichkeiten damals angemessen und zweckmäßig waren, die jedoch für den Erwachsenen veraltet und unnötig einschränkend sind? Mir erscheint die zweite Annahme zutreffender zu sein. Denn das Kind ist kein mechanisches Ding, das wie eine Maschine programmiert werden kann, sondern ein intelligibles Wesen, das über schöpferische Fähigkeiten verfügt. Wenn es frühe Entscheidungen sind und keine Prägungen, hat der Erwachsene auch die Möglichkeit, sich neu zu entscheiden.

So einleuchtend tiefenpsychologisch orientierte Autoren Ursachen und Auswirkungen der frühen Lebenserfahrungen beschreiben, so schwer hat sich die Tiefenpsychologie getan, Menschen aus diesen Einschränkungen herauszuhelfen. In seinen späten Jahren wurde Freud „... zunehmend skeptischer, ob die Psychoanalyse in dieser Hinsicht viel leisten könne – die Widerstände gegen Veränderung und Gesundung seien einfach zu groß"[94]. Auch die nachfolgende Generation musste die Erfahrung machen, dass die frühen Lernerfahrungen oder Entscheidungen außerordentlich stabil sind. Für die Lebenskompetenz der Menschen in früheren Jahrhunderten oder Jahrtausenden, bei denen Kindheitserfahrungen zugleich gültige Lebenserfahrungen waren, ist diese Stabilität sicher nützlich gewesen, für Klienten und Therapeuten jedoch frustrierend.

Welche Möglichkeiten haben wir heute, die alten Programme zu ändern und durch neue zu ersetzen? Und was haben sie mit den ontischen und psychischen Gesetzmäßigkeiten und Prozessen zu tun? Ich habe schon hingewiesen auf die Entdeckungen des Fortgeschrittenen NLP, wie diese Programme in uns gespeichert sind, wie sie ermittelt und verändert werden können. Doch es blieb bisher dem Scharfsinn und Können des einzelnen Therapeuten überlassen, ob er das eine oder andere Programm entdeckt, erkennt und erfolgreich ändert. Mit Hilfe der prozessorientierten Persönlichkeitstypologie wurde dieser Anwendungsbereich systematisch erschlossen. Sie liefert die inhaltliche Gebrauchsanleitung für die tiefenpsychologische Arbeit, die methodisch mit NLP-Techniken durchgeführt wird. Das, was die Schöpfer der lösungsorientierten Verfahren so überzeugend demonstrieren dank ihrer intuitiven Fähigkeiten, braucht in der breiten Anwendung den Leitfaden eines zuverlässigen Wissens, wenn gleiche Qualität erzielt werden soll.

4. Wirksame Therapie ist anders

Hilfsbereite Therapeuten?

In der Arbeit mit Klienten sind wir oft in der Situation, dass wir unseren natürlichen Impulsen nicht folgen dürfen. Das macht Psychotherapie schwierig, unterscheidet aber auch das professionelle Verhalten vom laienhaften. Ein Beispiel ist das Thema direkte Hilfe. Wenn Menschen in Problemen und Schwierigkeiten stecken, haben wir das natürliche Bedürfnis, ihnen direkt zu helfen. Das mag im privaten Umfeld in Ordnung sein. Doch in der Therapie ist das in der Regel ein Fehler. Hier müssen wir sowohl die Erwartung des Klienten nach direkter Hilfe wie unser eigenes Bedürfnis, sie ihm zu geben, enttäuschen.

Perls hat dieses Thema wiederholt angesprochen: „Zuerst also verschafft der Therapeut einem Menschen, der zu ihm kommt, die Gelegenheit zu entdecken, was er braucht – die fehlenden Teile, die er sich entfremdet hat und an die Welt preisgegeben hat ... Und das Mittel dazu ist, dass wir den Patienten in einer Weise frustrieren, dass er gezwungen ist, sein eigenes Potential zu entfalten."[95] „Ihr wundert euch wahrscheinlich, dass ich das Wort Frustration, Versagung, in einem derart positiven Sinne gebrauche. Ohne Frustration gibt es kein Bedürfnis, keinen Grund, seine Kräfte anzuspannen, zu entdecken, dass man fähig sein kann, selber etwas zu tun ..."[96] „Jeder Therapeut, der nun hilfreich sein will, ist von Anfang an verloren. Der Patient wird alles Mögliche tun, um dem Therapeuten das Gefühl zu geben, dass er unzureichend ist ... Er wird den Therapeuten immer mehr in seine Neurose hineinziehen, und der Therapie wird kein Ende sein."[97] Auch Erickson hat konsequent keine direkte Hilfe angeboten.

Die Lösungsorientierte Therapie ist da etwas großzügiger. Anerkennung und Verständnis zeigen sind Formen der direkten Hilfe. Streng genommen sollten die Klienten dafür sorgen, dass sie das in ihrem Leben erfahren. Auf der anderen Seite hat diese Form der direkten Hilfe eine vorübergehend stabilisierende Funktion für den Klienten, die ihn in vielen Fällen überhaupt erst arbeitsfähig macht. Doch sollte man sich bewusst sein, dass zu viel direkte Hilfe die Klienten abhängig macht und schwächt. Man kann sie mit Psychopharmaka vergleichen. Sie sind als vorübergehende Hilfe in manchen Fällen sinnvoll. Doch die Art, wie sie heute eingesetzt werden, lässt sich eher mit legalem Drogenhandel vergleichen.

Der Therapeut ist immer dann in Gefahr, direkte Hilfe anzubieten, wenn er Verantwortung für die Lösung übernimmt. Auch wenn er keine Ratschläge gibt, fängt er doch an ungeduldig zu werden, den Klienten zu drängen, Pseudo-Fragen zu stellen, die schon eine Antwort enthalten, oder ihn Übungen machen zu lassen, die in Richtung der vom Therapeuten intendierten Lösung geht. Eine andere Falle ist, dass der Therapeut sympathisch erscheinen oder vom Klienten geliebt werden möchte. Oder er möchte einen guten Eindruck machen, bewundert werden. Dann ist die Neigung groß, direkte Hilfe zu geben in einer offenen oder versteckten Form.

Direkte Hilfe kann sich auch in negativer Weise äußern. Ich erinnere mich an eine Therapie-Gruppe, an der ich in meiner Ausbildungszeit teilgenommen habe. Ein Musiklehrer präsentierte sich vor den anderen vor allem darüber, was in seinem Leben alles schiefgelaufen ist. Er hatte Angst vor den Schülern, bekam immer wieder psychosomatische Beschwerden und ließ sich krankschreiben. Die Therapeutin war darüber verärgert, da sie meinte, Lehrer hätten sowieso schon einen schlechten Ruf, was ihre Arbeitsmoral betreffe. Sie hielt sich zurück und ließ die Gruppen-Mitglieder mit ihm arbeiten. Die überboten sich im Retten. Ich wollte gegensteuern, wurde aber von der Therapeutin zurechtgewiesen. So beschränkte ich mich darauf, für mich eine Prognose zu stellen, wie er sich verhalten würde. Ich vermutete, dass er nichts verändern würde.

Das nächste Mal kam er, bedankte sich für das Verständnis der Gruppe und die nützlichen Anregungen, die sie ihm gegeben hatte, und berichtete, dass er schon Impulse gespürt hätte, in die Schule zu gehen. Jetzt waren alle sauer und gingen ihm gegenüber in Verfolger-Rollen. Er bezog ordentlich Prügel. Ich stellte für mich wieder eine Prognose über den weiteren Fortgang. Ich vermutete, dass er nun auch die Gruppentherapie ‚schwänzen' würde. Tatsächlich blieb er einige Sitzungen weg. Als er wiederkam, sagte ihm die Therapeutin, Gruppentherapie sei für ihn ungeeignet, er müsse in eine psychosomatische Klinik gehen. Ich verstand damals nicht viel von Therapie, doch ich freute mich, dass meine Prognosen jedes Mal zutrafen. Und mir war klar, dass in seinem Fall so etwas wie Therapie überhaupt nicht stattgefunden hatte.

Die Verantwortung beim Klienten lassen, das ist nicht nur eine der Voraussetzungen für gute Arbeit, sondern auch für die Gesundheit und das Wohlbefinden des Therapeuten. Eine große Hilfe dabei ist das Bewusstsein, dass wir gar nicht direkt helfen können. Laienpsychologen und psychologische Dilettanten glauben, den Klienten zu verstehen und zu wissen, was gut für ihn ist. In der Regel behandeln sie sich selbst im Klienten, schließen von ihren Lebenserfahrungen auf die des Klienten, meinen, was ihnen gut getan hat, müsste auch dem Klienten helfen. Sie verabreichen ihm ständig ihrer eigene Lieblings-Medizin.

Um sich vor der Neigung zur direkten Hilfe zu schützen, hilft das wissende Nichtwissen. De Shazer empfiehlt den Therapeuten, statt, wie in der Vergangenheit, zu lernen zwischen den Zeilen zu lesen, besser ein ‚Blödheits-Training‘[98] zu machen. Doch es kann auch ein Wissen helfen, das die Andersartigkeit des Anderen deutlich macht. Ich denke an das psychographische Landkarten-Wissen, das die Sichtweise des Therapeuten objektiviert und hilft, die Aussagen des Klienten in dessen Kontext zu verstehen. Nützlich ist auch eine interessierte Haltung: ‚Ich bin neugierig, wie der Klient sein Problem lösen wird!‘ Es helfen konzentriertes, zügiges Arbeiten und kurze Therapien, die den Klienten kompetent für eigene Lösungen machen. Und vor allem hilft ein solides handwerkliches Können, das den Therapeuten erfolgreich arbeiten lässt und nicht in die ungeduldig machende Lage bringt, dass sich beim Klienten nichts tut.

Natürliche Reaktionen?

Untersuchungen über Wirksamkeit von Psychotherapie bestätigen, wie wichtig die gute Beziehung zwischen Klient und Therapeut ist. Ein Mittel dazu ist Pacen. Als Technik meint Pacen, die Körpersprache des Klienten zu spiegeln. Es ist eine NLP-Methode, und es ist zugleich etwas, was in jeder guten Kommunikation und Interaktion ohnehin stattfindet. Durch das äußerliche Angleichen der Körpersprache und der verbalen Sprache bringt man sich innerlich auf die gleiche Wellenlänge mit dem Gegenüber. Menschen, die sich im Gespräch und Umgang gut verstehen, zeigen eine ähnliche Körpersprache. Im NLP wird betont, dass zuerst die Beziehungs-Ebene etabliert werden muss, bevor man etwas verändern kann. Sie sprechen von Pacen und Leaden, Begleiten und Verändern.

Ich erinnere mich an eine Lehrtherapeutin der Gestalttherapie, die berichtete, dass die ersten fünf Stunden ihrer Therapie dazu dienen, um Vertrauen zwischen Klient und Therapeut aufzubauen und sie sich, nach mehrjähriger Therapie, noch einmal fünf Stunden Zeit zum Abschiednehmen nimmt. Warum braucht sie so viele Stunden um Vertrauen aufzubauen? Was geschieht in herkömmlichen Psychotherapien in den ersten Stunden? Ohne dass sich die

Therapeuten dessen bewusst sind, belasten sie die Beziehung zwischen dem Klienten und ihnen. Sie selbst treten auf als jemand, dem es gut geht, der kompetent und überlegen ist, der Klient dagegen wird als jemand gesehen und behandelt, dem es schlecht geht, der ein Problem- und Mängelwesen ist, der in eigener Sache inkompetent ist und abhängig vom Wissen und Können des Therapeuten. Was da stattfindet, ist keine Begegnung auf der Kompetenzebene, sondern eine fortgesetzte Kränkung und Abwertung des Klienten.

Walter und Peller weisen darauf hin, dass sie in ihrer lösungsorientierten Arbeit vom ersten Augenblick der Begegnung durch Pacen unmittelbaren Kontakt zu ihren Klienten haben. „Wir glauben nicht, dass wir überhaupt etwas … tun müssen, um Rapport zu schaffen oder eine Beziehung herzustellen. Da wir Rapport voraussetzen, brauchen wir keine Zeit und keine Sitzung, Vertrauen zu bilden … Die Möglichkeit, Rapport zu verschiedenen KlientInnen aufrechtzuerhalten, besteht darin, mit ihrer einzigartigen Weise des Denkens und Fühlens übereinzustimmen … Um dies zu tun, muss man ihre Sprache benutzen …"[99]

Doch Pacen ist mehr als Kontakt herstellen. In den Anfangszeiten der Psychotherapie hat man aus jeder einzelnen Interventions-Technik gleich eine Therapie-Schule gemacht: die klientzentrierte Psychotherapie, die zuhört und verbalisiert, die konfrontative Psychotherapie, die den Klienten einen Spiegel vorhält usw. So gesehen könnte man allein aus dem Pacen eine Therapie-Schule machen und würde damit keine schlechteren Erfolge erzielen. Warum? Pacen ist körpersprachliche Anerkennung. Sie bestätigt den Klienten in seiner Wesensart. Und Kommunikations-Fachleute meinen, dass nonverbale Botschaften stärker wirken als verbale.

In der ILP-Ausbildung lernen die Teilnehmer, dass es zwei Methoden des Pacens gibt, die sich gegenseitig ergänzen und verstärken, das schon erwähnte körpersprachliche Spiegeln und das energetische Pacen des Persönlichkeits-Bereiches des Gegenübers. Ist es ein *Beziehungstyp*, so geht der Therapeut in sein eigenes Beziehungs-Ich, bei einem *Sachtyp* in sein Erkenntnis-Ich und bei einem *Handlungstyp* in sein Handlungs-Ich. Auch beim körpersprachlichen Pacen dürfte die Wirkung nicht oder weniger von der äußerlichen Angleichung ausgehen, sondern von der damit verbundenen inneren Haltung und energetischen Ausstrahlung.

Zugleich hat Pacen eine systemisch-energetische Wirkung. Ein zentrales Thema der systemisch-energetischen Therapie ist das Besetzen von Positionen. Wenn in einer Beziehung oder Gruppe jemand eine Position besetzt, z. B. Verantwortung übernimmt oder Situationen kritisch durchdenkt, können die anderen Verantwortung oder kritisches Denken abgeben. Um Veränderungen

zu erzielen, ist es notwendig, erwünschte Positionen freizugeben und unerwünschte Positionen zu besetzen. Was bedeutet das für das Pacen? Wenn der
Therapeut den Persönlichkeitsbereich des Klienten pacet, wird der Klient früher oder später in seinen Entwicklungsbereich gehen.

Das Pacen ist je nach den Persönlichkeitstypen von Klient und Therapeut
unterschiedlich schwierig. Leicht ist es für einen Beziehungstyp-Therapeuten
einen Sachtyp-Klienten, für einen Sachtyp-Therapeuten einen Handlungs-
typ-Klienten und für einen Handlungstyp-Therapeuten einen Beziehungs-
typ-Klienten zu pacen. Warum? Da es dem Therapeuten in der Regel gut geht
und ihm seine Arbeit Freude macht, wird er automatisch in seine Schlüsselfähigkeiten gehen und, in den oben genannten Konstellationen, damit seinen
Klienten pacen. In diesen Fällen erlebt man Pacen als eine natürliche Verhaltensweise.

Schwieriger wird es, wenn der Therapeut in seinen Zielbereich gehen muss
wie in den Konstellationen Beziehungstyp–Therapeut und Handlungstyp–
Klient, Sachtyp–Therapeut und Beziehungstyp–Klient sowie Handlungstyp–Therapeut und Sachtyp–Klient. *Beziehungstypen* fällt es schwer, die geradlinige und kraftvolle Haltung eines blockierten Handlungstyps einzunehmen. *Sachtypen* tun sich schwer, innerlich Zugang zu finden zur dramatischen
Gefühlswelt eines aufgewühlten *Beziehungstyps*. Und *Handlungstypen* haben
Schwierigkeiten, sich auf das langsame Tempo und den niedrigen Energie-
Level eines hilflosen Sachtyps einzustellen.

Dabei geht es nicht darum, sich auf ein ähnlich krankes Verhalten einzulassen, also einem Handlungstyp zwanghaft, einem Sachtyp depressiv oder
einem *Beziehungstyp* schizoid oder hysterisch, sondern ihnen mit der gesunden Seite dieses Verhaltens zu begegnen, oder wie wir sagen, mit dem Positiv-
Ähnlichen. Habe ich es mit einem Handlungstyp zu tun, nehme ich eine kraftvolle, bestimmte und geradlinige Haltung ein, bei einem Sachtyp eine ent-
spannte, besinnliche und gelassene und gegenüber einem *Beziehungstyp* eine
lebendige, kontrollierte und mitfühlende.

Um das Pacen während des handwerklichen Arbeitens nicht zu vergessen,
schlage ich meinen Ausbildungsteilnehmern vor, es mit einer bestimmten
Sitzhaltung zu verbinden. Wenn es darum geht, einen *Beziehungstyp* zu pacen,
empfehle ich eine aufrechte, bewegliche Haltung einzunehmen, bei einem
Sachtyp sich bequem zurückzulehnen und zu entspannen und bei einem
Handlungstyp sich nach vorne zu beugen, so als ob man gleich aufstehen wolle
um etwas zu tun.

Wie ist es, wenn Therapeut und Klient vom gleichen Persönlichkeitstyp
sind? Geschieht hier nicht das Pacen von selbst, da sie von Anfang an auf der

gleichen Wellenlänge sind? Das ist tatsächlich so. Deshalb sind häufig gleiche Typen miteinander befreundet oder führen Beziehungen, die meist recht harmonisch sind. Sie haben ähnliche Neigungen und Interessen, Wertschätzungen und Abneigungen, gehen Dinge ähnlich an und haben verwandte Lebensziele. Da sie sich gegenseitig pacen, bringen sie sich in ihre Schlüsselfähigkeiten. *Sachtypen* werden aktiv, *Beziehungstypen* beschäftigen sich viel mit Erkenntnissen und *Handlungstypen* mit gefühlsmäßigen Themen.

In der Therapie kann die Typübereinstimmung problematisch werden. Für den Therapeuten besteht die Gefahr, dass er zu intensiv miterlebt, wie die Klienten leiden, dass er hineingezogen wird in die Problematik. Für den Klienten besteht die Gefahr, dass ihn der Therapeut im Positiven überholt. Es ist wie in der Geschichte vom Wettlauf zwischen Hase und Igel. Immer wenn der Hase (der Klient) am Ende der Furche angekommen war, hörte er die Stimme des Igels (des Therapeuten): „Ich bin schon da!"[100] Bis der arme Hase völlig erschöpft umfällt und tot ist.

Was ist damit gemeint für die Therapie? Der Therapeut ist in einer energetisch guten Position, ihm geht es ja gut, der Klient in einer vergleichsweise schlechten. Da der Therapeut gut drauf ist, geht er rasch in seine Schlüsselfähigkeiten, der Beziehungstyp-Therapeut ist dann klar und erkennend, der Sachtyp-Therapeut voll kraftvoller Energie und der Handlungstyp-Therapeut ganz in seinem Gefühl. Die Therapeuten fühlen sich ausgesprochen wohl, sind mit sich selbst zufrieden, und sie haben den Eindruck, dass sie gute Arbeit machen mit dem Klienten. Doch leider geht es dem immer schlechter.

Was geschieht hier? Die Therapeuten verwirklichen sich selbst auf Kosten des Klienten. Sie besetzen die Position, die zwar ihnen gut tut, doch die der Klient einnehmen müsste, um weiterzukommen. Sie nehmen ihrem Klienten ständig die Butter vom Brot. Man könnte einwenden, warum soll es uns beiden nicht gut gehen, warum können wir uns nicht in unseren Schlüsselfähigkeiten begegnen? Oder habe ich nicht sogar eine Vorbildwirkung für meinen Klienten, wenn ich in meinen Schlüsselfähigkeiten bin? Theoretisch klingt das plausibel, doch es missachtet die Gesetze der systemisch-energetischen Kausalität, d. h., es wird nicht funktionieren.

Pacen bedeutet bei Typübereinstimmung, dass der Therapeut konsequent in seinem Persönlichkeitsbereich bleibt und der Versuchung widersteht, in seine Schlüsselfähigkeiten zu gehen. Das ist schwierig, denn das geht gegen die eigenen Neigungen. Es bedeutet, auf ein Stück Selbstverwirklichung zu verzichten und sich wirklich in den Dienst des Klienten zu stellen. Es ist wie bei einem Tennis-Trainer, der seinem Trainee immer wieder die Bälle zuspielt, statt sie ihm unerreichbar in die Ecken zu hauen. Bei Typübereinstimmung sollte der Beziehungstyp-Therapeut eine innere Haltung einnehmen, die sich etwas einfältig anfühlt, der Sachtyp-Therapeut eine schwache, kraftlose Haltung und der Handlungstyp-Therapeut eine etwas starre, regelhafte. Da es sich um eine innere, energetische Haltung handelt, merken die Klienten das nicht. Sie sind mit ihren eigenen Erkenntnissen, Entscheidungen oder Gefühlen beschäftigt, denn jetzt ist für sie der Weg frei, in ihre Schlüsselfähigkeiten zu gehen.

Zügig arbeiten

Gewöhnlich stellt man sich die Arbeit eines Psychotherapeuten so vor, dass er, entspannt zurückgelehnt in seinem Sessel sitzend, sich lange Zeit das Elend seiner Klienten anhört. Oder dass er ihnen, teilnahmsvoll nach vorne gebeugt, sein Mitgefühl ausspricht und, jetzt aufrecht sitzend, ihnen das eine oder andere erklärt. Die Arbeit in der Integrierten Kurztherapie oder dem Autonomie-Training sieht anders aus. Wieder liegt der Vergleich mit einem Trainings-Programm im Sport nahe, das individuell und zweckmäßig aufgebaut ist und mit dem Teilnehmer zügig durchgearbeitet wird.

Doch nicht der äußere Zeitrahmen oder Zeitdruck sollte das Tempo des Arbeitens bestimmen. Nach meiner Erfahrung gehört zur Qualität der psychologischen Arbeit, dass man zügig arbeitet. Das bedeutet nicht, dass die Klienten zeitlich unter Druck gesetzt werden. Sie bekommen die Zeit, die sie brauchen. Es sind die Therapeuten, die unangemessen mit der Zeit umgehen. In anderen Berufen, in denen gute Arbeit geleistet wird, findet das in einer konzentrierten Atmosphäre statt, in einer Mischung aus Engagement und Gelassenheit. Psychotherapie bildet da keine Ausnahme.

Was spricht für zügiges Arbeiten? Für die Klienten ist zügiges Arbeiten eine Hilfe, um sich konzentrieren zu können. Zügiges Arbeiten ermüdet sie weniger als wenn man sich und ihnen zu viel Zeit lässt. Deshalb ist die Fähigkeit, zügig zu arbeiten, für mich ein zunehmend wichtiges Ausbildungsziel geworden. Wie ist dieses Ziel zu erreichen? Die wichtigste Voraussetzung dafür ist, dass man den Wert des zügigen Arbeitens erkennt und sich immer wieder dafür entscheidet.

Das wissende Nichtwissen hilft, sich auf veränderungswirksames Vorgehen zu konzentrieren. Und typspezifisches Pacen schafft für den Klienten einen Rahmen, in dem er sich angenommen und geschützt fühlt. Wenn Klienten unkonzentriert wirken, Fragen nicht verstehen oder Schwierigkeiten haben, bestimmte Übungen durchzuführen, liegt es oft daran, dass sie nicht angemessen gepacet werden. Wenn ich das in meiner eigenen Arbeit bemerke und sie wieder ordentlich pace, verbessert sich in der Regel spontan ihre Fähigkeit zur Zusammenarbeit.

Viel Zeit geht verloren, wenn die Klienten zu lange über ihre Probleme reden. Ich höre immer wieder das Argument, Klienten müssten sich ihre Probleme von der Seele reden. Das mag in einzelnen Fällen richtig sein, dann, wenn sie ein Thema lange mit sich herumgetragen und nie darüber gesprochen haben, etwa aus der Angst verurteilt und abgelehnt zu werden. Durch das Nicht-darüber-Sprechen haben sie sich selbst isoliert gegenüber den anderen. Wenn sie sich jetzt öffnen und darüber sprechen, ist das ein erster Schritt zurück in die erlebte Zugehörigkeit zur menschlichen Gemeinschaft.

So litt ein Teilnehmer seit Jahrzehnten unter psychosomatischen Beschwerden und chronischer Schlaflosigkeit. Dann glaubte er von sich, er sei pervers, weil er einen unwiderstehlichen Drang verspürte, sich als Frau zu kleiden. Schließlich entdeckte er, dass er transsexuell ist. Sich zu seiner eigenen Identität als Frau zu bekennen, darüber zu sprechen, war für ihn, oder besser für sie, befreiend und wohltuend. Das heißt, über Probleme zu sprechen erscheint immer dann sinnvoll, wenn das vermeintliche Problem in Wirklichkeit eine Lösung ist.

Doch in der Regel ist das Sprechen über Probleme eher schädlich als nützlich. Durch das Reden über das Problem erlebt sich der Klient als inkompetent. Das wird von Therapeuten durch klinische Diagnosen und ihre Vermutungen, dass da noch mehr dahinterstecke, noch verstärkt. Ich kannte eine Frau, die ich als beneidenswert lebensfroh und psychisch gesund erlebte. Jahre später traf ich sie wieder. Sie sah schlecht aus und es ging ihr auch, wie sie sagte, schlecht. Sie erzählte, dass sie seit einigen Jahren Psychotherapie mache und seither erst wisse, was alles bei ihr nicht stimme.

In meinen Anfangsjahren habe ich selbst problemorientiert gearbeitet. Einmal schickte mir eine Klientin aus jener Zeit einen Aufnahmebogen für eine psychosomatische Klinik. Auf sechs Seiten hatte sie in kleiner Schrift alle Probleme aufgeschrieben, die sie je hatte. Da ihr der Platz nicht ausreichte, fügte sie einen mehrseitigen Brief mit weiteren Problemen hinzu. Ich solle das Ganze aus meiner Erinnerung ergänzen. Nach der Lektüre musste man annehmen, dass sie ein menschliches Wrack sei.

Mir wurde bewusst, was ich bei ihr angerichtet hatte. Als kleine Wiedergutmachung schrieb ich ihr einen lösungsorientierten Brief, auf die Gefahr, dass mich die Kollegen der Psychosomatischen Klinik für grenzenlos naiv halten würden. Aus persönlichen Gesprächen erfuhr ich dann, dass es ihr recht gut gehe und sie seit vielen Jahren ein selbstständiges, interessantes Leben führe. Eines ihrer Probleme war wohl, dass sie durch die Erfahrungen mit Psychotherapie so etwas wie den ‚bösen Blick' erworben hatte. Sie hatte gelernt, sich selbst mit den Augen eines problemorientierten Therapeuten zu sehen. Das kann auch einen Menschen mit robuster seelischer Gesundheit krank machen. Für die therapeutische Arbeit benötigen wir Informationen. Doch das sind in der Regel nicht die Informationen, von denen die Klienten meinen, dass wir sie bräuchten. Deshalb lasse ich die Klienten nur kurz über den beklagten Sachverhalt berichten, unterbreche sie, indem ich ihnen sage, dass ich sie verstehe. Dann stelle ich ihnen lösungsorientierte Fragen, etwa, was sie verändern möchten, was ihr Ziel sei und was sie selbst schon herausgefunden hätten, das sie ihrem Ziel näher brächte. Wenn die Klienten wirklich etwas verändern wollen, sind sie für diese Veränderung der Sichtweise dankbar. Denn sie wechseln dadurch vom Zustand der Inkompetenz in den der Kompetenz. Und das fühlt sich besser an.

Doch nicht nur die Klienten, auch die Therapeuten reden zu viel. Statt eine einfache Frage zu stellen und dann die Antwort abzuwarten, formulieren sie die Frage zwei-, dreimal mit unterschiedlichen Worten, schieben noch eine Verbesserung oder Erklärung nach und beantworten dann die Frage möglicherweise selbst. Für Klienten ist das etwas verwirrend, und sie sagen dann auch irgendetwas, was mit der Frage irgendwie zu tun hat. So entsteht ein unterhaltsames Gespräch, jeder ist höflich bemüht, dem anderen gerecht zu werden. Doch Therapie ist das nicht.

Manche Therapeuten sind bemüht, dem Klienten viel zu erklären. Könnten sie sich in die Rolle ihres Klienten versetzen, würden sie mit Erstaunen feststellen, dass er ihnen vermutlich gar nicht zuhört. Denn Klienten sind meist viel zu sehr von ihrem Problem in Anspruch genommen. Für sie dürften die Erklärungen des Therapeuten so etwas sein wie gutgemeinte Geräusche, Gesprächspausen, in denen sie nicht gefordert sind. Sie ahnen, dass der Therapeut dabei ist, an der Lösung eines eigenen Problems zu arbeiten, etwa ob und dass er nett oder klug sei. Und sie überlegen, wie sie sich selbst wieder ins Spiel bringen könnten.

Wer hat wem die Suppe eingebrockt?

Die meisten Leute glauben, wenn sie Probleme haben, dass der Grund unglückliche Umstände oder die Schuld anderer seien. Manche meinen auch, mit ihnen selbst stimme etwas nicht, deshalb hätten sie Probleme. Wenn sie so über die Ursache ihrer Probleme denken, werden sie wenig Chancen sehen, die Probleme zu lösen. Wenn ihnen dann die Psychologen sagen, dass sie sich

selbst in die unerfreuliche Lage gebracht hätten, bekommen sie möglicherweise noch Schuldgefühle. Günstiger ist es, die Probleme als Chancen für
Lösungen zu sehen. Sie sind so etwas wie Warnschilder und Aufforderungen,
etwas zu ändern. Oder sie können schon als Teil des Lösungsprozesses verstanden werden, als die Schmerzen, die mit einer Geburt verbunden sind.
Und wir machen in der Systemisch-energetischen Therapie die Erfahrung,
dass in den Problemen die Lösung schon enthalten ist – Probleme als verdrängte Lösungen.

Die lösungsorientierte Theorie sollte nicht den Fehler der problemorientierten wiederholen. Jene hat in Gegensätzen gedacht. Wenn die Leute meinten, ihre Probleme seien fremdverursacht, sagte die problemorientierte Psychologie, dass sie selbstverursacht seien. Das ist nicht falsch, doch auch nicht
realistisch. Denn dabei haben sie die Abhängigkeit des Einzelnen von inneren
und äußeren Strukturen, von Systemen, Organisationen, Institutionen und
gesellschaftlichen Bedingungen unterschätzt. Auch die in der Kindheit erwor-
benen Programme sind so etwas wie stabile innere ‚Umweltbedingungen‘, die
zwar heute verändert werden können, doch in der Vergangenheit eher unterschätzt wurden und sich als veränderungsresistent gezeigt haben.

Deshalb sollte Veränderung, damit sie stabil wird, über das Psychische
hinausgehen und beginnen, die äußere Wirklichkeit mit zu verändern. Wenn
ich mich an die Beispiele erinnere, bei denen die Lösungsorientierte Therapie
wenig oder nichts gebracht hat, lag es fast immer daran, dass die Betreffenden
nicht bereit waren, Veränderungen in ihrem Umfeld anzugehen oder alte Einstellungen aufzugeben und durch bekömmlichere zu ersetzen. Es kann sein,
dass eine Beziehung verändert oder aufgegeben werden müsste, das kann ein
Arbeitsplatz- oder Berufswechsel sein, der dringend ansteht. Oder jemand
müsste aufhören Alkohol zu trinken.

Eines der Hauptprobleme im Gesundheitswesen ist ein die Zusammenhänge negierendes, monokausales und monodisziplinäres Denken, das stabilisiert wird durch kurzsichtige wirtschaftliche und standespolitische Interessen. Es gebärdet sich wissenschaftlich, doch es ist ideologisch.[101] Psychotherapie hat es mit einem äußerst komplexen Anwendungsbereich zu tun – nicht
anders als die einzelne Person ihrem Leben gegenüber. Wir können das nicht
überschauen und in seinen Wechselwirkungen verstehen, schon gar nicht,
wenn es um einen anderen Menschen und dessen Leben geht.

Deshalb hat die Lösungsorientierte Therapie untersucht: Wie gelingt es
dem einen oder anderen, mit diesem Vielerlei, das man Leben nennt, erfolgreich zurechtzukommen, und wie kann man diese Kompetenzen den anderen
vermitteln, die Probleme damit haben? Zum Glück sind das relativ einfache

Dinge, die Lebenskompetenz ausmachen. Doch es sind keine Patentrezepte, die für alle brauchbar sind.

Ob Psychotherapie etwas taugt, hängt von Entscheidungen ab, die weitgehend unabhängig sind von der ‚Schwere' des Falles, etwa: Sehe ich den Klienten als kompetent und zuständig für seine Lösungen oder als inkompetent und den Therapeuten als zuständig; meine ich, dass er wenig Hilfe braucht oder viel Hilfe, also eine über Jahre sich hinziehende Therapie; vertraue ich darauf, dass er im Wesentlichen seine Lösungen mitbringt, oder meine ich, dass er weit weg ist von Lösungen; lasse ich mich ähnlich dem Klienten von dessen Problemen paralysieren, oder lasse ich mich und ihn motivieren von Zielen und hypothetischen Lösungen.

Das Diagnostizieren in bestimmte psychiatrische Krankheitsbilder ist für Psychotherapie und Coaching eher schädlich als nützlich. Es verstärkt die Fixierung auf das Problem, für den Therapeuten und den Klienten, und es gibt kaum nützliche Therapieanleitungen. Diese Diagnostikmodelle sind interessant und durchaus zutreffend, doch ohne großen Nutzen für Therapie und den Klienten. Sie sind gültig für den Bereich der Probleme, zumindest auf einer relativ oberflächlichen Ebene der Symptome. Schon über die Ursachen der Probleme geben sie kaum Auskunft. Etiketten auf Marmeladegläsern erscheinen da sinnvoller, denn wir essen die Marmelade so, wie sie in dem Glas enthalten ist. Doch weder der Klient noch ein lösungsorientierter Therapeut will mit der diagnostizierten Störung leben, sondern Veränderungen initiieren. Und damit wechselt der Klient in eine andere Ebene oder Dimension, in der die ursprüngliche Diagnose nicht mehr gültig ist. Denn Lösungen lassen sich nicht aus Problemen ableiten, sie haben eine andere, neue Qualität.

Häufig haben die Klienten nicht ein Problem, sondern eine Vielzahl von Problemen gleichzeitig. Es geht ihnen seelisch und körperlich schlecht, sie haben Probleme am Arbeitsplatz, zu Hause, wachen nachts auf und können nicht mehr einschlafen, trinken zu viel Alkohol, haben Schulden und sind suizidal – Probleme über Probleme. Was soll ein problemorientierter Therapeut damit anfangen? Ein lösungsorientiert arbeitender Therapeut wird darauf achten, ob der Klient motiviert ist, an seiner Lage etwas zu ändern. Wenn nein, wird er ihn darüber informieren und ihn damit erst einmal gehen lassen, wenn ja, wird er an dem Thema mit dem Klienten arbeiten, das ihm am wichtigsten ist. Er weiß, dass ziel- und lösungsorientierte Strategien übertragbar sind auf andere Themen.

Besonders bei lebensbedrohlichen Krankheiten wie z. B. Krebs kann man beobachten, dass die Therapeuten sehr vorsichtig mit dem Thema der Selbst- oder Mitverursachung umgehen. Wohl nicht zuletzt deshalb, weil ein erheblicher Anteil der Patienten, die zu psychosomatischen Krankheiten neigen, als Verdränger gelten. Sie denken in den Kategorien von Schuld und Perfekt-sein-Müssen, und sie bestehen darauf, dass ihr Krebs eine normale und anständige Krankheit, nichts Psychosomatisches sei. Sie seien zwar unglücklicherweise krank, doch als Person in Ordnung. Wenn sie dann gestorben sind, wird am Grab gerne von einer bösartigen und heimtückischen Krankheit gesprochen, so, als ob diese harmlose Passanten an einer Straßenecke auflauern und den Erstbesten, der zufällig vorbeikommt, anfallen würde.

In der psychosomatischen Psychotherapie sollten weniger die Ursachen thematisiert werden, warum jemand krank geworden ist. Das führt nur dazu, dass man den Leuten Angst macht. Es erinnert mich an die Aufdrucke auf Zigarettenschachteln wie ‚Rauchen kann Sie impotent machen' oder ‚Rauchen kann zum Tod führen', höchst wirksame Suggestionen, die möglicherweise noch gesundheitsschädlicher sind als das Rauchen selbst. Man sollte vielmehr erforschen, wie psychotherapeutische Unterstützung den Menschen hilft und welche Verfahren besonders geeignet sind, gesund zu bleiben oder wieder gesund zu werden. Doch das scheint weder die Forscher noch die Gesundheitspolitik sonderlich zu interessieren. Wenn die Simontons[102] oder Grossarth-Maticek[103] in eigener Sache Zahlen veröffentlichen, die darauf hinweisen, dass sich die Chancen bei schweren Krankheiten mindestens verdoppeln im Hinblick auf Gesundung oder Lebensverlängerung, werden diese ignoriert oder es wird daran herumkritisiert.

Zu Beginn meiner therapeutischen Tätigkeit wollte ich in die psychotherapeutische Krebsnachsorge gehen. Das Projekt wäre finanziert worden, doch die Mitglieder der angesprochenen Selbsthilfegruppen lehnten fast beleidigt ab. Eben zu der Zeit habe ich in einer Krebsnachsorge-Klinik erlebt, dass die dortigen Psychologen Ärger bekamen, weil einige Patienten mit verweinten Augen aus ihren Sitzungen kamen. Während man den Medizinern erlaubte, mit härtesten Mitteln gegen die Krankheit vorzugehen, Mittel, die erhebliche gesundheitsschädigende Nebenwirkungen hatten, erwartete man von den Psychologen so eine Art Händchen-halten-Therapie. Inzwischen ist die Psychotherapie sowohl wirksamer als auch verträglicher geworden. Doch werden diese neuen Möglichkeiten, statistisch gesehen, noch völlig unzureichend genutzt.

Ganz allmählich vollzieht sich ein Bewusstseinswandel, rascher in der Bevölkerung als im Gesundheitswesen. Psychotherapie wird weniger in der Nähe von Psychiatrie gesehen, sondern als psychologische Beratung, die man bei Bedarf, wie andere Dienstleistungen, in Anspruch nimmt. Und dass Krankheiten etwas mit Stress und Psyche zu tun haben können, wird immer mehr zu einer Selbstverständlichkeit. Häufig stellen die Klienten schon selbst Vermutungen an, was ihre Krankheit mit ihrer Lebenssituation zu tun hat. Die populärwissenschaftliche Psychosomatik trägt nicht unbedingt zu Lösungen bei. Doch es kann die Klienten veranlassen, überhaupt psychologische Hilfe in Anspruch zu nehmen.

Wie kann der Therapeut sein Wissen von der Selbst- oder Mitverursachung der Probleme und Krankheiten für die Klienten nutzen? Nicht so, dass er sich auf Diskussionen mit den Klienten einlässt, ob und in welchem Umfange sie selbst zu ihrem Elend beigetragen hätten. Diese Frage lässt sich eleganter und wirksamer auf der organisatorischen Ebene psychotherapeutischen Arbeitens beantworten. Er arbeitet mit den Klienten so, als ob sie kompetent und selbstverursachend wären für Gesundung und für die Lösung von krankmachenden Problemen. So kann er sich darauf verlassen, die Klienten wirksam zu unterstützen, ohne dass diese genötigt werden, selbstabwertende Schlüsse daraus zu ziehen.

Das hängt damit zusammen, dass, lösungsorientiert gesprochen, die Suppe, die der Klient sich eingebrockt hat, er nicht auch noch auslöffeln muss. Er kann sie ebenso gut auf die Seite stellen und sich darauf konzentrieren, eine bessere, wohlschmeckendere Suppe zu kochen. Das ist natürlich nicht alles. Tiefenpsychologisch gesehen müssen die Veränderungen von Grundeinstellungen, etwa von ‚ich muss perfekt sein‘ in ‚ich darf meinem Gefühl folgen‘, nicht im direkten Zusammenhang zum Problem oder der Krankheit gesehen werden. Und die systemisch-energetische Verwandlung von Leid in Lösungsenergie ist ohnehin ein Vorgang, der sich dem rationalen Verstehen entzieht. Auch das Autonomie-Training löst eigentlich nicht Probleme, sondern versetzt die Klienten in die Lage, Lösungen zu kreieren.

Umgang mit Widerständen

Im Alltag kann man manche Aktionen beobachten, die etwas Positives bewirken sollen und die dabei die problematische Situation verfestigen. Solche Aktivitäten sind Vorwürfe und ein schlechtes Gewissen machen, gute Vorsätze fassen, Ratschläge geben, die Umstände beklagen, sich entschuldigen, erzieherische Maßnahmen ergreifen, abschrecken und bestrafen usw. Die Psychotherapie hat dem noch ein weiteres untaugliches Mittel hinzugefügt, die Problemsituation zu analysieren und Störungen zu diagnostizieren.

De Shazer nennt in „Wege der erfolgreichen Kurztherapie" das Kapitel zum Thema Widerstand ‚Eine kooperative Form der Therapie‘. Es dürfte Psycho-

therapie-Geschichte machen. Er verabschiedet sich dort vom Begriff Widerstand und stellt eine kooperative Strategie vor, die jedes Klienten-Verhalten
als Kooperations-Angebot versteht und mit passgenauem Verhalten beantwortet. Es ist die Strategie des TIT FOR TAT. Sie ist für ihn eingebettet in eine
vertrauensvolle und zuversichtliche Haltung. Dazu führt er das Beispiel
Ericksons an:

„Erickson geht in jedem Fall in der Erwartung auf den Patienten zu, dass
Veränderung nicht nur möglich, sondern unvermeidlich ist. Er verbreitet ein
Gefühl der Sicherheit – obwohl er sich auch ‚unsicher‘ geben kann, wenn er
will – und der Zuversicht, so als würde es ihn überraschen, wenn es nicht zu
einer Veränderung käme.“[104] Die Strategie des TIT FOR TAT hat dabei die
Funktion, das Problem-Verhalten des Klienten zu destabilisieren, indem es
nicht mehr auf die übliche Weise verstärkt wird. Der Klient wird weder bemit-
leidet noch bestraft, noch wird ihm Hilfe angeboten. Er wird auch nicht durch
eine Diagnose auf sein Problem-Verhalten festgelegt.

Was ist stattdessen die Tit-For-Tat-Strategie[105]? Man begegnet dem Klienten
mit dem positiv-ähnlichen Verhalten oder, genauer, einer positiv-ähnlichen
Haltung. Das bedeutet, zum einen den Klienten in seiner Situation anzuneh-
men und zu akzeptieren, und zwar weniger mit Worten als emotional, existen-
ziell, zum anderen einen energetischen Impuls, seine bisherige Haltung
aufzugeben. Da es sich dabei um etwas unsichtbar Wirkendes, Systemisch-
Energetisches handelt, kann sich dem der Klient nicht entziehen. Er kann das
Tit For Tat weder abwerten noch durchkreuzen, so wie er das mit Worten oder
Handlungen machen könnte.

Dazu einige Beispiele. Eine ILP-Therapeutin hatte einen Klienten, der am
Gesundheitsamt zuständig war für Psychotherapie nach dem Heilpraktiker-
Gesetz. Sie selbst arbeitete als Psychologische Beraterin. Er sagte ihr, dass sie sich
mit ihrer Arbeit in einer Grauzone bewege. Das verunsicherte sie. Ihn schien
ihre Unsicherheit zu amüsieren, und sie hatte den Eindruck, dass er die Situation genieße. Sie befürchtete, dass die Qualität ihrer Arbeit mit ihm unter ihrer
Verunsicherung leiden könnte. Deshalb rief sie mich an und fragte um Rat.

Ich schlug ihr vor, die positiv ähnliche Haltung, also das Tit For Tat, zu
ermitteln und ihm innerlich so zu begegnen. Ich ließ mir sein Verhalten
beschreiben, wie sie es erlebte, z. B.: er verhält sich dominierend, kritisch, kontrolliert mich, verunsichert mich, ist zynisch. Dann übersetzten wir jedes Verhalten ins Positiv-Ähnliche, also ‚er verhält sich dominierend‘ in ‚ich führe‘, ‚er
verhält sich kritisch‘ in ‚ich bewerte etwas‘, ‚er kontrolliert mich‘ in ‚ich achte
auf jemand‘, ‚er verunsichert mich‘ in ‚ich konfrontiere jemand‘ und ‚er verhält
sich zynisch‘ in ‚ich necke jemand‘.

Um in diese positiv-ähnliche Haltung zu kommen, suchten wir in ihrer Vergangenheit nach einer Situation, in der sie diese positiv-ähnlichen Haltungen schon einmal mit Erfolg praktiziert hatte. Sie machte sich mit der Haltung oder Energie, die sie damals erlebt hatte, vertraut und konfrontierte nun innerlich damit ihren Klienten. Sie spürte, dass sie so gut mit ihm umgehen kann. Später berichtete sie, dass sie sich in den folgenden Gesprächen sicher gefühlt und auch ihr Klient sich auf die Arbeit eingelassen und kooperativ mitgearbeitet hätte.

Ein anderes Beispiel. Eine Ausbildungs-Teilnehmerin litt darunter, dass ihre Chefin sie für persönliche Gespräche benützte. Die Chefin redete endlos über alles Mögliche, was sie erlebt hatte, worüber sie sich ärgerte usw. Die Teilnehmerin interessierte sich nicht dafür, zudem hielt es sie von der Arbeit ab. Sie versuchte dies ihrer Chefin zunächst vorsichtig und dann deutlich klar zu machen. Die Chefin nahm ihr das übel und bestrafte sie, indem sie ihr vorübergehend unangenehme Arbeiten zuwies. Doch sie hörte nicht auf, sie mit Themen aus ihrem Privatleben zu belästigen. Auch in diesem Fall ermittelten wir ein passgenaues Tit For Tat und führten es durch.

Beim folgenden Ausbildungs-Termin berichtete sie, dass am nächsten Morgen ihre Chefin etwas verstört zu ihr an den Schreibtisch kam. Die Teilnehmerin packte ihre Arbeitsunterlagen demonstrativ zur Seite und sah die Chefin erwartungsvoll an. Diese sagte: „Mach nur weiter. Ich weiß nicht, was gestern Abend mit mir los war. Ich musste die ganze Zeit an dich denken", und ging wieder. Von da an hörte sie auf, ihr aus ihrem Privatleben zu erzählen. Wie Rückfragen von mir bestätigten, ist die Chefin auch Monate später nicht wieder zu ihrem früheren Verhalten zurückgekehrt.

Ein letztes Beispiel, das ich selbst erlebt habe. Ich lernte einen Leiter eines Fortbildungs-Zentrums in der Situation kennen, als er sich mit einem Kollegen unterhielt. Ich saß dabei, hörte unbeteiligt zu, spürte aber, dass ich innerlich kleiner wurde. Ich sagte mir, pass auf, das ist jemand, der darauf aus ist, andere kleinzumachen. Als er dann mit mir sprach, hielt er mir ein Formular vor die Nase, das ich nicht kannte. Statt unsicher zu werden, fragte ich ihn: „Herr X, was wollen sie mir denn mit diesem Formular sagen?" Jetzt musste er mir etwas erklären, und ich spürte, dass ich Oberwasser hatte.

Später führte ich an seinem Institut Ausbildungen durch. Ich war gewarnt. Trotzdem gelang es ihm gleich im ersten Gespräch, mich in eine Falle zu locken. Er berichtete von einem kritischen Gespräch mit einer Psychologin, erweckte bei mir den Eindruck, dass er sich engagiert für mich und meine Sache eingesetzt habe. Ich vergaß meine Vorsicht und freute mich. Doch er beendete das Gespräch damit, dass er mir mitteilte, die Psychologin habe ihm, als er sie auf mich ansprach, entgegnet: „Ein Dr. Friedmann ist in unseren Kreisen völlig unbekannt!" Das tat weh. Ich nahm mir vor, dass mir so etwas mit ihm nicht wieder passieren würde.

In der Folgezeit wappnete ich mich vor jeder Begegnung mit ihm mit einer Tit-For-Tat-Haltung. Ich übersetzte sein ‚den anderen kleinmachen' und ‚dem anderen eine Falle stellen' in ein positiv-ähnliches Verhalten. Ich nahm innerlich eine aktive, sportlich-kämpferische Haltung ein mit einer humorvoll-kameradschaftlichen Note. Zum Beispiel ging ich auf ihn zu mit ausgestrecktem Zeigefinger: „Herr X, sie wissen, was ich von ihnen will!" Natürlich wusste er es nicht, und schon hatte ich gewonnen. Da ich ihm keine Gelegenheiten mehr gab, mit mir seine ‚Verfolger-Spiele' zu machen, ging es uns beiden gut – auch ein Spieler fühlt sich nicht wirklich wohl bei seinen Spielen – und wir konnten gut zusammenarbeiten bei wachsender gegenseitiger Wertschätzung.

Man könnte einwenden, das sind eher harmlose Beispiele, keiner wollte dem anderen wirklich übel. Das stimmt, obwohl auch kleinere Verletzungen schmerzhaft sein können, wenn sie einen wunden Punkt treffen. Die Erfahrungen zeigen, dass das Tit For Tat auch in schwierigen und schweren Fällen wirkt. Dann kommt es darauf an, dass die positiv-ähnliche Energie eben so stark ist wie die erlebte negative. Das entspricht der Lebenserfahrung, dass Menschen in schwierigen Situationen oft ungeahnte Kräfte zur Verfügung stehen, die sie selbst erstaunen.

Als ich zum ersten Mal bei De Shazer gelesen hatte, wie sie dort mit ‚Widerständen' umgehen, beschloss ich, das selbst auszuprobieren.[106] Ich hatte damals eine Klientin, ein *Beziehungstyp*, eine junge attraktive Frau, die unter starken Ängsten litt, dass sie plötzlich sterben könnte, sei es ohne Vorankündigung, sei es durch eine schwere Krankheit. Deshalb verbrachte sie regelmäßig ihre Freizeit zu Hause und ließ sich mit dem Auto zur Arbeit fahren und wieder abholen. Eine Beziehung war etwa ein halbes Jahr vorher in die Brüche gegangen. Unter der ganzen Situation litt sie sehr, dachte wiederholt daran, sich das Leben zu nehmen und wirkte verzweifelt.

Zur ersten Sitzung kam sie eine halbe Stunde zu spät, ohne telefonisch Bescheid zu sagen. Bei der zweiten Sitzung rief sie an, sie sei aufgehalten worden, und kam dann etwa zwanzig Minuten später. Die dritte Sitzung vergaß sie ganz, ohne hinterher anzurufen. Da ich annahm, dass ich nie wieder etwas von ihr hören würde, ich aber wissen wollte, wie es ihr ging, rief ich sie nach etwa drei Wochen an. Sie vereinbarte von sich aus einen vierten Termin, den sie wieder nicht wahrnahm, ohne etwas von sich hören zu lassen. Ich meinte, sie als Klientin endgültig ‚abschreiben' zu müssen. Dann startete ich das oben erwähnte Experiment und schrieb ihr folgenden Brief:

Liebe Frau Müller,

ich habe Sie zu unserem vereinbarten Termin, Montag um 17 Uhr erwartet. Sie sind nicht gekommen, noch haben Sie abgesagt. Ich habe die Zeit benützt, um mir Gedanken über die Lösung Ihres Problems zu machen und sie Ihnen zu schreiben. Mir liegt daran, dass Sie gesund werden und Ihr Leben so gestalten können, wie Sie es wollen.

Ein anderer Therapeut würde vielleicht sagen, das ist hoffnungslos mit der Frau Müller, wie soll ich ihr helfen, wenn sie nicht zu den vereinbarten Sitzungen kommt? Doch ich denke, dass Menschen, ob ihnen das bewusst ist oder nicht, selten etwas Sinnloses tun. Dass Sie nicht gekommen sind, war möglicherweise genau das Richtige.

Es deckt sich mit meinen Vermutungen, wie Heilung bei Ihnen zustande kommen wird. Grundsätzlich gibt es ja drei Möglichkeiten:

1. Die heilsamen Veränderungen gehen von Maßnahmen des Therapeuten aus.

2. Die heilsamen Veränderungen gehen von Aktivitäten der Klientin aus.

3. Die heilsamen Veränderungen stellen sich von selbst ein (ohne dass der Therapeut oder Klient viel dazu tut).

Ich denke, dass für Sie der dritte Weg zutrifft. Ich erwarte, dass die heilsamen Veränderungen spontan auftreten (nachdem es lange genug schlechter geworden ist). Bitte achten Sie auch auf kleine Anzeichen für positive Veränderungen. Ich würde mich freuen, wenn Sie mir darüber berichten, wenn es so weit ist. Sie können mir schreiben, mich anrufen oder einen Termin vereinbaren (den Sie dann nicht unbedingt einhalten, aber natürlich bezahlen müssen).

Ich möchte, dass Sie gesund werden. Ich denke, Sie haben es verdient, und ich glaube, dass Sie viel aus ihrer Krankheit gelernt und gewonnen haben – wenn auch auf einem leidvollen Weg. Jedenfalls wird es Ihnen, da bin ich sicher, später deutlich zugute kommen.

Mit freundlichen Grüßen

Dr. Dietmar Friedmann

Sie hat mir weder geschrieben, noch mich angerufen oder einen Termin vereinbart. Sie hat einen anderen Weg gefunden, mir ihre Erfahrungen mitzuteilen. Sie traf mich in der Stadt, ‚zufällig' – ich saß in einem Straßencafé, und sie kam, schon von weitem strahlend, auf mich zu. Sie erzählte mir, dass sie sich sehr über den Brief gefreut habe, es ihr schon deutlich besser gehe und sie jetzt wieder täglich Jogging mache. Schöner hätte sie mir ihre Heilung nicht demonstrieren und die Wirksamkeit paradoxer Interventionen bestätigen können.

Rückschläge einbeziehen

Es gibt zweierlei Art von Rückschlägen, solche, die auf unwirksame Therapie, und andere, die auf wirksame zurückzuführen sind. In den ersten Jahren meiner therapeutischen Tätigkeit, als ich noch problemorientiert arbeitete, kamen die Klienten mit dem gleichen Problem immer wieder. Das waren Rückschläge der ersten Art. Rückschläge, die auf Grund wirksamer Therapie auftreten, sind gar keine wirklichen Rückschläge – es sind Probleme, die auf einem anderen Gebiet sichtbar werden. Das alte System wurde destabilisiert, Neues auf den Weg gebracht, und das macht ‚Ärger'.

Deshalb galt in der Schule De Shazers die Regel: Wenn die Klienten Fortschritte machen, müssen sie auf die Möglichkeit von Rückschlägen aufmerksam gemacht werden. Das gilt besonders dann, wenn sie rasche und weitreichende Fortschritte machen. Rückschläge werden dort als etwas gesehen, was normal ist und zum Prozess der Veränderung dazugehört. In der Homöopathie spricht man von der zu erwartenden Erstverschlimmerung. Wie sind diese Rückschläge zu erklären?

Jede Veränderung geschieht in einem komplexen System. Es besteht in der Hauptsache aus drei Aspekten, dem der mentalen Steuerungen, dem der systemisch-energetischen Positionsbesetzungen und dem der praktischen Veränderungen. Und jeder dieser Aspekte ist in sich heterogen oder vielschichtig. Als Psychologe weiß man, dass es in uns Teile gibt, die in bestimmten Situationen gegen unsere bewussten Absichten arbeiten. Vielleicht sind sie konservativer oder reaktionärer als unser bewusstes Wollen, oder sie sind klüger, umsichtiger, weitschauender und greifen korrigierend ein. Familien-Therapeuten machen immer wieder die Erfahrung, dass gewünschte Veränderungen eines Familien-Mitgliedes fast regelmäßig bei anderen Gegenreaktionen auslösen. Auch die können eher destruktiv oder konstruktiv sein.

Manche Autoren meinen, dass Systeme grundsätzlich konservativ seien, darauf aus, den Status quo zu erhalten bzw. wiederherzustellen. Das dürfte in Systemen eine vorherrschende Tendenz sein, besonders dann, wenn rasche und tiefgreifende Veränderungen initiiert werden. Auf der anderen Seite glauben viele Therapeuten, besonders die der humanistischen Schulen, an die Weisheit des Unbewussten und eine der Psyche innewohnende Tendenz zur Selbstheilung und Selbstverwirklichung. Mir ist die Vorstellung sympathisch, dass nicht nur in unserer Psyche Weisheit, Kreativität und Liebe wirken, sondern diese Kräfte auch in den anderen Aspekten des Systems Leben wirksam sind, also in Beziehungen und in dem, was im Leben geschieht.

Ob wir geschichtliche Entwicklungen betrachten oder unsere jetzige Gesellschaft, jedes Bemühen um eine Veränderung löst Gegenreaktionen aus. Warum sollte das in der Psychotherapie anders sein? Eigentlich sind diese Gegenreaktionen oder Rückschläge positive Hinweise dafür, dass wirksam gearbeitet wird und sich etwas verändert. Doch es erscheint uns eher wie Kritik, Strafe oder Warnung, wie Pech, Ungerechtigkeit oder Unglück. Besser ist es, systemisch zu denken, es als Bestätigung und Herausforderung zu sehen. Dabei schadet es nichts, nochmals die eigenen Zielsetzungen zu überprüfen.

Mit dem integrierten Konzept setzen wir Veränderungsimpulse in allen drei relevanten Themengebieten, den mentalen Steuerungen, den systemisch-energetischen Positionsbesetzungen und den Handlungszielen und -ressourcen. Dadurch entstehen weniger innere Widerstände. Diese multifaktorielle Vorgehensweise wird noch ergänzt durch das Autonomie-Training, das den Weg ebnet aus den individuellen Fallen in den gesunden Persönlichkeitsbereich und das im Zielbereich die Kompetenz selbstbestimmten Verhaltens erhöht. So können in relativ kurzer Zeit stabile Veränderungen erreicht werden.

5. Integrierte Lösungsorientierte Psychologie (ILP)

Therapie-Abläufe organisieren

Ist es möglich und sinnvoll Therapie-Abläufe zu organisieren, oder gehen dabei Spontaneität und Kreativität verloren? Das psychographische Wissen und die damit möglichen Erfahrungen in der Praxis zeigen, dass psychische Prozesse und Veränderungen nach bestimmten Gesetzmäßigkeiten ablaufen. Um gut mit den Klienten zu arbeiten, sollte man diese Abläufe kennen und sie bei seinen Interventionen berücksichtigen. Spontaneität und Kreativität sind auch in der durchorganisierten ILP erforderlich, genau genommen bei jedem Schritt. Es ist gerade die Sicherheit, die ein gut organisiertes Vorgehen gibt, die zu Spontaneität und Kreativität befreit.

Wenn Erickson die Therapie-Verfahren seiner Zeitgenossen abgelehnt hat, weil sie ihm zu mechanisch, zu wenig passgenau erschienen, und den Anspruch an seine Arbeit stellte, für jeden Klienten eine eigene Therapie zu kreieren, folgte er damit genau dem, was er beobachtet und intuitiv wahrgenommen hat an vorhandenen Bedingungen und Prozessen und möglichen Veränderungen. ILP verfolgt die gleiche Zielsetzung auf einem anderen Weg: das zu organisieren, was man organisieren kann (und sollte, um Qualität zu erreichen), und zugleich durch offene Fragen überall dort, wo das Individuelle des Klienten wichtig ist, diesen Raum zu geben.

Meine Ausbildungsteilnehmer lernen und beherrschen in der Regel vier Therapie-Verfahren, die Integrierte Lösungsorientierte Psychologie/Psychotherapie (ILP), die Lösungsorientierte Kurztherapie, das Autonomie-Training und die systemisch-lösungsorientierte Partner- und Familientherapie. ILP ist am stärksten durchorganisiert, ähnlich das Autonomie-Training, doch schon mit mehr Platz für individuelle Gestaltung. Der geringere Organisationsgrad der Lösungsorientierten Kurztherapie und der systemischen Partner- und Familientherapie erfordert, dass der Therapeut eigeninitiativ den Verlauf einer Sitzung mitbestimmt. Das wird oft mehr als Belastung denn als Segen empfunden.

Der Ablauf einer ILP-Sitzung besteht aus vier Teilen plus Hausaufgabe. Im

ersten Teil wird das Thema der ILP-Sitzung ermittelt – um was geht es in dieser Sitzung? – und zugleich wird der Klient ‚aufgebaut'. Für die erfolgreiche
Zusammenarbeit ist es wichtig, dass sich der Klient als fähige Person akzeptiert, in seinem Ringen um eine Lösung verstanden und angenommen und in
seinen Fähigkeiten anerkannt fühlt. Im zweiten Teil werden seine Schlüsselfähigkeiten aktiviert. Im dritten Teil geht es um selbstbestimmtes Verhalten im
Zielbereich. Und im vierten Teil kommen wir zurück zum Persönlichkeitsbereich. Wurde er im ersten Teil stabilisiert, so wird er jetzt therapiert. Der
Unterschied ist, dass Stabilisieren auf eine vorläufige und vorübergehende
Wirkung abzielt, ihn quasi arbeitsfähig macht, und Therapie stabile Veränderungen anstrebt.

Teil 1: Einstieg auf der Kompetenz-Ebene im Persönlichkeitsbereich

Man sagt, der erste Eindruck sei der entscheidende. Es ist schon erstaunlich,
wie viel zutreffende Informationen zum Thema ‚erster Eindruck' in kurzer
Zeit aufgenommen werden, wenn Versuchspersonen mit wachem Interesse
andere wahrnehmen, wie das bei wissenschaftlichen Experimenten zu diesem
Thema angenommen werden kann. Wenn jemand eine Psychotherapie
beginnt, wird er ähnlich aufmerksam sein. Dort entscheiden die ersten zehn
Minuten darüber, ob sich der Klient als kompetenter Partner erlebt oder als
hilfsbedürftiger Patient. Zugleich wird für ihn von Beginn an deutlich, worauf
es in dieser psychologischen Arbeit ankommt. Geht es darum, sich mit seinen
Defiziten zu beschäftigen, seinen Schwierigkeiten und seinem Unvermögen,
oder geht es um seine Ressourcen, um seine Bedürfnisse nach Wertschätzung
und Sicherheit, um seine Wünsche und Ziele und um die Fähigkeiten, sie zu
realisieren? Letzteres sind nicht nur die Spielregeln, die für die Lösungsorientierte Therapie gelten, sondern es ist auch das, was er im Umgang mit sich und
seinem Leben lernen soll.

Deshalb ist es verkehrt zu sagen, ‚lassen wir uns erst mal Zeit, hören wir uns
an, was der Klient auf dem Herzen hat'. In der Regel wird er sich dann als
jemand präsentieren, der mit sich, seinem Leben oder seiner Beziehung nicht
zurechtkommt. Er wird, indem er sein Problem ausbreitet, erwarten, dass ihm
der Therapeut irgendwie hilft, dass er ihm erklärt, was er falsch macht,
und ihm Ratschläge gibt, wie er es richtig machen könnte. Vielleicht wird es
ihn erleichtern, darüber zu sprechen. Vielleicht wird es ihm gut tun, Verständnis und Mitgefühl zu finden. Doch dieses Arrangement ist eher geeignet, aus

ihm einen Dauer-Patienten zu machen als ihn auf die eigenen Beine zu bringen. Denn er holt sich Aufmerksamkeit, Zuwendung und Anteilnahme für Versagen. Nach den Regeln der Verhaltenstherapeuten müsste das eine Verstärkung für selbstschädigendes Verhalten sein.

Der Einstieg in eine ILP-Sitzung ist bei allen Persönlichkeitstypen ähnlich. Er unterscheidet sich nur darin, dass wir den Klienten typspezifisch pacen und auf seine Weise mit ihm sprechen. Wir lassen uns kurz informieren, weshalb er gekommen ist, und fragen ihn dann nach seinem Ziel. Wir achten darauf, dass er sagt, was er möchte und nicht, was er nicht möchte. Wir achten darauf, dass das formulierte Ziel attraktiv für den Klienten ist. Ziele sollen bekömmlich sein. Im NLP spricht man in diesem Zusammenhang von ökologisch. Weiter wird überprüft, ob das Ziel konkret und realisierbar ist.

Nach der Formulierung des Ziels wird der Klient gefragt, was er schon herausgefunden hat, das ihn dem Ziel näher bringt. Hier werden zum ersten Mal die Ressourcen des Klienten direkt einbezogen. Klienten machen vieles richtig, und sie machen manches verkehrt. Doch sie wissen nicht sicher, was richtig und was verkehrt ist. Oft glauben sie, dass das Richtige verkehrt und das Verkehrte richtig ist. Oder sie wissen zwar, was hilfreich für sie wäre, doch sie machen zu wenig davon. Woran kann der Therapeut erkennen, dass der Klient etwas tut, was gut für ihn ist? Ein sicherer Hinweis ist, ob er seine Schlüsselfähigkeiten einsetzt.

	Beziehungstyp	Sachtyp	Handlungstyp
Persönlichkeitsbereich Ort der frühen Kompetenzen und Störungen	**Beziehungs-Ich** Fühlt sich nicht geliebt.	**Erkenntnis-Ich** Fühlt sich nicht beachtet.	**Handlungs-Ich** Fühlt sich nicht frei zu tun.
Entwicklungsbereich wenig entwickelt/wird an andere delegiert	**Erkenntnis-Ich,** unsicher im **Denken**	**Handlungs-Ich,** unsicher im **Handeln**	**Beziehungs-Ich,** unsicher im **Fühlen**
Zielbereich wird fremdbestimmt erlebt/gelebt	**Handlungs-Ich,** handelt fremdbestimmt	**Beziehungs-Ich,** fühlt fremdbestimmt	**Erkenntnis-Ich,** denkt fremdbestimmt

Abb. 11 Therapeutische Aufgabenstellungen

Der Schweizer Psychotherapie-Forscher Grawe und der Psychotherapie-Entwickler De Shazer stimmen darin überein, dass die Ressourcen-Orientierung das wirksamste Instrument für eine erfolgreiche Psychotherapie sei. Es entspricht der lösungsorientierten Maxime: Was schon einmal funktioniert hat, wird mit hoher Wahrscheinlichkeit wieder funktionieren. Grawe fasst den Begriff der Ressourcen-Orientierung recht weit. Er rechnet dazu auch die

Einstellung des Therapeuten, dem Klienten zuzutrauen, dass er seine Lösung finden wird, und die damit verbundene Anerkennung und Wertschätzung.

Nun folgen vier Interventionen, die die Aufmerksamkeit des Klienten weg vom Problem und hin auf Lösungsaspekte lenken: Anerkennung, Normalisieren, ‚das Gute des Schlechten‘ und ‚Gelungenes trotz Probleme‘. Die Anerkennung greift das auf, was der Klient bisher Positives gemacht hat. Normalisieren ist das Gegenteil von Dramatisieren und vermittelt dem Klienten, dass sein Problem im Bereich des Normalen, Menschlichen liegt. Das Gute des Schlechten sucht herauszufinden, was die Problem-Situation an Chancen bietet. Und Gelungenes trotz Problem rückt jene Aspekte seines Lebens ins Licht, die noch funktionieren.

Teil 2: Aktivierung der Schlüsselfähigkeiten im Entwicklungsbereich

Eine ILP-Sitzung besteht aus vier Teilen zu etwa je 20 Minuten. Im ersten Teil einer ILP-Stunde wird der Persönlichkeits-Bereich des Klienten stabilisiert. Das ist dem verwandt, was im Autonomie-Training geschieht. Der *Beziehungstyp* gewinnt an Selbstvertrauen, der *Sachtyp* an Selbstbewusstsein und der *Handlungstyp* an Selbstsicherheit. Das sind Voraussetzungen dafür, dass sich Klienten auf Veränderungen einlassen können. Denn wer in seinen Grundfesten erschüttert und verunsichert ist, wird sich nicht auf neues, unbekanntes Gebiet wagen wollen. Auch Veränderungen zum Positiven lösen Ängste aus, bedeuten Stress.

Im zweiten Teil werden die Schlüsselfähigkeiten aktiviert. Sie sind bei den drei Grundtypen verschieden. Die Wege zur Lösung gehen sozusagen in drei unterschiedliche Himmelsrichtungen. Dieses Bild sollte man sich einprägen, um ein für alle Mal von der Idee wegzukommen, es gäbe so etwas wie *eine* Patentlösung in der Psychotherapie. Für den *Handlungstyp* ist es die Aktivierung der emotionalen Fähigkeiten, für den *Beziehungstyp* der mentalen und für den *Sachtyp* der kraftvollen. Die Begriffe Fühlen, Denken und Wollen[107] zeigen zwar die Richtung an, sind jedoch vereinfachend. Jede dieser Schlüsselfähigkeiten hat unendlich viele Aspekte.

Zur Aktivierung der Schlüsselfähigkeiten passt gut der Begriff Persönlichkeits-Coaching oder -Entwicklung. Denn der Unterschied zwischen entwickelten und wenig entwickelten Personen besteht hauptsächlich darin, wie weit sie über ihre Schlüsselfähigkeiten verfügen können. *Handlungstypen*, die zwanghaft im Handeln, rücksichtslos in Beziehungen und starr im Denken

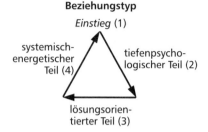

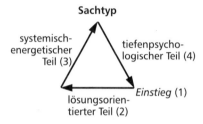

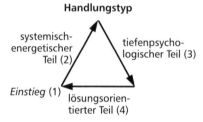

Die Nummern (1 bis 4) bezeichnen die
Reihenfolge des typspezifischen Vorgehens.

Abb. 12 Persönlichkeitstypischer Therapieablauf

sind, haben wenig oder keinen Zugang zu ihren Gefühlen. Beziehungstypen,
die ihr Gefühlsleben dramatisieren, sich schizoid oder hysterisch verhalten,
irrational im Denken sind und chaotisch im Handeln, haben wenig Zugang zu
ihren mentalen Fähigkeiten, seien es klares Denken oder Konzentration und
Gelassenheit. Und *Sachtypen*, die sich im Denken verlieren, die Schwierigkeiten mit dem Handeln haben, sei es, dass sie nicht wissen was sie wollen, sich
unter- oder überschätzen und gefühlsarm in Beziehungen sind, haben wenig
Zugang zu ihren kraftvollen und fürsorglichen Fähigkeiten.

In der Integrierten Lösungsorientierten Psychologie geht es weniger um Lösungen als darum, die Klienten fähig zu machen, Lösungen zu realisieren. Es ist also mehr ein Coaching der Persönlichkeit. Das unterscheidet ILP etwas von der Lösungsorientierten Therapie. Beide legen Wert darauf, dass nicht Probleme gelöst, sondern Lösungen konstruiert oder realisiert werden. Denn genau genommen können Probleme schon deshalb nicht gelöst werden, weil sie das Ergebnis früheren Verhaltens sind. Was geändert werden kann sind die ‚Produktionsziele' – Lösungen statt Probleme – und teilweise die ‚Produktionsmethoden'. Bandler meint zwar, dass mit den gleichen Kompetenzen Leidvolles oder Erfreuliches erzeugt wird. Doch das gilt wohl nur für den Bereich der mentalen Steuerungen, seine Spezialität.[108]

Um die unterschiedlichen Schlüsselfähigkeiten zu aktivieren, werden in Teil 2 die entsprechenden Therapie-Verfahren eingesetzt. Beim Beziehungstyp, bei dem es um die mentalen Fähigkeiten, genauer um mentale Steuerungen geht, wird mit dem tiefenpsychologischen NLP gearbeitet. Der *Sachtyp*, der Zugang zu seinen kraftvollen Fähigkeiten finden soll, wird unterstützt durch die Lösungsorientierte Kurztherapie. Und dem *Handlungstyp*, der in seine emotionalen, energetischen Fähigkeiten kommen soll, hilft die Systemisch-energetische Therapie lebendig zu werden, ins Fließen zu kommen.

Diese drei Therapie-Verfahren sind nicht völlig verschiedenartig. Es finden sich in jeder von ihnen Elemente der beiden anderen, so im tiefenpsychologischen NLP mentale Steuerungen zu den drei Themen Beziehung, Erkennen und Handeln. Das Gleiche gilt für die Lösungsorientierte Kurztherapie mit ihren drei Lösungs-Leitlinien. Die Arbeit mit Zielen hat direkt mit Handeln zu tun, die Arbeit mit Ausnahmen dient dem Erkennen und die Arbeit mit Lösungsfilmen den emotionalen Aspekten der Lösungsfindung. Beim Systemisch-energetischen Vorgehen kann man paradoxes Verhalten dem Handeln, das Tit For Tat dem Beziehungserleben und die Energie-Umwandlung der Persönlichkeitsentwicklung zuordnen.

Teil 3: Selbstbestimmung im Zielbereich

Was sind die persönlichkeitstypischen Aufgabenstellungen für die Psychotherapie? Der Persönlichkeitsbereich ist der Ort der frühen Störungen bzw. der daraus resultierenden frühen Entscheidungen. Hier ist das Ziel psychische Gesundheit. Der Entwicklungsbereich ist unterentwickelt, defizitär. Hier geht es um die Entwicklung der Schlüsselfähigkeiten. Der Zielbereich wird fremdbestimmt gelebt. Hier ist die Aufgabe selbstbestimmtes Verhalten.

Im Zielbereich handelt der *Beziehungstyp* so, wie er glaubt, dass andere es von ihm erwarten. Es ist also der Bereich Handeln in dem er sich fremdbestimmt verhält. Entweder er tut viel für andere, strebt überzeugende Leistungen an oder möchte etwas ganz Besonderes sein. Es spielt den Retter für alle, die seine Hilfe nötig zu haben scheinen. Oder er ist ehrgeizig, imagebewusst und präsentiert sich auf Kosten anderer als Gewinner. Oder er hat hohe Ansprüche an sich selbst, kulturelle, philosophische oder künstlerische. Damit hofft er, doch noch die Liebe zu bekommen, die er entbehrt. Im Wechsel dazu frustriert er andere, um die Beziehung auszutesten und um sie für seine Entbehrungen zu bestrafen.

Der *Sachtyp* lebt Beziehungen fremdbestimmt, passt sich an oder rebelliert. Er macht sich abhängig, verliert sich selbst, ist lieb und langweilig, zweifelt an der Beziehung, am Partner und an seiner eigenen Attraktivität und Eignung, ist harmoniebedürftig, kritisch und sarkastisch, stellt die Beziehung immer wieder grundsätzlich in Frage oder verhält sich extrem unabhängig, zurückgenommen oder egoistisch. Eine Verhaltensweise kann in die andere umschlagen und den Beziehungs-Partner zur Verzweiflung und Resignation bringen. Das unbewusste Ziel dieser Manöver ist Beachtung und sich selbst spüren, sich ernst und wichtig nehmen.

Der *Handlungstyp* lässt sich im Denken fremdbestimmen. Er übernimmt Maßstäbe, Regeln und Meinungen aus seinem Elternhaus, seiner Umgebung, von Menschen, die für ihn zählen, oder von Institutionen, denen er angehört und für die er arbeitet. Er denkt so, wie er glaubt, dass andere von ihm erwarten, wie er zu denken habe, oder wie es den Regeln entspricht. Typisch für dieses Denken ist, dass er es mit Realität verwechselt, dass es nicht die eigenen Bedürfnisse, Gefühle und Erfahrungen reflektiert, sondern übernommen wurde und mehr oder weniger starr und unerbittlich ist. Als ich eine Freundin darauf aufmerksam machte, dass sie sich mit ihrer Art des Denkens einschränkt und quält, antwortete sie verständnislos: „Das ist aber so!" Mit „so" meinte sie, das seien Tatsachen, keine Gedanken.

In der Transaktionsanalyse wird dieses Sich-und-andere-Fremdbestimmen als Spiele beschrieben. Wer sich selbst ‚fremdbestimmt', wird auch andere manipulieren. Ich habe die Spiele Bernes systematisch analysiert und drei Abläufe gefunden, die Macht- und Retterspiele des *Beziehungstyps*, die Opfer- und Zuwendungsspiele des *Sachtyps* und die Verfolger- und Identitätsspiele des *Handlungstyps*.[109] Der Lebensbereich, in dem diese Spiele ausagiert werden, ist für den *Beziehungstyp* der Bereich Handeln, für den *Sachtyp* der Bereich Beziehung und für den *Handlungstyp* der Bereich Erkennen, also jeweils der Zielbereich.

Die direkte Alternative ist selbstbestimmtes Verhalten im Zielbereich. Das ist jedoch abhängig von der Stabilität im Persönlichkeitsbereich und vor allem vom Gebrauch der Schlüsselfähigkeiten. Man kann zwar versuchen, seine Spiele aufzugeben und durch konstruktives Verhalten zu ersetzen, wenn man sie erkannt hat. Das war die Hoffnung und Absicht von Berne. Doch das gelingt kaum, wenn man nicht vorbeugend arbeitet, nicht die Voraussetzungen dafür verbessert. Deshalb hat die Transaktionsanalyse, trotz ihrer aufschlussreichen Erkenntnisse, ihre Versprechungen, zu einem ‚spielfreien' Leben zu kommen, nur unzulänglich einlösen können.

Teil 4: Therapie des Persönlichkeitsbereiches

In jener Zeit, als ich fast ausschließlich auf die Aktivierung der Schlüsselfähigkeiten setzte, war ich der Überzeugung, dass man den Persönlichkeitsbereich zwar stabilisieren, doch nicht therapieren könne. Das war gegen die vorherrschende Praxis gerichtet, die sich mehr oder weniger erfolglos mit der Therapie des Persönlichkeitsbereiches abmühte. Mir erschien das so, als ob man Wasser schöpfte in ein Fass ohne Boden. Versucht man direkt die Beziehungs-Probleme der *Beziehungstypen*, die Minderwertigkeits-Gefühle der *Sachtypen* und die Handlungs-Blockaden der *Handlungstypen* zu kurieren, wird man damit wenig Erfolg haben.

Mein Rat war damals: Stabilisiert den Persönlichkeitsbereich des Klienten durch Pacen und Anerkennen, doch kümmert euch nicht allzu viel um die offensichtlichen Probleme. Konzentriert euch besser auf das, was in den meisten Fällen zu wenig da ist, auf die Schlüsselfähigkeiten. Werden sie aktiviert, so hat das auch positive Auswirkungen auf die beiden anderen Bereiche, den Persönlichkeits- und den Zielbereich. Dieses Konzept hatte sich in meiner Arbeit durchaus bewährt. Erst als ich das Integrations-Dreieck entdeckte, wurde mir klar, dass man auch den Persönlichkeitsbereich therapieren kann, nicht im ersten, zweiten oder dritten Schritt, sondern im letzten, im vierten Schritt.

Es ist psychotherapeutisches Gemeingut, dass die frühen Erfahrungen der Kindheit lebensprägend sind. Sie bestimmen, wie Menschen Ereignisse erleben und interpretieren, wie sie darauf reagieren, wie sie sich selbst sehen und wie sie ihr Leben gestalten. In früheren Jahrhunderten waren diese individuellen Startbedingungen ins Leben Segen oder Fluch oder eine Mischung aus beiden. So wie Heraklit schon vor zweieinhalbtausend Jahren sagte: „Dem Menschen ist sein Wesen sein Schicksal."[110] Das ‚Wesen' wird von Diels interpretiert als „… die auf sich selbst beruhende Art des Charakters und Denkens: die ‚Individualität'"[111].

Die Schulen der Psychotherapie unterscheiden sich darin, wie sie diese oft einschränkenden und krank machenden Bedingungen verändern wollen. Die Psychoanalyse will sie durch die Übertragung auf den Therapeuten ans Licht bringen und durch die Differenz zwischen dem erwarteten und tatsächlichen Therapeuten-Verhalten bewusst machen. Ich erinnere mich, wie der Freiburger Psychosomatiker und Psychoanalytiker Hau davon sprach, dass man in der Lage sein müsse zwischen Realität und alten Filmen zu unterscheiden. Diese Fähigkeit bewahrte ihn nicht davor, wie andere berühmte Kollegen[112] vorzeitig an einer psychosomatischen Krankheit zu sterben.

In der Transaktionsanalyse ging man davon aus, dass es sich bei den frühen Störungen um Entscheidungen des Kindes handelt, die dazu dienten mit den damaligen Schwierigkeiten zurechtzukommen. In der Regel werden das nicht einzelne Ereignisse sein, auf die sich das Kind einstellen muss, sondern ein durchgängig liebloses oder missachtendes oder einschränkendes Verhalten der Eltern oder anderer Bezugspersonen. Das erklärt auch, dass es bei einem Klienten fast immer die gleichen stereotypen Haltungen und Einstellungen sind, die ihm zu schaffen machen und mit denen wir später in der Therapie konfrontiert werden. Dann ist es nicht notwendig, sich mit den Ereignissen in der Kindheit zu befassen. Es genügt, die entsprechenden Einstellungen zu ändern.

Wie löst die ILP die Aufgabe, den Persönlichkeitsbereich zu therapieren? Sie geht davon aus, dass es Prozesse sind, die Probleme oder Lösungen erzeugen. Deshalb wird der Persönlichkeitsbereich erst im vierten Schritt therapiert. Denn hier haben wir es mit den ältesten, den am längsten eingeübten und am wenigsten zugänglichen Störungen zu tun. Sie zu verstehen ist relativ einfach. Doch die Therapie ist schwierig, wie die bisherigen Erfahrungen in der Geschichte der Psychotherapie zeigen. Mit dem integrierten Ansatz, verbunden mit dem Autonomie-Training, hat man jetzt gute Chancen, das Problem zu lösen.

6. Das Leben gestalten –
Lösungsorientierte Kurztherapie

Paradigmenwechsel – von Lösungen ausgehen!

Die moderne Psychotherapie begründet sich auf eine Reihe revolutionärer Entdeckungen. Eine davon ist: Man kann von Anfang an lösungsorientiert arbeiten. Neue Ziele bereiten künftige Lösungen vor, Lösungsfilme vertiefen sie emotional im gegenwärtigen Erleben und Ausnahmen ermitteln Lösungsstrategien aus gelungenen Beispielen der Vergangenheit. Aus Gelingendem, aus Erfolgen zu lernen, ist nicht beschränkt auf die Entwicklung der lösungsorientierten Kurztherapien. Doch hier hat De Shazer den Paradigmenwechsel von der problem- zur lösungsorientierten Vorgehensweise am deutlichsten formuliert und am konsequentesten umgesetzt. Deshalb spricht man auch vom ‚Milwaukee-Axiom‘ nach der Stadt, in der 1978 das ‚Brief Family Therapy Center‘ (BFTC) von De Shazer und seinen Mitarbeitern gegründet wurde.

Die übliche Ausgangssituation in der Therapie ist, dass jemand Probleme hat und deshalb therapeutische Hilfe sucht. Er wird über die Probleme sprechen. Der Therapeut möchte den Klienten darin unterstützen, seine Probleme zu lösen, und fängt an sich mit diesen Problemen zu befassen. Er versucht die Ursachen des Problems herauszufinden und daraus Lösungsansätze abzuleiten. Ich möchte das an einem Bild verdeutlichen. Der Klient ist in einen Strudel von Problemen geraten. Manche dieser Probleme sind tatsächliche Schwierigkeiten, wie Streit in seiner Beziehung, Arbeitslosigkeit oder Krankheit. Andere Probleme entstehen in seinem Kopf und Bauch durch die Art, wie er seine Situation erlebt und über sie und sich selbst denkt.

Wenn der Therapeut mit ihm in den Strudel hineingeht, ist nicht sicher, ob die Situation des Klienten besser oder schlimmer wird. Denn möglicherweise wird der Therapeut noch weitere und tiefer gehende Probleme entdecken. Und die Wahrscheinlichkeit ist groß, dass der Therapeut selbst mit in den Strudel der Probleme hineingezogen wird. Die Lösungsorientierte Therapie geht anders vor. Sie hat nicht die Absicht, die Probleme des Klienten zu lösen, geschweige weitere Probleme aufzudecken. Sie sorgt dafür, dass der Klient in die Lage kommt, jetzt und zukünftig Lösungen zu kreieren statt sich weiter Probleme zu schaffen.

Durch die lösungsorientierten Interventionen findet in der problematischen Lebenssituation des Klienten eine Neuorientierung statt. Es ist so als ob ein Schiff, das bisher von Wind und Wellen herumgeworfen wurde, Kurs nimmt und aus dem Unwettergebiet steuert. Die Philosophie der Lösungsorientierten Kurztherapie ist: Wir lösen keine Probleme, wir konstruieren Lösungen! Und kurztherapeutische Therapeuten sind auf Grund guter Erfahrungen zuversichtlich, auch in schwierigen und komplexen Problem-Situationen in wenigen Sitzungen Lösungen auf den Weg zu bringen, die für den Klienten zufriedenstellend sind und sich über lange Zeiträume bewähren. Dieses Verständnis von Psychotherapie ist hierzulande für die Mehrzahl der Therapeuten, Klienten und Wissenschaftler neu. Und wie immer, wenn etwas neu ist, reagieren einige mit Skepsis oder Ablehnung. Vielleicht sollten sie sich klar machen, dass es genau genommen gar nicht möglich ist, Probleme zu lösen.

Warum? Das, was der Klient heute als Problem erlebt, hat er sich in einer zurückliegenden Zeit geschaffen. Es ist also das Ergebnis, das Produkt früheren (meist inneren) Verhaltens. Größe und Stabilität eines Problems entstehen dadurch, dass er sich mit unbewusster Konsequenz nach alten problemerzeugenden Rezepten verhält. Um ein Problem wirklich zu lösen, müsste man in die Vergangenheit zurückgehen können und den Klienten dazu veranlassen, anders zu denken und zu handeln. Das ist nicht möglich. Zeitmaschinen, die einen Trip in die Vergangenheit ermöglichen, gibt es nur in Romanen oder in Filmen. Doch der Klient kann jetzt die Rezepte seines Verhaltens ändern. Und wenn er gut beraten ist, sollte er darauf seine Energie konzentrieren.

Er muss also lernen, sich jetzt innerlich und äußerlich so zu verhalten, dass künftig Lösungen statt Probleme entstehen. Das ist nicht eine Frage des Geschmacks oder unterschiedlicher Auffassungen über Therapie. So funktioniert gelingendes Leben und so funktioniert Therapie, entweder man schafft sich Probleme oder Lösungen. Menschen, die gut mit sich und ihrem Leben klarkommen, hatten meist das Glück, schon in ihrer Kindheit Verarbeitungs- und Verhaltens-Muster gelernt und erprobt zu haben, die erwünschte Ergebnisse erzielen. Weniger Privilegierte können das heute nachholen.

Dazu muss man allerdings wissen, wie Lösungen kreiert werden, also die inneren und äußeren Spielregeln erfolgreicher Lebensgestaltung kennen. Das ist keineswegs selbstverständlich. Vielleicht befassen sich manche deshalb gerne mit Problem-Analysen, weil sie sich, was Lösungen betrifft, nicht auskennen. Herausfinden, wie Dinge funktionieren, ist eine Haltung und Vorgehensweise, die bei allen Begründern lösungsorientierter Schulen beobachtet werden kann, bei Erickson, Bandler, Grinder, Diltz, De Shazer u. a. Doch man findet sie auch auf anderen Gebieten. Ich will einige Beispiele anführen. Peters und Waterman haben untersucht, was Firmen erfolgreich macht.[113] Williams beschreibt, wie man als Einzelner beruflich erfolgreich werden kann[114], Antonovsky[115] und Grossarth-Maticek[116] haben erforscht, was Menschen gesund erhält bzw. wieder gesund macht. Gemeinsam ist ihnen, dass sie weder spekulieren noch Probleme analysieren, sondern dass sie von gelingenden Beispielen ausgehen und daraus Empfehlungen ableiten. Gemeinsam ist ihnen auch, dass sie ihre Erkenntnisse konsequent in der Praxis umsetzen, um sie zu überprüfen und um neue Erkenntnisse zu gewinnen.

Dieses Denken und Handeln ist neu und im positiven Sinne revolutionär. Es löst begeisterte Zustimmung aus, bei einigen Abwehr und Widerstand. Doch das Hauptproblem ist, die neuen Verfahren und ihre erfolgreiche Anwendung sind kaum bekannt. In den Medien wird zwar viel über technische Innovationen berichtet, doch kaum über psychotherapeutische, da gibt man sich eher vornehm konservativ, so als ob man gerade Freud entdeckt hätte. Die Hochschulen leiden unter der Trennung von Theorie und Praxis. Ausbildungen in Psychotherapie werden von privaten Instituten durchgeführt, die ein standespolitisches und wirtschaftliches Interesse daran haben, dass ihre Verfahren anerkannt und verbreitet werden, auch und gerade dann, wenn sie längst veraltet sind.

Die Hochschulen sind für Theorie zuständig. Ich kenne aufgeschlossene Hochschullehrer, die sich für neue Entwicklungen in der Psychotherapie interessieren und ihre Studenten informieren. Doch anders als in naturwissenschaftlichen Disziplinen arbeiten sie nicht damit, sind nicht existentiell davon betroffen. Praktische Erforschung und Weiterentwicklung von Psychotherapie, wie ich sie betreibe, braucht ein ‚Experimentierfeld‘, in dem man von anderen lernen kann, vielfältige Möglichkeiten hat, das Gelernte in kleinen Einheiten und komplexeren Verfahren auszuprobieren und anzuwenden, zu verbessern, weiterzuentwickeln, eigene Entdeckungen zu machen, und das alles anderen in Theorie und Praxis zu vermitteln, so dass diese wieder damit Erfahrungen sammeln und sie rückmelden.

Einfach – aber nicht leicht

In einem Interview sagt De Shazer zur lösungsorientierten Kurztherapie, sie sei einfach, aber nicht leicht. Wie ist dieser Widerspruch zu erklären? Die

Methoden seiner Therapie sind genial einfach. Darauf legt er großen Wert. Mit Stolz bekennt er sich dazu, dass man ihn einen Minimalisten genannt hat. Die Einfachheit der lösungsorientierten Kurztherapie begründet sich darauf, dass sie konsequent mit den Ressourcen der Klienten arbeitet, mit ihren schöpferischen Fähigkeiten und mit ihren Lebenserfahrungen.[117]

Es beginnt mit einer nützlichen Erkenntnis, dass weder der Klient und noch weniger der Therapeut die Lebens-Situation des Klienten versteht, weder seine Probleme, noch seine Lösungen. Der Therapeut beschränkt sich darauf, dem Klienten Hilfestellungen zu geben, die geeignet sind, Lösungen zu erzeugen, z. B. sich attraktive Ziele zu setzen, schon erprobte Lösungs-Strategien zu benützen, sich zu erlauben anspruchsvolle Wünsche zu visualisieren. Das wissende Nicht-Wissen, verbunden mit bewährten lösungsorientierten Interventionen, bewährt sich in der Praxis.

Doch gutes lösungsorientiertes Arbeiten ist nicht leicht. Es ist anspruchsvoll und will gelernt und geübt sein. Wenn es jemand kann, sieht es einfach aus, doch das gilt für jedes meisterliche Können. Noch schwieriger als die Beherrschung des Handwerkszeuges ist es, eine lösungsorientierte Haltung zu gewinnen. Es erfordert die Fähigkeit und Bereitschaft, als Therapeut in eine konsequente ‚Dienstleistungshaltung' zu gehen – sich nicht selbst zur Geltung bringen zu müssen. Es erfordert Akzeptanz und Vertrauen in die Fähigkeiten des Klienten – ihn nicht als gefährdet und hilfsbedürftig zu sehen. Und es erfordert die Sicherheit, dass die einfachen oder einfach erscheinenden Interventionen der lösungsorientierten Therapie wirksam sind – und dass man, wenn es schwierig aussieht, nicht doch wieder anfängt problemorientiert zu denken und zu intervenieren.

Aus lösungsorientierter Sicht und Erfahrung kann man sagen, Probleme sind nicht schwierig, sie erscheinen schwierig. Es gehört zum Problem dazu, ist selbst ein Teil des Problems, dass es schwierig erscheint. Vermutlich macht es keinen Sinn, zumindest habe ich es noch nicht versucht, den Klienten auszureden, ihr Problem sei schwierig. Sie würden sich nicht verstanden fühlen, denn sie messen die Größe ihres Problems an der Größe ihres Leidens. Was wir machen ist, die Klienten anzuregen, ihr Problem in einem anderen Licht zu sehen, als schmerzliche Begleiterscheinung, dass sie sich auf den Weg begeben haben zu einer Lösung, dass Probleme etwas Normales sind, und mit den Klienten zusammen herauszufinden, was das Gute des Schlechten an ihrem Problem ist.

Wir sagen nicht, ihr Problem ist nicht schwierig, es ist einfach, sondern wir arbeiten so mit ihnen, als ob es so wäre. Denn wir wissen, dass wir das Problem nicht lösen müssen. Deshalb mag es so groß und so schwierig erscheinen, wie es will. Selbst wenn es sich als unlösbar präsentiert, muss uns das nicht entmutigen, denn Probleme zu lösen ist nicht unsere Aufgabe. Wir arbeiten an Lösungen, von den ersten Minuten der ersten Sitzung bis zur letzten Minute der letzten Sitzung. So arbeiten lösungsorientierte Therapeuten, und sie erzielen gute Ergebnisse damit. Das ist weit besser als eine noch so ausgeklügelte problemorientierte Therapie.

Und doch verschenken *nur* lösungsorientiert arbeitende Therapeuten viele Möglichkeiten wirksamer Therapie – nützen nur einen Teil dessen, was uns heute zur Verfügung steht an lösungsorientierten Interventionen. Sie ignorieren Erkenntnisse des NLP und der systemischen Kurz- und Familientherapien. Auch das sind lösungs- und ressourcenorientierte Verfahren, Werkzeuge mit anderen Anwendungs- und Wirkungsfeldern. Könnte man daraus schlussfolgern: Es ist egal, wo man therapeutisch ansetzt, Hauptsache, die Methoden sind so wirksam, dass der Klient auf den Weg zur Lösung gebracht wird, die Arbeit macht er sowieso selbst?

Das ist eine schwierige Frage. Ich habe mich für die Integration lösungsorientierter Verfahren und für ihre Weiterentwicklung entschieden. ILP unterstützt die Klienten stärker als ein nur lösungsorientiertes Vorgehen im Sinne von De Shazer. ILP ist das wirksamere Verfahren. Das hat Vor- und Nachteile. Der Vorteil ist, dass ILP den Klienten mehr und besser hilft. Darin könnte zugleich der Nachteil liegen, dass sie sich mehr auf die Therapie verlassen als auf ihr eigenes Wollen und Können. Deshalb empfehle ich nicht ausschließlich mit ILP zu arbeiten, sondern in einem Wechsel von lösungsorientierter Kurztherapie, ILP und Autonomie-Training. So kann man die Vorteile dieser sowohl verwandten wie unterschiedlichen Verfahren kombinieren.

Drei Wege zu Lösungen

Bei meiner Arbeit, Dinge herauszufinden und auszuprobieren, macht mir am meisten Freude, wenn ich sehe, wie Erkenntnisse, die aus den unterschiedlichsten Quellen stammen, zusammenpassen, sich bestätigen und ergänzen. Ein Beispiel dafür ist, dass Walter und Peller[118] in ihrer lösungsorientierten Kurztherapie mit (nur) drei Methoden arbeiten um Lösungen zu finden. Es ist die Arbeit mit Zielen, mit Lösungsfilmen und mit Ausnahmen, also früheren Lösungen. Als Schüler von De Shazer und seinem Team haben sie gelernt, die Dinge einfach zu halten.

Sie stellen fest: Wir kommen mit diesen drei Wegen zu Lösungen aus. Sie begründen das mit ihren guten Erfahrungen in der Praxis. Für mich bestätigt sich hier das Konzept von den drei eigengesetzlichen Lebensbereichen und den mit ihnen korrespondierenden Ichs. Mit Zielen werden Handlungs-Ich und Handeln auf Gelingen programmiert, mit Lösungsfilmen das Beziehungs-Ich motiviert und das Beziehungs-Geschehen günstig beeinflusst und mit der Analyse von früheren Lösungen oder Ausnahmen erfolgversprechende Strategien ermittelt. Hier setzen sie das Erkenntnis-Ich ein.

Ihr Buch „Lösungs-orientierte Kurztherapie" ist das beste mir bekannte Lehrbuch zu diesem Thema. Die Übersetzung ins Deutsche ist etwas holperig. Und wie De Shazer tun sie sich schwer, systemische Aspekte der Therapie verständlich zu machen. Von diesen Schönheitsfehlern abgesehen ist mit diesem Buch eine solide Grundlage geschaffen für das Erlernen der Lösungsorientierten Kurztherapie auf einem qualitativ anspruchsvollen Niveau.

Besonders beeindruckend sind ihre Beispiele lösungsorientierter Gespräche. Sie zeigen ein gutes Gespür für systemische Gesetzmäßigkeiten, die sie beherrschen, ohne dass sie darüber schreiben. Das macht deutlich, dass sie in der lebendigen Tradition der Systemischen Therapie stehen, die von Milton Erickson über De Shazer bis zu ihnen reicht – allerdings mit einer sich abschwächenden Tendenz.

Es ist keine ‚Werbeschrift' für lösungsorientierte Therapie, wie es inzwischen viele gibt, sondern ein praxisbezogenes Lehr- und Lernbuch, wie es auch im Untertitel genannt wird. Ich benütze es als Basis-Literatur für meine eigenen Ausbildungs-Kurse. Sie beginnen damit, dass sie die Geschichte der Psychotherapie kurz charakterisieren durch drei Fragestellungen. Für die erste Generation, die Psychoanalyse, war die Frage leitend: *Was ist die Ursache des Problems?* Die Schulen, die in der Mitte des vergangenen Jahrhunderts entstanden sind, interessierten sich für die Frage: *Was hält das Problem aufrecht?*, und die lösungs- und ressourcenorientierten Schulen, die in den letzten Jahrzehnten entstanden sind, suchten die Frage zu beantworten: *Wie konstruieren wir Lösungen?*[119]

Walter und Peller formulieren zwölf Grundannahmen der Lösungsorientierten Therapie, sozusagen ihre Philosophie. Doch genau genommen sind fünf oder sechs davon systemisch. Das sind die, die man mehrmals lesen muss, um sie dann möglicherweise immer noch nicht zu verstehen. Ich beruhige meine Ausbildungsteilnehmer damit, dass ich ihnen sage, dass wir mit den systemischen Gesetzmäßigkeiten zwar präzise und wirksam arbeiten können, dass sie aber nicht wirklich zu verstehen sind. Die gut gemeinten Erklärungsversuche haben einen eher allegorischen Charakter, befriedigen mehr das Bedürfnis, die Wirklichkeit verstehen zu wollen, als dass sie unsere Kompetenz im Umgang damit verbessern.

Um diese zwölf Grundannahmen nicht kommentieren zu müssen, gebe ich sie teilweise in eigenen Formulierungen wieder, die, wie ich hoffe, aus sich verständlich sind:

1. Therapie gelingt, wenn sie sich auf das Positive, auf Lösungen und die Zukunft ausrichtet.
2. In dem, was dem Klienten früher gelungen ist, findet man Lösungsstrategien.
3. Da ohnehin alles im Fluss ist, sind Veränderungen unvermeidlich.
4. Es genügt, durch kleine Veränderungen Lösungen auf den Weg zu bringen.
5. Wir kooperieren mit Klienten, indem wir ihre Art als Kooperationsangebot aufgreifen.
6. Die Klienten bringen das mit, was sie für ihre Lösung brauchen.
7. So wie die Klienten ihre Wirklichkeit interpretieren, erleben und handeln sie.
8. Andere Interpretationen führten zu anderem Erleben und anderem Handeln.
9. Die Reaktionen der anderen erläutern mir meine Botschaften.
10. Der Klient ist der Experte für sein Leben.
11. Wenn der Klient sich ändert, beeinflusst das die anderen.
12. Therapeutische Zusammenarbeit setzt ein gemeinsames Ziel und die Bereitschaft voraus, dafür zu arbeiten.

Weder die Zahl noch die Reihenfolge dieser Grundsätze ist verbindlich. Theorie und Praxis der pragmatischen Modelle sind immer ein Sammelsurium von bewährten Erkenntnissen und Methoden. Das hat seinen eigenen Reiz, es schränkt nicht ein und stellt einen Reichtum an Möglichkeiten zur Verfügung. Der Therapeut ist der große Hexenmeister, der aus seiner Kiste bald dieses, bald jenes Mittel herausholen kann. Doch die folgenden Anwendungsregeln bringen ihn zurück auf den Boden eines Dienstleistungsverhaltens, ermahnen ihn, auf den Klienten und dessen Ressourcen zu achten. Sie lauten:

1. Wenn es funktioniert, ändere nichts!
2. Wenn alles, was du machst, nicht funktioniert, dann mache es anders oder etwas anderes!
3. Bleib einfach!
4. Gehe so in jede Sitzung, als sei es die erste und die letzte!
5. Es gibt keinen Misserfolg, nur Rückmeldungen.

Das sind alles wertvolle Hinweise. Gewöhnlich schauen Klient und Therapeut gebannt auf das, was im Leben des Klienten nicht funktioniert. Sie meinen, sie schauen auf das Problem, und erkennen nicht, dass eben das Darauf-Schauen selbst ein Teil des Problems geworden ist. Viel hilfreicher ist es, herauszufinden, was im Leben des Klienten und in seinem Problem-Bereich noch funktioniert, was man bestätigen, bestärken und wiederholen kann. Häufig entstehen Probleme durch falsche Lösungsstrategien. Wenn etwas nicht funktioniert, meinen die Leute, sie müssten das Gleiche noch konsequenter machen. Und wenn es dann immer noch nicht funktioniert, meinen sie, sie müssten sich noch mehr engagieren. Vermutlich entsteht so der größte Teil aller Übel auf der Welt. Dabei wäre es klüger und erfolgversprechender, sich nach anderen Lösungsstrategien umzusehen.

Es sind nicht mehr als eine Handvoll Prinzipien, die De Shazer und seine Mitarbeiter entdeckt haben und konsequent anwenden und die sie zu den erfolgreichsten Therapeuten in unserer Zeit machen. Eines davon ist: Bleib einfach! Ist es das Vorbild der Technik, das uns verführt, auch im Menschlichen an das Komplizierte zu glauben? Dass Probleme kompliziert erscheinen ist weniger Realität als Teil des Problems, der Problemtrance. Ein guter Therapeut sollte darauf nicht hereinfallen.

Dem Klienten in jeder Sitzung so zu begegnen, als sei es die erste und die letzte Sitzung, ist angewandte Lebenskunst. Es gilt die Chancen zu nützen, die sich jetzt bieten. Als Gegenbeispiel erinnere ich mich an eine Psychoanalytikerin, die in einem Radiointerview voll Stolz von einer schwierigen Heilung berichtete. Die Therapie dauerte fünf oder sechs Jahre.

Wegzukommen von dem Denken in dem Schema ‚Erfolg oder Misserfolg‘ erscheint mir persönlich besonders schwierig. Es dürfte etwas mit ‚Experimentierfreude‘ zu tun haben – mutig sein, liebevoll und spielerisch. Erickson ist dafür ein gutes Beispiel. Seine Fallbeispiele, auch die schwierigen Fälle, haben bei aller Ernsthaftigkeit etwas Spaßiges oder Humorvolles, ganz besonders, wenn er mit Kindern arbeitete. Herkömmlich arbeitende Therapeuten nehmen die Probleme ernst, nicht den Klienten, lösungsorientierte den Klienten, nicht die Probleme.

Die Arbeit mit Zielen

Man sagt gewöhnlich, dass die Zukunft dunkel, uns unzugänglich sei und sich unserem Einfluss entziehe. Das gilt für unser Denken, doch nicht für das Wollen und Handeln. Wer auf die Zusammenhänge zwischen dem, was man möchte, und dem, was geschieht, achtet, kann bestätigen: Mit Wünschen und Zielen wirken wir schon jetzt, in der Gegenwart, gestaltend ein auf die Zukunft. Ziele aktivieren unsere Handlungsenergie, formieren sie und richten sie aus auf das, was wir tun und erreichen wollen. Doch ich bin mir sicher,

Ziele wirken nicht nur in uns, sondern sie haben auch Einfluss auf das, was künftig geschieht. Ich habe immer wieder die Erfahrung gemacht, dass dann, wenn ich ein bestimmtes Ziel hatte, Dinge geschehen sind, die mich unterstützt haben, dieses Ziel zu erreichen.

Professionelle Unterstützung besteht darin, sich diese Zielformulierung genauer anzusehen. Im Ziel steckt so etwas wie eine Lösungsstrategie. Diese kann mehr oder weniger erfolgversprechend sein. Zunächst ein paar Beispiele für Strategien, die schlecht funktionieren. Eine ist, ich will weniger leiden, doch nichts ändern. Eine andere ist, ich weiß nur, was ich nicht will. Oder: Ich weiß, was ich will, doch damit wird es mir noch schlechter gehen. Eine ähnliche Variante ist: Ich weiß, was ich will, doch ich werde es nicht schaffen. Die Variante ‚Ich möchte weniger leiden, doch nichts ändern' habe ich wiederholt bei Klienten erlebt, die entweder von anderen geschickt wurden, auf andere einen guten Eindruck machen wollten oder die ich selbst überredet habe, eine Therapie zu machen. Sie leiden zwar, doch aus irgendeinem Grund halten sie an der Strategie fest, mit der sie sich Probleme schaffen. Vielleicht haben sie zu große Angst, sie aufzugeben. Oder ihr Kind in ihnen glaubt, dass diese Strategie doch noch funktionieren wird, weil sie früher funktioniert hat. Oder sie haben sich verrannt in eine trotzige, misstrauische oder bestrafende Position.

Wenn man als Therapeut den Eindruck hat, dass ein Klient noch nicht bereit ist, etwas zu ändern, macht es keinen Sinn, ihn bei Veränderungen unterstützen zu wollen. Möglicherweise macht der Klient brav mit, doch es tut sich nichts bei ihm. Man kann ihn entweder damit konfrontieren, dass bei ihm keine Bereitschaft zu erkennen ist, an einem Ziel zu arbeiten und den Preis für eine Veränderung zu bezahlen. Dann wird er möglicherweise gekränkt reagieren, denn er durchschaut sein Spiel nicht. Oder man empfiehlt ihm, jetzt noch nichts zu ändern, sondern in dieser Sache noch mehr Erfahrungen zu machen und Erkenntnisse zu gewinnen.

Immer wenn ich nicht konsequent war und mich trotz meiner Bedenken auf eine Arbeit mit dieser Art Klienten eingelassen habe, war ich danach selbst der Dumme. Solche Leute haben leider ihren Geldbeutel vergessen, oder sie bezahlen die Rechnungen nicht. Oder ich hatte einfach den Eindruck, meine Zeit vertan zu haben. Sie behandeln einen, als ob man sie gekränkt, beleidigt oder versucht hätte, sie zu betrügen. In gewissem Sinn haben sie dabei sogar recht. Denn ich habe nicht respektiert, dass sie (noch) an ihrer leidverursachenden Strategie festhalten wollen.

Es ist heute noch immer eher eine Ausnahme und ein Glücksfall, wenn jemand bereit ist, an einem Ziel und einer Veränderung zu arbeiten. Dann achten wir darauf, dass die Klienten sagen, was sie wollen und nicht, was sie

nicht wollen. Ein negativ formuliertes Ziel wie ‚Ich möchte nicht mehr ...'
oder ‚Ich möchte weg von ...' ist immer noch auf das Problem fixiert und
lenkt die Energie in diese Richtung. Wenn jemand sagt, was er nicht will, kann
man ihn fragen, was er stattdessen will. ‚Ich möchte meine Zeit nicht mehr
mit ... vertrödeln.' ‚Was möchten Sie stattdessen mit Ihrer Zeit anfangen?'

Damit Ziele erreicht werden, ist es wichtig, dass sie attraktiv für den Klienten sind. Manche scheitern deshalb mit ihren Vorhaben, weil ihr Ziel sie nicht
ausreichend motiviert. Es gibt viele Gründe, warum ein Ziel nicht attraktiv
genug ist. Die Aufmerksamkeit ist vorrangig auf die Schwierigkeiten gerichtet
und nicht auf das gewünschte Ergebnis. Oder das Ziel ist zu neu, zu wenig vorbereitet, ist noch nicht verwurzelt. Menschen, die auf irgendeinem Gebiet
erfolgreich sind, haben die damit verbundenen Ziele in der Regel lange in sich
gehegt und gepflegt. Oder eine Stimme in uns warnt uns davor, dieses Ziel
anzustreben und zu erreichen, zu Recht oder zu Unrecht.

Ein weiteres Kriterium ist die Bekömmlichkeit des Zieles. Das wird auch
die ökologische Überprüfung genannt.[120] Wir sind oft in einer Situation, in
der wir etwas möchten, doch wir können die Folgen nicht überschauen.
‚Wenn ich das mache, ist das wirklich gut für mich und den anderen?' Gerade
in Beziehungen zu anderen entsteht viel Leid, wenn jemand nicht ökologisch
denkt und handelt. Wie kann man dafür sorgen, bekömmliche Ziele anzustreben? Ethik, Fairness und Vereinbarungen sind Leitlinien. Doch es sind relativ
grobe Markierungen. Da unsere Vernunft nicht fähig ist, die gesamte Komple-
xität und die Folgen unserer Zielsetzungen zu erfassen, ist es sinnvoll die Weisheit des Unbewussten (oder Göttlichen) einzubeziehen. ‚Ich möchte das und
das unter der Voraussetzung, dass es gut ist für mich und ...'

Die Formulierung des Zieles sollte übereinstimmen mit dem Weg seiner
Realisierung. Was ist der erste, was der nächste Schritt, den der Klient gehen
muss, um sich seinem Ziel zu nähern? Aus Sicht des Autonomie-Trainings gilt,
was ist der Schritt aus der Falle und wie geht das, um wieder in eine gesunde
Ausgangsposition zu kommen, aus der Sicht der ILP, was ist der Schritt in die
Schlüsselfähigkeiten und wie geht das, um Lösungen realisieren zu können?
Aus der Sicht der psychischen Prozesse muss darauf geachtet werden, dass
jemand nicht den zweiten oder dritten Schritt vor dem ersten machen möchte.

Da die Lösungsorientierte Kurztherapie über kein derartiges Hintergrund-
wissen verfügt, kann sie nur allgemeine Kriterien angeben, die bei der Formulierung von Zielen zu beachten sind. Dabei ist zu unterscheiden zwischen
einer anfänglichen Zielsetzung und der lösungsorientierten Arbeit mit Zielen.
Für die anfängliche Formulierung haben sich in unserer Arbeit fünf Kriterien
bewährt:

1. Positive Darstellung
   z. B. statt ‚Ich möchte nicht mehr alles runterschlucken.'
   (Was möchten Sie stattdessen?)
   ‚Ich möchte X sagen, was ich fühle und denke.'
2. Attraktive Formulierung
   z. B. statt ‚Ich will etwas für meine Kondition tun.'
   (Wie können Sie das so formulieren, dass es für Sie attraktiver wird?)
   ‚Ich möchte mir wieder die Freude am Tennisspielen ermöglichen.'
3. Konkrete Formulierung
   z. B. statt ‚Ich will meine freie Zeit bewusst gestalten.'
   (Wie werden Sie das tun?)
   ‚Ich möchte mich mit Freunden verabreden.'
4. Realisierbare Ziele
   z. B. statt ‚Ich möchte, dass meine Kinder mich mögen.'
   (Was können Sie dazu beitragen?)
   ‚Ich möchte meinen Kindern mehr zuhören.'
5. Bekömmliche Ziele
   z. B. statt ‚Ich will meinem Chef sagen, was ich von ihm halte.'
   (Was möchten Sie erreichen? Wie können Sie das realisieren?)
   ‚Ich möchte meinem Chef klar machen, was ich brauche, damit ich gute Arbeit
   leisten kann.'

Für die lösungsorientierte Arbeit mit Zielen, also im lösungsorientierten Gespräch, finden sich bei Walter und Peller[121] drei weitere Kriterien. Dafür fehlen bei ihnen die attraktive und die bekömmliche Zielsetzung.

6. Prozesshafte Darstellung
   z. B. statt ‚Ich möchte ein guter Zuhörer sein.'
   (Wie werden Sie das tun?)
   ‚Ich möchte mir die Zeit lassen, meinem Kollegen zuzuhören.'
7. Darstellung im Hier und Jetzt
   z. B. statt ‚Ich möchte eine gute Kondition bekommen.'
   (Was werden Sie dafür heute tun und wie?)
   ‚Ich werde heute durch den Park nach Hause gehen.'
8. In der Sprache des Klienten
   z. B. Ziel statt nach dem Verständnis und den Begriffen des Therapeuten
   zu formulieren, Sätze und Worte des Klienten mitschreiben und benützen.
   (Wie würden Sie es ausdrücken?)

Dass für jemand, der in Problemen steckt, Ziele wertvoll und wichtig sind, dem wird jeder, der mit Menschen arbeitet, zustimmen. Dennoch wird die Wirksamkeit der Arbeit mit Zielen in der Regel weit unterschätzt. Es ist das

Verdienst De Shazers und seiner Mitarbeiter, konsequent die Wirksamkeit der Arbeit mit Zielen zu nützen. Er schreibt in der Einführung zu „Wege der erfolgreichen Kurztherapie":

„Damit die Lösung rasch auftaucht, empfiehlt es sich, die ‚Vision' oder Schilderung einer erfreulichen Zukunft zu entwerfen, die sich dann sozusagen in der Gegenwart breit machen kann. Ist eine solche ‚realistische Vision' ... konstruiert, dann entwickeln die Klienten häufig ‚spontane' Formen der Lösung ihrer Schwierigkeiten."[122] Begriffe wie ‚die Lösung taucht auf', sie ‚macht sich in der Gegenwart breit' und sie wird ‚spontan entwickelt' sagen etwas aus, wie Lösungsorientierte Kurztherapie funktioniert. Das ist kein vernünftiges Machen, sondern hier wird ein kreatives Geschehen angeregt, das sehr nahe an dem ist, wie etwas im Leben gelingt.

Die Arbeit mit hypothetischen Lösungen

In den letzten Jahren kommen immer häufiger männliche Teilnehmer aus dem Coaching in Unternehmen in unsere Ausbildungen. Manche von ihnen gehören zum Typus des rationalen Machers. Sie sind einigermaßen irritiert, dass es in der Lösungsorientierten Kurztherapie nicht nur rational zugeht, und neigen dazu, das andere als Gefühlsduselei abzutun. Aus der Sicht der Lösungsorientierten Therapie haben sie mit ihrer rationalen Macher-Haltung so weit recht, wie sich Lösungen auf diese Art realisieren lassen.

Was sie dazu lernen sollten, ist, dass die Wirklichkeit weder rational noch irrational ist, sondern dass die ‚rationale Macher-Haltung' eine mögliche Sichtweise bzw. mentale Strategie ist. Grob geschätzt bekommen sie mit der rationalen Macher-Strategie nicht viel mehr als ein Drittel der Wirklichkeit in den Griff. Selbst die Lösungsorientierte Kurztherapie, so wie sie De Shazer in seinen Büchern darstellt, geht deutlich über die rationale Macher-Haltung hinaus, obwohl sie, verglichen mit dem tiefenpsychologischen NLP oder der Systemisch-energetischen Kurztherapie, dieser Haltung noch am nächsten kommt.

Der Verzicht auf Theorien und Erklärungen, im NLP noch deutlicher ausgeprägt als in der Lösungsorientierten Kurztherapie, hat den Vorteil Diskussionen darüber zu vermeiden, ob das vernünftig ist oder nicht, was da gemacht wird. Ihnen genügt, dass sie damit gute Ergebnisse erzielen. So gibt es für sie auch keine Grenzziehung zwischen wissenschaftlich anerkannten[123] und alternativen Methoden. Was auf eine kontrolliert wiederholbare Weise erfolgreich ist, ist für sie brauchbar und wird benützt. Selbst individuell abgestimmte, nur ein einziges Mal benützte Vorgehensweisen sind für sie dann in Ordnung, wenn sie helfen. Für Erickson war das die Idealvorstellung von Psychotherapie. Die Arbeit mit hypothetischen Lösungen oder Lösungsfilmen gehört zu den vormals alternativen Methoden. Seit über hundert Jahren werden sie im Positiven Denken benützt und die Simontons kurieren damit seit Jahrzehnten erfolgreich Krebspatienten[124]. Doch mein Eindruck ist, dass die Arbeit mit hypothetischen Lösungen auch von manchen lösungsorientierten Autoren weder richtig verstanden noch so ganz ernst genommen wird. Was nicht vernünftig ist, scheint für sie nicht wirklich oder seriös zu sein. Oder sie verfallen ins Gegenteil eines leichtfertigen Irrationalismus.

In allen vier Verfahren, die wir benützen[125], hat die Arbeit mit Lösungsfilmen in jeder Stunde ihren festen Platz. Sie ist weder eine Notmaßnahme, wenn sonst nichts funktioniert, noch der Sonderfall einer Ausnahme oder Zielfindung. Sie ist etwas, das seinen eigenen und besonderen Wert hat, unterscheidet sich qualitativ von der Arbeit mit Zielen und der Arbeit mit Ausnahmen und wirkt auf einer anderen Ebene als sie. Während Ziele in der Regel Handlungs- und Veränderungsenergie mobilisieren und mit der Zukunft zu tun haben, finden Lösungsfilme in der Gegenwart statt und wirken ein auf die emotionalen Voraussetzungen für eine Lösung. Das, was in den Lösungsfilmen inhaltlich geschieht, ist eher zweitrangig.

Damit Klienten neue Wege gehen können, brauchen sie Selbstvertrauen und Zuversicht. Manchmal höre ich von Klienten: Ich habe viel verändert, es geht mir gut damit, doch es fühlt sich fremd für mich an. Lösungsfilme sind ein vorweggenommenes Sich-vertraut-Machen mit dem Neuen. Es ist so, als ob man sich auf eine Reise in ein fremdes Land vorbereitet, indem man darüber liest, Bilder und Filme betrachtet, sich vielleicht mit Leuten unterhält, die schon dort waren. Das gibt Sicherheit und vermindert das ‚befremdende‘ Gefühl, die Angst vor Veränderungen.

Einige der stärksten Triebfedern, sich auf etwas Neues einzulassen, sind Begeisterung, Zuversicht, Unternehmungslust und Zutrauen. Ziele spornen das Wollen an, die Arbeit mit Ausnahmen fördert das Erkennen von Lösungsstrategien. Lösungsfilme sollten Zuversicht und Zutrauen wecken für eine Lösung. Davon ist in der Literatur zur Lösungsorientierten Kurztherapie kaum die Rede. Ich habe den Verdacht, dass es unter den Liebhabern der Lösungsorientierten Therapie viele vernünftige Leute gibt, die zwar Gefühle ‚ein Stück weit‘ akzeptieren, weil das eben in der Therapie dazugehört, sich im Denken und Handeln jedoch weit mehr zu Hause fühlen.

Der Lösungsfilm wird gerne mit der Wunderfrage eingeleitet. Sie stammt von Insoo Kim Berg und lautet: „Angenommen, es würde eines Nachts, während Sie schlafen, ein Wunder geschehen und das Problem ... ist gelöst. Da Sie schlafen, merken Sie nicht, dass ein Wunder geschehen und Ihr Problem verschwunden ist. Was, glauben Sie, werden Sie am nächsten Morgen anders wahrnehmen, das Ihnen sagt, dass ein Wunder geschehen ist?"[126]

Die Formulierung erinnert an eine Trance-Induktion. Dreimal kommt der Begriff ‚Wunder' vor, einmal ‚Nachts' und zweimal ‚schlafen'. Die Formulierung ist geeignet, die Klienten in einen veränderten Bewusstseinszustand zu versetzen, der ihnen erlaubt, sich auf die Vorstellung eines Wunders einzulassen. Berg beschreibt im Folgenden die gefühlsmäßigen Reaktionen ihrer Klienten, sie „blicken auf, lächeln übers ganze Gesicht, die Augen leuchten, sie setzen sich aufrecht ..., ... sind zutiefst überrascht ..."[127]. Doch dann geht es wieder um Inhalte. Sie unterstützt die Klienten, „die vorgestellten Veränderungen möglichst genau zu beschreiben ...", lockt Informationen hervor.

Das ist eher ein Verstoß gegen die ‚Regeln' einer Trance-Arbeit. Erickson hat seine Klienten danach sofort abgelenkt, damit sie nicht darüber nachdenken und die Wirkungsweise der Trance beeinträchtigen. Im ILP lassen wir uns nie erzählen, was die Klienten beim Lösungsfilm erleben, fragen sie nur, wie sie sich gefühlt haben, und wechseln dann das Thema. Bei den Anweisungen zum Lösungsfilm benützen wir die Wunderfrage und betonen, dass sie so tun sollen, als ob das Problem *jetzt* gelöst wäre, dass sie sich von dem guten *Gefühl* leiten lassen, dass ihr Problem verschwunden und die Lösung verwirklicht ist und sie sich in einer guten *Beziehung* erleben zu sich und den Menschen, die sie gerne haben.

Lösungsfilme sind so etwas wie Samen, die ins Unbewusste gesät werden und die zu einem späteren Zeitpunkt aufgehen und Frucht tragen. Dabei wissen wir nicht so richtig, was das Unbewusste ist oder wo es ist. Das ist wie in der Theologie. Man benützt bestimmte Begriffe, gewöhnt sich an sie und täuscht sich darüber hinweg, dass das, worüber man redet, nach wie vor etwas Unbekanntes ist. Vermutlich ist das, wohin wir säen, nicht nur in uns, sondern auch um uns.

Eine Klientin, die als Betriebsratsvorsitzende ständig Streit mit dem Personalchef hatte, berichtete, dass sie vor einem Gespräch mit ihm sich eine Auszeit nahm und einen Lösungsfilm zu dem anstehenden Gespräch mit ihm machte. Die Folgen haben sie überrascht. Der Personalchef sah sie schon freundlich an, als sie die Tür öffnete, und das Gespräch verlief ungewöhnlich kooperativ und konstruktiv. Solche Erfahrungen können regelmäßig in der Systemisch-energetischen Therapie beobachtet werden, doch sie kommen auch in der Lösungsorientierten Kurztherapie vor.

Die Arbeit mit Ausnahmen

Das, worunter die Klienten leiden, ist in der Regel eine sich wiederholende Folge von Problem-Situationen. Ausnahmen meinen dagegen Situationen, in denen nicht das befürchtete und erwartete Misslingen stattgefunden hat, sondern in denen etwas gelungen ist. Solche gelungenen Situationen werden von den Klienten häufig übersehen, da sie auf das Erleben der Probleme fixiert sind. Die Lösungsorientierte Kurztherapie verändert die Blickrichtung des Klienten, weg vom Misslingen und hin auf das Gelingen. Schon allein das verbessert die Lage der Klienten, hellt ihre düstere Stimmung und ihre deprimierende Wahrnehmung etwas auf.

Doch die Arbeit mit Ausnahmen ist mehr. In den gelungenen Situationen stecken Lösungsstrategien, die ermittelt werden können. Hier spiegelt sich im Detail, in der praktischen Arbeit, was die Lösungsorientierten Therapien als Ganzes begründet hat, die Einsicht, dass man aus Gelungenem und Gelingendem weit mehr und weit besser lernen kann als aus Misslungenem. In der Einführung zu „Wege der erfolgreichen Kurztherapie" schreibt De Shazer: „Dieses Buch befasst sich auf einer allgemeinen Ebene mit Lösungen und damit, wie sie funktionieren ... im Gegensatz zu den meisten anderen therapeutischen Modellen zollt das hier beschriebene der Vergangenheit nur begrenzte Aufmerksamkeit, und soweit dies der Fall ist, geht es fast ausschließlich um *Erfolge*, die in der Vergangenheit erzielt wurden."[128]

Wenn in der Lösungsorientierten Kurztherapie vorausgesetzt wird, dass die Klienten mitbringen, was sie zur Lösung brauchen, wenn man von ressourcenorientiertem Vorgehen spricht oder der Arbeit auf der Kompetenz-Ebene des Klienten, dann gilt das ganz besonders für die Arbeit mit Ausnahmen. Die Lösungsstrategie, die der Klient in der Vergangenheit benützt und die sich bewährt hat, ist für ihn besonders kompatibel. Vermutlich könnte kein Therapeut ihm eine bessere vorschlagen. Und die Arbeit mit Ausnahmen stärkt den Klienten, denn sie macht ihm deutlich, dass er kompetent in eigener Sache ist.

Auf Fragen wie: „Gibt es eine Situation, in der Sie Ihrem Ziel etwas näher waren?" oder „Fällt Ihnen eine Situation ein, die dem, was Sie im Lösungsfilm erlebt haben, ein bisschen ähnlich war?" oder „Erinnern Sie sich an eine Situation, in der es Ihnen mit ... ein klein bisschen besser ging?" berichten die Klienten meist über so ein Ereignis. Dann werden sie gefragt: „Was war da anders?" Diese Frage erübrigt sich, wenn die Klienten schon von sich aus erzählen, was anders oder besser war.

Antwortet ein Klient, dessen Ziel es ist, *klar und deutlich zu sagen, was er denkt, fühlt und will*, auf die Frage nach einer Ausnahme: „Letzte Woche habe

ich in einem Gespräch mit X ihm gesagt, was Sache ist. Ich war nicht diploma-
tisch wie früher, habe meine Enttäuschung nicht runtergeschluckt, sondern
sie ausgesprochen und ihm gesagt, was ich von ihm erwarte. Ich habe meine
Angst gespürt, doch ihr nicht nachgegeben." Der Klient hat hier mit der Ausnahme zusammen auch schon berichtet, was anders war.

Jetzt kommt die entscheidende Frage: *„Wie haben Sie das gemacht*, dass Sie
Ihrer Angst nicht nachgegeben haben und gesagt haben, wie es Ihnen geht und
was Sie wollen?" Mit der Frage nach dem *Wie* soll die Strategie deutlich werden, die der Klient benützt hat, so dass er sie künftig wieder einsetzen kann.
Häufig muss die Frage „*Wie haben Sie das gemacht…?*" mehrfach wiederholt
werden, bis die Strategie deutlich wird. Der Klient könnte beispielsweise antworten: „Ich war innerlich klar, nicht so aufgeregt und verwirrt wie sonst."
Das Innerlich-klar-Sein ist noch keine Kompetenz, die ihm immer zur Verfügung steht. Also wird weiter gefragt: *„Wie haben Sie das gemacht*, innerlich klar
zu sein?" „Ich habe mir gesagt, es bringt nichts, wenn ich nicht sage, was Sache
ist. Nur so kann es besser werden. Das habe ich die ganze Zeit gedacht."

Jetzt haben wir die Ebene der wiederholbaren Kompetenz erreicht, denn
das kann sich der Klient beim nächsten Gespräch wieder sagen. Und was einmal funktioniert hat, funktioniert in der Regel wieder. Das genaue Fragen und
ebenso genaue Hinhören auf die Antwort macht handwerkliches Können aus.
Dabei ist es nicht wichtig, dass die Frage „*Wie haben Sie das gemacht …?*" relativ grob ist, besonders dann, wenn es sich um subtile innere Verhaltensweisen
handelt. Man kann sie variieren, etwa: „Wie haben Sie das ermöglicht?",
„… zugelassen?", „… beeinflusst?" oder „Was war Ihr Anteil daran?". Ich for-
muliere dann so, dass ich an das *„Wie haben Sie das gemacht …?*" die passen-
dere Formulierung dranhänge, z. B. „… wie haben Sie das zugelassen?".

In der Therapie ist es wichtig, dass die Klienten mühelos verstehen, was der
Therapeut sagt, fragt, und was er von ihnen will. Deshalb sollte der Therapeut
eine einfache Sprache benützen. Da unsere Arbeit eher einem Coaching entspricht, aus sich wiederholenden ‚Übungen' besteht, gewinnt die Frage „*Wie
haben Sie das gemacht …?*" rasch den Charakter einer dem Klienten schon
bekannten ‚Übungsanweisung', eines Kodes – d. h. eines Systems verabredeter
Zeichen[129]. Der Klient weiß dann, was er zu tun hat, und hört bei dieser Formulierung gar nicht mehr so genau hin. Das ist ähnlich wie bei Fachbegriffen,
die quasi vereinbart sind und der raschen Verständigung dienen.

Für die lösungsorientierten Verfahren ist es typisch, dass sorgfältige Über-
legungen und Experimente gemacht werden, wie man eine Frage oder eine
Anweisung so formuliert, dass sie gut verstanden wird und hilfreich ist, um
Lösungen zu finden. Dabei müssen Ausbildungsteilnehmer lernen, dass sie

dann, wenn sie eine Frage gestellt haben, ruhig die Antwort abwarten, nicht irgendwelche Erklärungen nachschieben oder die Frage mit unterschiedlichen Formulierungen wiederholen. Bei Anfängern beobachte ich immer wieder, dass sie zu viel reden. Das lenkt die Klienten ab, verwirrt sie und kostet Zeit. Es geht Konzentration und Energie verloren. Klient und Therapeut sind angestrengt und ermüden.

Wurde eine Ausnahme mit Erfolg analysiert, so dass die darin enthaltene Lösungsstrategie deutlich und verfügbar geworden ist, folgt die Frage nach einer weiteren Ausnahme. Wenn man das vier- bis fünfmal wiederholt, ist es in der Regel für den Klienten erstaunlich, über wie viele Kompetenzen er verfügt. Bei dem obigen Beispiel wurden an anderen Ausnahmen weitere Strategien deutlich: „Ich habe mich auf die Aussprache vorbereitet, wusste, was ich sagen wollte." – „Ich habe mich vor dem Gespräch gut informiert, so dass ich mich sicher fühlte." – „Ich hatte mich geärgert, stand zu dem Ärger und zu dem, was ich in meinem Ärger gesagt hatte." – „Auf eine Kritik räumte ich ein, dass jemand anderes vielleicht anders gehandelt hätte, doch dass ich aus meiner Sicht der Dinge es wohl wieder so machen würde."

Häufig lässt sich in den verschiedenen Lösungsstrategien so etwas wie ein roter Faden erkennen. Bei den obigen Beispielen ist es ‚zu sich stehen' und ‚sich vorbereiten'. Dann werden dem Klienten die ermittelten Strategien nochmals vorgestellt, verbunden mit der Frage:

„Auf dem Weg zu Ihrem Ziel, *klar und deutlich zu sagen, was Sie denken, fühlen und wollen, –*

– wenn Sie sich da weiterhin sagen: ‚Es bringt nichts, wenn ich nicht sage, was Sache ist. Nur so kann es besser werden', und das die ganze Zeit denken,
– wenn Sie sich auch künftig auf eine Aussprache gut vorbereiten und wissen, was Sie sagen wollen,
– wenn Sie sich vor einem anstehenden Gespräch gut informieren, so dass Sie sich sicher fühlen,
– wenn Sie sich entscheiden zu ihrem Ärger zu stehen und dem, was Sie im Ärger gesagt haben,
– und wenn Sie künftig bei Kritik zwar einräumen, dass jemand anders vielleicht anders gehandelt hätte, doch Sie es aus Ihrer Sicht wahrscheinlich wieder so machen würden,

wird Ihnen das helfen, Ihrem Ziel, *klar und deutlich zu sagen, was Sie denken, fühlen und wollen*, näher zu kommen?"

Die Antwort ist fast immer ein überzeugtes Ja. Bei der Zusammenfassung der ermittelten Strategien werden wörtlich die Formulierungen des Klienten übernommen. Die Sprache des Klienten zu sprechen garantiert, dass er gut folgen und verstehen kann. Es ist ein Aspekt des Pacens, ihm auf seine Art zu begegnen. Es sorgt dafür, dass er sich angenommen, zu Hause fühlt. Und es ist eine Form der Anerkennung, dass man seine Sprache mitbenützt, ohne es zu übertreiben. Damit erkennt man seine Wesens- und Ausdrucksart an.

In der herkömmlichen Psychotherapie machen Klienten ganz andere Erfahrungen. Sie werden nicht als kompetent gesehen und behandelt, sondern als gestört, als unfähig und hilfsbedürftig. Im Fokus der Aufmerksamkeit stehen nicht ihre Stärken, sondern ihre Schwächen. Sie werden mit einer ihnen fremden Fachsprache konfrontiert, die sie diskriminiert. Therapeut und Klient begegnen sich nicht auf der gleichen Ebene des Arbeitens an einer Lösung, sondern es besteht das Gefälle zwischen einem wissenden Fachmann und einem unwissenden Laien. Und der Therapeut sieht sich in der Rolle eines kundigen Beraters, nicht in der eines Entdeckers der Fähigkeiten des Klienten.[130]

Sympathie, Verständnis und Anerkennung

Lösungsorientierte Interventionen müssen eingebettet sein in Sympathie, Verständnis und Anerkennung gegenüber dem Klienten. Gelegentlich habe ich erlebt, dass Therapeuten, die lösungsorientiert gearbeitet haben, gescheitert sind, weil sie ihren Klienten nicht vermittelt haben, dass sie angenommen sind, dass sie verstanden und wertgeschätzt werden. Was auch immer die Ursachen waren, diese Beispiele machten mir in aller Deutlichkeit klar, dass es nicht ausreicht, gute lösungsorientierte Fragen zu stellen, sondern dass sich die Klienten zuallererst angenommen fühlen müssen.

Man kann davon ausgehen, dass Klienten, die in Therapie kommen, sich in einem psychisch geschwächten Zustand befinden. Sie sind nicht gut drauf, sind nicht sehr belastbar. Therapie, die ja immer auf Veränderung abzielt, bedeutet zusätzlichen Stress für sie, denn Veränderungen, auch wenn sie gewünscht werden, verunsichern, machen Angst und kosten Kraft. Die Sympathie, die ihnen der Therapeut entgegenbringt, das Verständnis, das er zeigt, und die Anerkennung, die er ausspricht, stärken sie. Fehlt das alles, so werden sie sich instinktiv gegen Veränderungen sperren.

Es stellt sich die Frage, kann ich Klienten immer Sympathie entgegenbringen, sie immer verstehen, sie immer anerkennen? Aus meiner Erfahrung kann ich sagen, in der Regel ja. Ich konnte Klienten Sympathie entgegenbringen, die mir im ‚normalen Leben‘ eher unsympathisch gewesen wären. Ich konnte Klienten verstehen, deren Wertesystem oder Lebensweise ich für mich abgelehnt hätte. Und ich konnte Klienten für kleine Schritte anerkennen, die ich außerhalb der Therapie vermutlich nicht wahrgenommen hätte. Warum das so ist, ist schwer zu erklären. Ich vermute, es hängt damit zusammen, dass mir meine Arbeit Freude macht und mich schwierige Klienten herausfordern, so wie Sportler oder Bergsteiger schwierige Aufgabenstellungen. Sie sind mir sympathisch, weil sie mir ihr Vertrauen schenken und mir ermöglichen, erfolgreich mit ihnen zu arbeiten. Ich verstehe sie, weil ich selbst genug Probleme hatte und habe. Und ich bin stolz auf sie, wenn ich miterlebe, wie sie sich verändern. Dann ist es leicht, anzuerkennen. Und ich bin froh, dass mir Methoden wie ILP oder das Autonomie-Training zur Verfügung stehen, die es mir leicht machen, gute Arbeit zu leisten.

In den letzten Jahrzehnten wurde viel Geist und Energie investiert in die Entwicklung wirksamer Therapie-Methoden. Das hat zu zufriedenstellenden Ergebnissen geführt. Viel weniger Gedanken hat man sich über die Ausbildung in diesen neuen Therapieverfahren gemacht. Doch eine Kette ist so stark wie ihr schwächstes Glied. Als ich vor etwa fünfzehn Jahren damit anfing, Therapie-Ausbilder zu werden, hatte ich die Illusion, das sei einfach – man müsse den Ausbildungsteilnehmern nur sagen und zeigen, wie Therapie geht. Ich betonte die Praxis gegenüber der Theorie. Ich konnte nach und nach die Schüler für diese Art von Ausbildung gewinnen. Doch ich musste mir eingestehen, dass nur ganz wenige wirklich gut wurden. Woran lag das?

Mir wurde klar, dass weder die Inhalte noch die praktischen Übungen allein die Qualität einer Ausbildung garantieren. Wichtig ist, wie eine Ausbildung organisiert ist. Ich beschloss, innerhalb der Institution, in der ich arbeitete, eine eigene Ausbildung anzubieten, die ich gänzlich anders organisierte als das vorgegebene Schema. Jetzt übertrafen die Ergebnisse meine Erwartungen: hohe Zufriedenheit und solides Können bei der großen Mehrzahl der Ausbildungsteilnehmer. Durch eine dem Ausbildungsziel adäquate Organisation hatte sich ihr Wirkungsgrad vervielfacht.

Was ich gelernt hatte war, auf die Organisation einer Ausbildung zu achten. Von ihr hängt die Qualität ebenso ab wie von den Inhalten. Nach meinen Erfahrungen wird dieser Aspekt in vielen, vielleicht den meisten Ausbildungen unterschätzt. Das gilt für kommunale und staatliche Ausbildungen, angefangen vom Kindergarten über die Schulen bis zur Universität, ebenso wie für Psychotherapie-Ausbildungen. Besser sieht es aus in den beruflichen Ausbildungen, etwa dem Erlernen eines Handwerks.

Lösungsorientiertes Handeln in Sport und Beruf

Lösungsorientierte Therapie kann auf vielen Gebieten nützlich sein, in der Psychotherapie, der Psychosomatik, der Erziehung, in der Arbeitswelt … – man könnte die Aufzählung noch lange fortsetzen –, doch eine Voraussetzung dafür ist, dass auch das jeweilige Umfeld lösungsorientiert gestaltet wird. So bräuchten wir eine Psychotherapie-Gesetzgebung, die ‚lösungsorientiert‘ und nicht ‚problemorientiert‘ ist, das Gleiche gilt für das Gesundheitswesen, für Schulen, Firmen … Das sind keine Hirngespinste, sondern realisierbare und teilweise schon realisierte Konzepte.

Etwa im gleichen Zeitraum, in dem die lösungsorientierten Therapien entwickelt wurden, hat man auch auf anderen Gebieten lösungsorientiert gedacht, geforscht und gehandelt. Ich will im Folgenden auf zwei Beispiele etwas näher eingehen. Peters und Waterman begannen 1977 mit ihren Untersuchungen zum Thema ‚Leistungsfähigkeit von Organisationen‘, und dazu suchten sie sich – ganz lösungsorientiert – besonders erfolgreiche Unternehmen aus. Ihre Fragestellung war: Wie machen die das? 1979/80 analysierten sie 75 Unternehmen und konnten bald darauf ihre ersten Ergebnisse vorlegen und sie 1982 als Buch veröffentlichen.[131]

Einer meiner Lieblingsautoren ist Arthur Williams. Er beschreibt humorvoll und anschaulich, was er zum Thema ‚erfolgreiches Handeln‘ herausgefunden hat. Er berichtet auch von seinen Niederlagen und wie er sich aus ihnen herausgearbeitet hat. Er hat seine Erfahrungen, wie er selbst erfolgreich wurde und anderen zu Erfolg verholfen hat, in „Das Prinzip Gewinnen"[132] beschrieben. Es waren zwei Gebiete, auf denen er die Gesetzmäßigkeiten erfolgreichen Handelns erforscht und erprobt hat, als Trainer im Mannschafts-Sport und als selbständiger Unternehmer. 1977 gründete er zusammen mit 85 anderen Personen ein Versicherungsunternehmen, das nicht in erster Linie gewinn-, sondern kundenorientiert organisiert war. Zehn Jahre später schloss das Unternehmen[133] Lebensversicherungsverträge ab in der Höhe von 81 Milliarden Dollar. Man kann sein Buch lesen wie einen Kommentar zur Lösungsorientierten Kurztherapie, obwohl er vermutlich von den Entdeckungen der Lösungsorientierten Kurztherapie zum gleichen Thema nie etwas gehört hatte. Doch die Parallelen sind unübersehbar.

Sie machen deutlich, dass lösungsorientiertes Vorgehen nicht eine Methode ist, mit der man leicht und automatisch Erfolge erzielt – quasi wie von selbst. Williams zeigt, dass Erfolg zu tun hat mit Ansprüchen an sich und das Leben, mit inspirierenden Träumen und lohnenden Zielen, mit entschiedenem Engagement, mit der Fähigkeit aus Fehlern und Rückschlägen zu lernen, mit Entschlossenheit und Durchhaltevermögen auch dann, wenn man jeden Tag am liebsten aufgeben möchte, mit Ethik und Verantwortung sich selbst und anderen gegenüber und mit der Bereitschaft sich für Aufgaben einzusetzen, die über das persönliche Interesse hinausgehen.

Da ich begeistert war von der Art wie und was er schreibt, wollte ich dieses Buch für den Unterricht einsetzen an einer Fachschule für pflegerische Berufe. Doch es stieß auf Unbehagen und Abwehr. Ich hatte den Eindruck, dass manche der Auszubildenden ihr Selbstbild als sozial engagiertem Menschen nicht in Einklang bringen konnten mit erfolgreichem Handeln. Zielorientiert, selbstbewusst und anspruchsvoll zu sein, erschien ihnen irgendwie unethisch. Mir schien, dass manche, die sich für pflegerische oder pädagogische Berufe entscheiden, vom Leben so etwas wie mildernde Umstände erwarten. Dabei erfordern gerade soziale und pädagogische Berufe besonders viel Engagement und Kompetenz, um bei dieser Arbeit nicht kaputtzugehen.

Nach einigen Jahren Unterricht an dieser Fachschule verlor ich irgendwann die Lust, diesen Job weiterzumachen. Psychologie war das fünfte Rad am Wagen. Die Teilnehmer schienen von dem, was ich unterrichtete, nicht zu erwarten, dass es ihnen in ihrem künftigen Beruf nützlich sein könnte. Sie meinten, es genüge nett zu sein zu den Patienten. Doch statt aufzuhören, entschied ich mich damals dafür, mich in jeder Stunde voll zu engagieren. Von da an machte mir der Unterricht wieder Spaß und es gelang mir, auch die Schüler für das Fach zu interessieren. Das ist eines der Prinzipien von Williams, das, was man tut, so engagiert und so gut wie möglich zu tun. Was sind die anderen? Er hat sie als sechs Grundregeln zusammengefasst:

1. Werden Sie wieder zum Träumer!
2. Engagieren Sie sich!
3. Träumen Sie von Großem – aber einfach formuliert!
4. Seien Sie stets positiv!
5. Behandeln Sie die Menschen ‚gut‘!
6. Geben Sie niemals auf!

Doch zunächst schreibt er über das Geheimnis, wie man gewinnt. Er formuliert es als Frage: „Was ist es? Worauf kommt es vor allem an, wenn man erfolgreich werden möchte?" Ich habe diese Frage vielen Ausbildungsgruppen gestellt. Es kamen gute Antworten, doch ganz selten hat jemand im Sinne von Williams ins Schwarze getroffen. Vielleicht ist die Antwort zu einfach, zu nahe liegend. Also, worauf kommt es vor allem an, wenn man erfolgreich werden möchte? Ich will Ihnen die Antwort von Williams geben, und ich denke, er hat recht. Sie lautet: Das Geheimnis vom Gewinnen heißt Wollen. Und das Wollen wird genährt durch Träume und wird konkretisiert in Zielen. „Wollen besitzt eine eigene Macht. Es hat nichts mit Zufall zu tun. Wünschen, Wollen ist eine mächtige Kraft, denn sobald Sie nach ihrem Willen handeln, entsteht ein Sog, der sie zum Erfolg führt."[134] Der moderne Mensch hat die Wirklichkeit entmythologisiert. Sie ist für ihn zum Material geworden, das ihm zur Verfügung steht und aus dem er etwas machen kann. Eigentlich denke ich auch so. Doch meine Erfahrungen belehren mich eines Besseren. Sie legen ein anderes Verständnis nahe. Danach ist die Wirklichkeit etwas Organisches, ein geistig-materielles Zusammenwirken, auf das wir Einfluss nehmen mit unserem Wollen.

Wie es auch sei – das Handeln mit allen seinen Implikationen beginnt im Psychischen, im Träumen, Denken und Entscheiden. Gewöhnlich schauen die Leute auf die Ergebnisse, auf Erfolge oder Misserfolge – doch die sagen wenig darüber aus, wie sie zustande gekommen sind. Man muss einen Schritt zurückgehen, dorthin wo sie entstanden sind bzw. entstehen. Dort, im Psychischen oder Mentalen entscheidet es sich, was später als Erfolg oder Misserfolg sichtbar wird. Die Mehrzahl der Grundregeln beziehen sich auf diesen Bereich. Auch in der Lösungsorientierten Kurztherapie, die auf praktische Lebensgestaltung abzielt, wird selbst nicht gehandelt, sondern das Handeln wird mental vorbereitet. Das unterscheidet auch gute von schlechten Trainern. Schlechte Trainer geben überwiegend Handlungs-Anweisungen, gute Trainer stellen die Spieler mental ein aufs Handeln.

Gehen wir zurück zu seinen sechs Grundregeln. Es ist erstaunlich, dass ein Erfolgs-Trainer und ebenso erfolgreicher Unternehmer dem Träumen eine so große Bedeutung gibt. „Es ist unmöglich, ohne einen großen Traum etwas Großes zu vollbringen. Wenn Sie keinen großen Traum haben, sind sie tot."[135] Träume sind für ihn der Brennstoff des Wollens. Er denkt, dass die wirklich kaputten Menschen in unserer Gesellschaft, Menschen, die sich aufgegeben haben, solche sind, die die Fähigkeit zu träumen verloren haben. Deshalb hält er es für notwendig, seine Träume zu stärken, andere daran teilhaben zu lassen und eine für den Traum förderliche Umgebung zu finden.

Nicht weniger erstaunlich ist, dass für ihn wirklicher Erfolg etwas ist, was über den persönlichen Vorteil hinausgeht. Deshalb empfiehlt er als zweite Grundregel: Engagieren Sie sich. Suchen Sie sich ein Anliegen! Damit meint er etwas, das auch für andere wertvoll ist. Solch eine Aufgabe gibt dem Leben Sinn. Und sie verleiht Kraft, Widerstände und Rückschläge zu überwinden. Die Bereitschaft, sich für etwas Größeres als den persönlichen Nutzen zu engagieren und daran beteiligt zu sein, dürfte einem Bedürfnis entsprechen, das in jedem von uns liegt. Leider wird es immer wieder von ideologischen Rattenfängern missbraucht.

Bei der dritten Grundregel geht es vor allem darum, die Dinge einfach zu halten. Er glaubt, dass viele Fehler dadurch entstehen, dass man die Dinge unnötig kompliziert. Dem stimme ich zu. Die Ausbildung in Integrierter Lösungsorientierter Kurztherapie dauert etwa ein Viertel der Zeit, die das Psychotherapie-Gesetz vorschreibt. Diese Zeit reicht, um gute Therapeuten oder Coachs auszubilden. Noch so lange Ausbildungen nützen nichts, wenn die Leute Verfahren lernen, die mangelhaft sind. Natürlich kommt nach der Ausbildung die Erfahrung dazu und das tiefere Verstehen. Das braucht Zeit. Doch es ist wichtig, die Dinge einfach zu halten. Manche Teilnehmer machen noch zusätzliche Ausbildungen. Sie meinen je mehr, desto besser. Ich denke umgekehrt, dass weniger mehr ist.

Mit der vierten Grundregel, ‚Seien Sie stets positiv!‘, meint er den Glauben an sich und das Vertrauen, dass man sein Ziel erreichen wird. Ich habe mir oft die Frage gestellt, warum trauen sich manche Menschen etwas zu und andere nicht? Ich habe darauf keine Antwort gefunden, denn sich etwas zuzutrauen heißt nicht, es leicht zu schaffen. Es hat auch nichts mit Selbstüberschätzung zu tun. Es ist so etwas wie eine gesunde Frechheit. Williams würde die Frage so beantworten: Lassen Sie sich durch nichts und niemand entmutigen! Lassen Sie es nicht zu, dass man Ihnen Ihre Zuversicht, Ihren Glauben nimmt. Kehren Sie immer wieder zurück zu der Haltung (die er bei seinen jungen Spielern geliebt hat): sich zu begeistern, sich ganz zu engagieren und an sich und seine Zukunft zu glauben.

‚Behandeln Sie die Menschen *gut!*‘, das ist die fünfte Grundregel. Mit Menschen respektvoll, anständig und fair umzugehen, ist für ihn eine weitere Voraussetzung für wirklichen Erfolg. Erfolg, der auf Kosten anderer geht, der auf mehr oder weniger betrügerische Weise zustande kommt, ist für ihn kein wirklicher Erfolg. Ich würde mir wünschen, dass immer mehr Menschen so denken und handeln. Denn das ist ein noch unzureichend gelöstes gesellschaftliches und politisches Problem.

Seine sechste und letzte Regel ist: ‚Geben Sie niemals auf!‘ Warum geben viele auf und manche nicht? Es hat mit den vorausgehenden Regeln zu tun. Sich ein attraktives Ziel setzen, es in sich kultivieren und groß werden lassen, bis es einen ganz erfüllt, erzeugt ein starkes Wollen. Wenn das Ziel über einen selbst hinausgeht, für andere wichtig und wertvoll ist, sind persönliche Rückschläge nicht so vernichtend wie bei egoistischen Zielsetzungen. Sie enttäuschen auch, doch sie lassen sich leichter umwandeln in Erkenntnisse und neue Energie, das Ziel zu erreichen. Dabei sollte man Misserfolge nie als Endpunkt

einer Bemühung betrachten, sondern als möglicherweise nützliche Erfahrung
auf dem Weg zum Ziel. Die fünfzehn Seiten über das Nicht-Aufgeben sind
vielleicht die besten in Arthur Williams' Buch[136].

Nicht von außen, nicht von oben!

Wenn Leute etwas tun, bei dem sie sich hochmotiviert engagieren, das ihnen
Spaß macht, ihnen das Gefühl gibt, sich selbst mit all ihren Fähigkeiten einbringen zu können, dann sind das meist Freizeitaktivitäten, auf die sie sich
schon während der beruflichen Arbeit freuen. Ähnlich geht es Schülern, die
während des Unterrichts an das denken, was sie wirklich gerne machen, und
froh sind, wenn die Schule endlich vorbei ist. Das ist eine verkehrte Welt, in
der Menschen gezwungen werden, die meiste Zeit mit Tätigkeiten zuzubrin-
gen, die sie langweilen oder die ihnen zuwider sind.

Peters und Waterman[137] haben herausgefunden, dass das so nicht sein
muss. In den von ihnen untersuchten erfolgreichen Unternehmen sind Mitarbeiter motiviert und engagiert. Sie können ihre besten Fähigkeiten im Beruf
verwirklichen und müssen nicht auf Freizeitaktivitäten warten. Es gibt auch
Schulen, in denen die Schüler sich im Lernen selbst einbringen und verwirklichen können. Doch in der Regel müssen sie sich mit Themen befassen, die
irgendwelche Fachleute für wertvoll halten, die jedoch mit den vitalen Interessen der Schüler wenig zu tun haben.

Humanisierung der Lern- und Arbeitswelt heißt nicht ‚Seid nett zueinan-
der!‘, bedeutet nicht in erster Linie bessere Bezahlung und mehr Komfort,
sondern die Möglichkeit, sich beim Lernen und Arbeiten zu verwirklichen. Es
erinnert mich an mein Engagement für eine Schule, in der sich die Schüler
wohlfühlen und in der Leben und Lernen zusammenhängen.[138] Die schönste
Zeit meiner Tätigkeit als Lehrer war ein vierzehntägiger Schullandheim-Auf-
enthalt. Hier ging es nicht nur um gemeinsame Freizeitgestaltung wie mit den
Schülern zu wandern, schwimmen zu gehen und Sehenswürdigkeiten zu
besichtigen. Etwa die halbe Zeit war dem Lernen gewidmet, und wir verbanden das eine mit dem anderen, Leben mit Lernen, Lernen mit Leben. So müsste Schule sein, dachte ich. Diese Idee war nicht neu, sondern entsprach
reformpädagogischen Konzepten.

Was neu war und neu ist – weniger für eine Handvoll Fachleute in der Erziehungswissenschaft, mehr für die Leute in der Praxis –, es genügt nicht, andere
Inhalte oder Methoden einzuführen, die Lehrer besser auszubilden, die Klas-
sen kleiner zu machen, die Eltern einzubeziehen, mehr Geld bereitzustellen

für … Solche Forderungen werden wieder und wieder gestellt, auch von der Mehrzahl der Fachleute, wenn sie über das Elend der Schule diskutieren. Was sie nicht begreifen ist, man muss die Schule von Grund auf anders organisieren. Die jetzige Institution Schule geht auf Zeiten zurück, in denen kirchliche, feudale und obrigkeitsstaatliche Autoritäten Lernziele formuliert und institutionalisiert haben. Heute stehen andere Lernziele in den Lehrplänen, doch die Institution Schule ist die alte geblieben.

Seit vielen Jahrzehnten versucht man in alten Strukturen Neues zu unterrichten. Das funktioniert schlecht. Die Ziele, die man erreichen möchte, und die Organisationsform, in der sie realisiert werden sollen, widersprechen sich. So kann sich immer wieder der heimliche Lehrplan der Institution durchsetzen. Ich bin überzeugt, dass die Reformpädagogik an der Institution Schule gescheitert ist. Aus jungen Lehrern, die Jahr für Jahr voll Optimismus, voll Schwung und guter Ideen ihren Schuldienst beginnen, werden zumeist nach wenigen Jahren resignierte Funktionäre der Institution Schule.

Was kann man von erfolgreichen Unternehmen lernen? Peters und Waterman können leichter verständlich machen, wie es *nicht* funktioniert: Es ist das Bemühen, ein Unternehmen nach quasi militärischen Vorstellungen oder analytisch-strategisch zu beherrschen. Diese militärischen oder rationalen Modelle gehen von einer Reihe falscher Prämissen aus, etwa dass Menschen von Natur aus faul oder dass sie vernünftige Wesen seien. Daraus folgern sie, Mitarbeiter müssten unter Druck gesetzt, motiviert werden, oder man könne mit wissenschaftlichen Methoden das Ganze transparent machen und daraus Entscheidungen ableiten.

Diese Modelle sind verführerisch. Denn das Management muss sich dann selbst weder um die Mitarbeiter noch um die Kunden, noch um die sich ständig verändernden Rahmenbedingungen kümmern, sondern kann sich auf seine, wie es meint, eigentliche Aufgabe konzentrieren, Umsatz und Gewinn zu steigern. Die Verantwortlichen können unter sich bleiben und alles andere an Fachleute delegieren. Das ist zwar die vorherrschende Praxis, doch es funktioniert weder in der Wirtschaft noch in der Politik.

Erfolgreiche Führung erfordert ein anderes Vorgehen und andere Fähigkeiten bei Managern und Führungskräften. Peters und Waterman überschreiben ihr 4. Kapitel mit: ‚Zwiespalt und Widerspruch beherrschen'. „Wie wir noch sehen werden, führt uns die neue Denkströmung der Managementtheorie in eine zwiespältige, widersprüchliche Welt – ganz wie die Wissenschaft. Aber wir halten ihre Grundsätze für nützlicher und letztlich realistischer. Vor allem meinen wir, dass die besonders erfolgreichen Unternehmen sich auf nichts besser verstehen als auf das Management der Widersprüchlichkeit."[139]

Als Hinweis darauf, was diese Art Führung möglich macht, zitieren sie F. Scott Fitzgerald: „Prüfstein einer überragenden Intelligenz ist die Fähigkeit, gleichzeitig zwei gegensätzliche Gedanken zu verfolgen und doch funktionsfähig zu bleiben."[140] Aus meinem Verständnis würde ich sagen: Fähige Manager und Führungskräfte müssen ein bestimmtes Maß an Reife und Persönlichkeits-Entwicklung mitbringen. Man kann das weder studieren noch messen. Es hat auch nicht viel mit Intelligenz zu tun. Doch die gute Botschaft ist: Es gibt heute weit mehr Menschen mit diesen besonderen Fähigkeiten als vor dreißig oder fünfzig Jahren – man kann sie intuitive oder kreative Fähigkeiten nennen, von emotionaler Intelligenz oder von Persönlichkeiten sprechen. Und sie müssen sich einlassen auf die Wirklichkeit, die „zwiespältige, widersprüchliche Welt"[141], und so ihre Entscheidungen vorbereiten.

Lösungsorientiertes Management

Warum interessieren mich die Themen ‚Lösungsorientierte Organisationen' und ‚Lösungsorientiertes Management' und was haben sie zu suchen in einem Buch über Psychotherapie und Coaching? Wir haben heute überall Spezialisten, doch sie haben in der Regel keinen Einfluss darauf, was mit ihrem Wissen und Können gemacht wird. Die Pädagogen und Erziehungswissenschaftler entscheiden nicht, was in der Schule geschieht, sondern Bildungspolitiker, die den Eindruck vermitteln, dass eine der ersten Voraussetzungen für ihre Tätigkeit völlige Ahnungslosigkeit ist. Es gibt seit Jahrzehnten neue und höchst wirksame Psychotherapie-Verfahren, doch sie werden von der Gesundheitspolitik bislang überhaupt nicht zur Kenntnis genommen.

Was dringend notwendig ist, auch Spezialisten müssen wieder lernen ganzheitlich zu denken, Verantwortung zu übernehmen für das, was mit ihren Erkenntnissen gemacht oder nicht gemacht wird, und sich dafür gesellschaftlich und politisch zu engagieren. Ein weiteres Interesse von mir ist, wie man eine Psychotherapie-Ausbildung organisieren muss, damit die Organisation nicht nur die Ausbildung unterstützt, sondern auch die Verbreitung und Anerkennung dieser Verfahren. Was kann man in dieser Hinsicht lernen von erfolgreichen Institutionen oder Unternehmen, wie sind sie organisiert?

Was waren die Erfolgskriterien, die Peters und Waterman bei den von ihnen untersuchten Firmen herausfanden? „Deutlicher, als zu hoffen gewesen war, zeigte die Untersuchung, dass die besonders erfolgreichen Unternehmen sich vor allem in einfachen Grundtugenden unternehmerischen Handelns auszeichnen. Bei ihnen waren Management-Instrumente kein Ersatz für Denken.

Der Intellekt machte nicht die Klugheit mundtot. Analyse blockierte nicht das Handeln."[142]

Was machten diese Unternehmen richtig? „Stattdessen taten diese Unternehmen ihr Bestes, in einer komplizierten Welt möglichst viel einfach zu halten. Sie waren beharrlich. Sie bestanden auf höchste Qualität. Sie verwöhnten ihre Kunden. Sie hörten auf ihre Mitarbeiter und behandelten sie wie Erwachsene. Sie führten ihre ‚Champions' für innovative Produkte und Serviceleistungen an der langen Leine. Sie ließen ein gewisses Maß an Chaos zu, wenn nur schnell gehandelt und laufend etwas Neues ausprobiert wurde."[143] Bei diesen Firmen fanden sie acht wiederkehrende Faktoren:

1. Handeln hat Vorrang!
2. Es geht um den Kunden!
3. Fehler machen ist o. k.!
4. Der Mitarbeiter ist wichtig!
5. Wir machen das, was wir sagen!
6. Wir machen das, was wir können!
7. Die Dinge einfach halten!
8. So viel Führung wie nötig, so wenig Kontrolle wie möglich!

Man könnte diese Maxime auf drei Schlagwörter reduzieren: Es geht um die Kunden, die Mitarbeiter und das individuelle Engagement jedes Einzelnen für eine größere Einheit. Diese Firmen verfolgen einen pragmatischen Ansatz. Nicht Meinungen, sondern Ergebnisse zählen. Und sie zeichnen sich aus durch Experimentierfreude. Sie nehmen eine konsequente Dienstleistungshaltung ein, setzen auf Kompetenz und Qualität. Und sie organisieren sich so, dass Eigeninitiative und Leistungsbereitschaft der Mitarbeiter gefördert wird. Man überträgt den Mitarbeitern viel Verantwortung, erwartet und belohnt Leistungen.

Auf dem Gebiet technischer Produkte und Dienstleistungen haben wir in allen Industrieländern inzwischen eine beeindruckende Qualität erreicht. Jedes Unternehmen muss darauf achten, seine Kunden zufrieden zu stellen. Produkte, die auf den Markt kommen, werden getestet und mit Konkurrenz-Produkten verglichen. Ich habe meine ersten beruflichen Erfahrungen in der Industrie gemacht, habe dort gelernt und gearbeitet, bevor ich mich dem pädagogischen und psychosozialen Bereich zuwandte. Vermutlich bin ich deshalb überzeugt, dass wir in der psychosozialen Arbeit eine ähnliche Qualität erreichen können und müssen.

7. Mentale Steuerungen – Tiefenpsychologisches NLP

Paradigmenwechsel – Programme ändern

Dass Erfahrungen in der frühen Kindheit lebensprägend sind, darüber sind sich alle tiefenpsychologisch ausgerichteten Schulen einig. Diese Prägungen positiv zu beeinflussen, hat sich allerdings als sehr viel schwieriger gezeigt, als man immer wieder erwartet hatte. Oft erreichen auch lange und tiefgehende Therapien erstaunlich wenig. Die Therapie-Erfahrenen erkennen, was in ihrem Leben schiefläuft, können es erklären, doch wenig daran ändern.

Das Kind trifft auf Grund seiner frühen Lebenserfahrungen Entscheidungen, die sich generalisieren, die außerordentlich stabil sind, zielkausal wirken und später neue ähnliche Wirklichkeiten schaffen. Das Kind konnte nicht wissen, dass die frühen Erfahrungen nur gültig sind für die Bedingungen dieses Lebensabschnittes, solange es abhängig ist von seinen Bezugspersonen und deren Verhaltensweisen. Es nimmt sie für verlässliche Lebenserfahrungen und trifft weitreichende Lebensentscheidungen.

Sind die Erfahrungen, die es macht, so, dass es zu der Entscheidung kommt, ich muss stark sein, wird auch der immer-stark-sein-müssende Erwachsene solche Erfahrungen machen, die ihn darin bestätigen und bestärken, weiterhin stark sein zu müssen. Er nimmt andere als hilfsbedürftig, gefährdet und schwach wahr. Er besetzt in Beziehungen automatisch die Position der Stärke und drängt den Anderen in die Position der Schwäche oder Gefährdung. Wenn er selbst sich als hilflos erlebt, fühlt er sich extrem unwohl.

Das Helfen-Müssen ist für ihn wie ein Zwang, es ist seine zweite Natur, doch es laugt ihn auch mehr aus als andere, die aus freien Stücken helfen. Da es sich um ein Überlebensprogramm handelt, ist es gegen Veränderungsversuche weitgehend resistent. Der Betreffende mag längst eingesehen haben, dass er mit diesem Helfer-Verhalten weder anderen noch sich selbst einen Gefallen tut. Trotzdem wird er immer wieder darauf anspringen, besonders dann, wenn er auf jemand trifft, der das passende Gegenprogramm hat, der Schwäche benützt, um sich Aufmerksamkeit und Zuwendung zu holen.

Berne hat diese Programme als Spiele und Skripts beschrieben. Ich habe gezeigt, dass sie typspezifisch sind und nach wiederkehrenden Mustern ablaufen.[144] Berne hatte erwartet, dass die Analyse der Spiele und der Skripts den Menschen hilft, ihr Verhalten zu durchschauen und zu verändern. Diese Erwartung wurde nur unzureichend erfüllt. Es scheint zu den Spiele- und Skriptprogrammen zu gehören, dass sie das kritische Denken vorübergehend lähmen oder ausschalten. Dadurch ist dieses Wissen, dann wenn man es bräuchte, nicht zugänglich oder es wird, wenn es von außen kommt, abgewehrt.[145]

Die Stabilität dieser Programme mag in der Vergangenheit nützlich gewesen sein, denn vor dreihundert, dreitausend oder dreißigtausend Jahren waren die Lebensbedingungen zwischen Geburt und Tod relativ konstant. Die Verhaltensweisen und Regeln einer Menschengruppe, in die das Kind hineingeboren wurde, und die Umweltbedingungen haben sich in so kurzen Zeiträumen kaum verändert. Heute ist das anders. Unsere materielle, soziale und geistige Umwelt verändert sich von Jahrzehnt zu Jahrzehnt. Unsere Ansprüche an uns selbst und unser Leben sind gewachsen. Uns stehen Informationen aus den unterschiedlichsten Kulturen und Zeiten zur Verfügung und, zumindest theoretisch, ebenso viele alternative Lebenskonzepte.

Umso schmerzlicher ist die Erfahrung, dass alte, einschränkende Programme unsere Lebens- und Erlebnismöglichkeiten stark beschneiden. Die Psychoanalyse und die tiefenpsychologischen Schulen der zweiten Generation, zu der manche Autoren auch die Transaktionsanalyse zählen, haben sich abgemüht, ihren Patienten herauszuhelfen aus den alten Mustern – mit bescheidenen Erfolgen. Es ist das Verdienst des NLP, einen neuen und höchst wirksamen Zugang zu dieser Problematik gefunden zu haben. Er ist ebenso revolutionär wie der Wechsel von der problem- zur lösungsorientierten Therapie.

Es ist einmal die Erkenntnis, dass es nicht die einschränkenden Erfahrungen selbst sind, die das spätere Erleben und Verhalten bestimmen, sondern das, was das Kind daraus gelernt hat. Zum anderen wurden im fortgeschrittenen NLP Methoden entwickelt, diese Programme zu identifizieren und sie zu verändern, also einschränkende stabil durch erlaubende zu ersetzen. Es ist bedauerlich, dass das NLP teilweise durch unseriöse Vermarktung, aber auch durch gezielte Diffamierung bei vielen einen schlechten Ruf bekommen hat. Dadurch werden seine bahnbrechenden Erkenntnisse und Methoden zu wenig gewürdigt und genutzt.

In der ILP wurden diese neuen methodischen Möglichkeiten verbunden mit dem Wissen, dass diese Programme persönlichkeits- und themenspezifisch sind. Wir unterscheiden zusätzlich zwischen Grundeinstellungen (Glaubenssätzen), Erwartungshaltungen und Identitäten sowie psychosomatischen Programmen und solchen, welche die Beziehung zum eigenen Körper bestimmen. Die so ermittelten typspezifischen Programme haben eine prognostische Treffsicherheit zwischen 50% und 90%. Sie werden dann zusammen mit den Klienten individuell passgenau gemacht.

Wie wirksam diese neue Art der tiefenpsychologischen Arbeit ist, zeigt sich u. a. daran, dass die Klienten in der nächsten Sitzung fast immer mit einem anderen Thema kommen, mit den dazu passenden Grundeinstellungen und Erwartungshaltungen. Dabei wechseln sie im Uhrzeigersinn im Dreieck.[146] War es beispielsweise in der letzten Sitzung ein Beziehungsthema, so folgt dann meist ein Identitätsthema und in der nächsten ein Handlungsthema. Das sind Hinweise darauf, dass eine stabile Veränderung stattgefunden hat und dass unsere Psyche nach bestimmten und erkennbaren Gesetzmäßigkeiten funktioniert. Wenn ich mich an meine therapeutischen Erfahrungen aus der problemorientierten Therapie erinnere, dann kamen damals Klienten wochen- und monatelang mit immer dem gleichen Thema.

Da ja selbst die schulmedizinische Psychosomatik davon ausgeht, dass fast jede Krankheit einen psychosomatischen Anteil hat, und das ganz besonders bei schweren, lebensbedrohlichen Krankheiten wie Krebs oder Herzinfarkt, ist es von größter Wichtigkeit, rasch und nachhaltig wirksame psychotherapeutische Therapiemöglichkeiten zu haben. Hier kann diese neue Art der tiefenpsychologischen Therapie eine große Hilfe sein. Denn sie belastet die Klienten nicht und wirkt spontan befreiend, erleichternd und wohltuend. Die Vergangenheit muss nicht noch einmal durchlebt und durchlitten werden, sondern es genügt, die gelernten Programme zu ändern. Das geht spielerisch und anstrengungslos. Ergänzt und unterstützt wird die tiefenpsychologische Arbeit durch die lösungsorientierte und systemisch-energetische sowie das Autonomie- und Gesundheitstraining.

Dass man das Unbewusste neu programmieren könne, hört sich vermutlich für manchen Leser abschreckend an. Es erinnert ihn möglicherweise an Gehirnwäsche. Zudem entspricht das nicht einer neoromantischen Auffassung vom Seelenleben als etwas Dunklem, Geheimnisvollem und Schöpferischem. Ich möchte dieser Sichtweise keineswegs widersprechen, auch sie wird dem Unbewussten auf ihre Weise gerecht und wird sich durch Erfahrungen bestätigt finden. Andererseits sind Programmieren und Steuerung durch Programme nichts Besonderes. Jede Form des Lebens, die wir auf der Erde vorfinden, ist so organisiert. Die Natur arbeitet so, seit es Leben gibt.

Auch wir benützen ständig irgendwelche Programme, gespeicherte Lernerfahrungen. Unsere Sinne funktionieren so, unser Denken, unser Handeln. Wir nutzen sie, wenn wir uns bewegen, sprechen, wenn wir zuhören, selbst wenn wir schlafen, arbeiten irgendwelche Programme für uns. Auch Störungen ‚benützen' bestimmte Programme. Wer davon betroffen ist, weiß, dass Eifersucht, Depressionen, aggressive Ausbrüche, Ängste oder was immer jemand zu schaffen macht nach bestimmten Mustern ablaufen. Und es ist ein Segen, solche einschränkende und destruktive Programme ändern zu können.

Glaubenssätze typspezifisch

Im NLP wird häufig das amerikanische ‚belief' als Fachausdruck übernommen oder als ‚Glaubenssatz' übersetzt. ‚Belief' bedeutet Glaube, Überzeugung, Einstellung, Annahme, Meinung, Grundsatz. O'Connor/Seymour[147] definieren Identität und ‚beliefs' folgendermaßen:

Identität:
‚Das ist mein grundlegendes Selbstbild: meine tiefsten, zentralen Werte und meine Aufgabe und Mission im Leben.'
Glaubenssätze und Einstellungen:
‚Dies sind die verschiedenen Leitideen, die wir für wahr halten und als Grundlage unseres alltäglichen Tuns benutzen. Glaubenssätze und Einstellungen können sowohl Berechtigungen (permissions) als Einschränkungen (limitations) beinhalten.'

In der ILP unterscheiden wir zwischen Glaubenssätzen, Erwartungshaltungen und Identitäten. Sie unterscheiden sich zunächst vom NLP-Verständnis dadurch, dass es sich um grundlegende typspezifische Programme handelt. Das heißt, jeder der drei Grundtypen hat typspezifische Glaubenssätze, Erwartungshaltungen und Identitäten, die den neun Enneagramm-Typen entsprechend weiter spezifiziert werden können. Sie können mehr oder weniger erlaubend oder einschränkend sein. Sie sind mitbeteiligt am Problem oder an der Lösung als zielkausal wirkende Ursachen.
Dazu ein Beispiel. Eine Klientin klagt darüber, dass sie bei Auseinandersetzungen früher von ihrem Vater argumentativ niedergemacht wurde. Das Gleiche macht heute ihr Mann. Sie gerät dann in einen Zustand der Verwirrung, fühlt sich elend und kommt sich dumm vor, und sie möchte, wenn es ganz schlimm ist, am liebsten nicht mehr leben. Sie hält zwar an ihren Vorhaben fest, doch es fehlt ihr an Entschlossenheit und Energie sie umzusetzen. Wenn sie trotzdem macht, was sie für richtig findet, wird sie von ihrem Freund bestraft, indem der sich zurückzieht und depressiv wird. Dann leidet sie unter ihrem schlechten Gewissen. Sie ist ein Beziehungstyp.

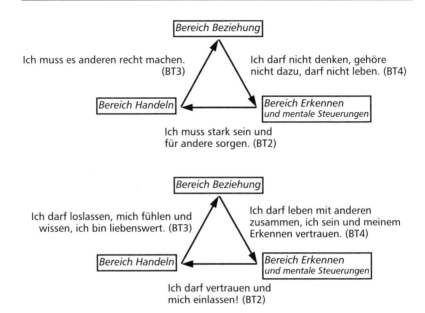

Abb. 13 Einschränkende und erlaubende Glaubenssätze des *Beziehungstyps*[148]

Die Klientin bekommt zunächst eine Auswahl erlaubender typspezifischer Glaubenssätze vorgelesen, die sie in Beziehung zu ihrem Problem bringt und gefühlsmäßig überprüft, ob sie sich hilfreich anfühlen. Sie entscheidet sich für den, der sich am besten anfühlt. Der vorgegebene[149] erlaubende Glaubenssatz *Ich darf leben mit anderen zusammen, ich selbst sein und meinem Erkennen vertrauen!* fühlt sich für sie gut an. Wir machen ihn passgenauer mit der Formulierung: *Ich darf mit gutem Gewissen das tun, was ich für mich als richtig erkannt habe.* Als der für sie zutreffende einschränkende Glaubenssatz formulieren wir: *Ich darf nicht an meinen Erkenntnissen festhalten und tun, was mir richtig erscheint!* Dann wird mit einer NLP-Technik der einschränkende Glaubenssatz durch den erlaubenden ersetzt.

In der ILP gehen wir bei den Glaubenssätzen zunächst nicht vom Problem und Ziel aus, sondern von der Persönlichkeit mit ihren typspezifischen Glaubenssätzen. Dann wird der vorgegebene Glaubenssatz auf die speziellen Bedürfnisse des Klienten abgestimmt. In vielen Fällen passen die vorgegebenen Formulierungen, in anderen werden sie mehr oder weniger abgewandelt. Der neue Glaubenssatz löst nicht direkt das Problem, sondern verbessert die persönlichen Voraussetzungen, das Ziel zu realisieren. Ein Gärtner würde sagen, ich mache nichts an der Pflanze, sondern verbessere den Boden. Oder um ein anderes Bild zu benutzen: Es werden Türen aufgeschlossen, die in neue, schönere Räume führen. Dann kommt es darauf an, dass der Klient sie auch betritt und nicht aus Gewohnheit in den alten Räumen bleibt.

Die vorgegebenen Glaubenssätze sind nur Vorschläge, geben die ungefähre Richtung an, mit einer wahrscheinlichen Trefferquote von 70%. Man könnte diese vermutlich erhöhen, wenn man nicht nur für die drei Grundtypen, sondern auch für die neun Enneagrammtypen die entsprechenden Glaubenssätze formulieren würde. Man darf auch nicht vergessen, dass es sich um umgangssprachliche Formulierungen handelt, in die jeder Klient eine etwas andere Bedeutung hineinlegt. In der nächsten Sitzung kommt der Klient in der Regel mit einem Thema des nächsten Bereiches im Uhrzeigersinn. In dem Beispiel wird die Klientin wahrscheinlich ein Handlungsthema ansprechen. Dann wird wieder der einschränkende Glaubenssatz, der sich jetzt auf das Thema Handeln bezieht, durch den entsprechenden erlaubenden ersetzt.

Das Wissen, dass Glaubenssätze weit mehr typ- als themenspezifisch sind, und die vorgegebenen Formulierungen sind eine große Hilfe für eine wirksame Therapie. Das themenspezifische und pragmatische Vorgehen im NLP, in dem in jeder Sitzung das Rad neu erfunden werden muss, überfordert nach meiner Einschätzung die Beobachtungsgabe und Intuition der Therapeuten, abgesehen davon, dass es Energie- und Zeitvergeudung ist. Was wir in der ILP machen, könnte man tiefenpsychologische typspezifische Neuprogrammierung nennen.

Sind die grundlegenden typspezifischen Glaubenssätze verändert, können sie in weiteren Sitzungen stärker themen- und situationsspezifisch formuliert werden. Dann könnte im obigen Beispiel der erlaubende Glaubenssatz auf der ,Erkenntnis-Seite' des Dreiecks lauten: *Ich darf in Gesprächen mit anderen meiner Kompetenz und meinen Erkenntnissen vertrauen!*, unten auf der ,Handlungs-Seite': *Ich darf mit Selbstvertrauen das tun, was ich möchte, und an meinen Zielen festhalten!*, und rechts auf der ,Beziehungs-Seite': *Ich darf meinem Gefühl folgen und das dem Anderen zumuten!*

Diese Vorgehensweise, die sich zu einem Teil auf Erfahrung und Wissen stützt, zum anderen auf die dem Klienten bewussten Bedürfnisse, könnte jemandem, dem das psychographische Wissen fremd ist, als manipulativ erscheinen. In einem positiven Sinne ist sie das auch. Ich nenne es ,den Klienten auf die Sprünge helfen'. Denn die Klienten sind sich, wenn es um tiefenpsychologische Themen geht, ebenso unsicher darin, was Ursachen ihres Leidens sind und die Alternativen für Lösungen, wie Therapeuten ohne dieses Wissen.

Leider ist bei vielen lösungsorientiert arbeitenden Therapeuten die pragmatische Haltung, die psychologisches Wissen ablehnt, zu einer Ideologie

Abb. 14 Einschränkende und erlaubende Glaubenssätze des *Sachtyps*

geworden. Doch auch sie kann ich beruhigen: Die erlaubenden typspezifi-schen Glaubenssätze sind alle psychologische Grundrechte, die jedem Men-schen zustehen und jedem gut tun. Also kann man damit nicht viel falsch machen.

Auch bei *Sach-* und *Handlungstypen* unterscheiden wir die drei Seiten, die sich einerseits auf die drei Lebensbereiche Beziehung, Erkennen und Handeln beziehen, aber auch mit den drei Enneagramm-Typen zu tun haben oder, was dasselbe ist, dem Abhängigkeits-, Sorgen- und Selbstzweifler-Typ des Autono-mie-Trainings. Das hat für die Praxis keine große Bedeutung, da ja ohnehin alle drei Seiten bearbeitet bzw. alle drei Glaubenssätze geändert werden. Doch sollte der erlaubende Glaubenssatz, dem Autonomie-Training entsprechend, schon eine Tendenz haben zum nächsten Thema.

Dass die verschiedenen Modelle, Psychographie, Autonomie-Training, Enneagramm und ILP bis ins Detail zusammenpassen, ist etwas, was mich immer wieder begeistert. Es ist der ästhetische Aspekt von Wahrheit und Wirklichkeit, auf den in der modernen Wissenschaftstheorie gelegentlich hin-gewiesen wird. Manche Leute halten solche ‚Einteilungen‘ oder ‚Schubladen‘, wie sie es nennen, für künstlich und unnatürlich. Ich mache eine umgekehrte Beobachtung. Es verblüfft mich, wie konsequent Menschen diese einschrän-kenden Programme leben, die ihrem Leben etwas Künstliches und Unnatür-

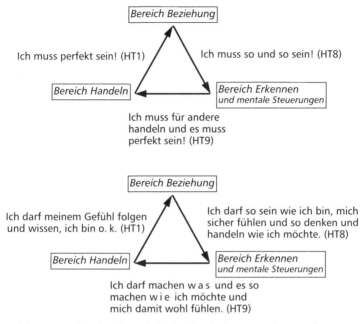

Abb. 15 Einschränkende und erlaubende Glaubenssätze des *Handlungstyps*

liches geben, und wie befreiend es für sie sein kann, sich von diesen Einschränkungen zu lösen.

Erwartungshaltungen typspezifisch

Ich habe lange nur mit Glaubenssätzen gearbeitet, bis mir klar wurde, dass dem *Ich muss ...* des Glaubenssatzes eine Befürchtung gegenübersteht. Warum sollte jemand es allen recht machen oder immer vorsichtig oder immer perfekt sein müssen, wenn er nicht Schlimmes befürchten würde, falls er es unterlässt? Glaubenssätze sind frühkindliche Überlebensstrategien. Für sie hat sich das Kind entschieden auf Grund existentiell bedrohlicher Erfahrungen: *Ich werde nicht geliebt!* oder *Ich werde nicht beachtet!* oder *Ich darf nicht tun, was ich will!*. Alle diese Erfahrungen sind für das Kind lebensbedrohlich. Es fürchtet verlassen zu werden und zu sterben, sich aufzulösen und nicht mehr zu sein, zu erstarren oder zu versteinern.

In Krisensituationen werden diese alten Ängste wieder lebendig und geben dem Leiden eine unheilvolle Dramatik. Erwachsene Menschen glauben, sterben oder sich umbringen zu müssen, weil sie verlassen wurden. Sie haben das Gefühl zu einem Nichts zu werden, weil man sie übergangen, missachtet hat. Oder sie fühlen sich völlig blockiert, wenn sie Kritik erfahren. Auch diese frühen Erfahrungen wurden gespeichert unter: So ist das Leben, so verhalten sich die Menschen. Und die Glaubenssätze sind Versuche, das drohende Unheil abzuwenden. Vielleicht werden sie mich lieben, wenn ich es ihnen immer recht mache. Vielleicht werden sie mich beachten, wenn ich vorsichtig und brav bin. Vielleicht werden sie mich machen lassen, wenn ich alles richtig mache.

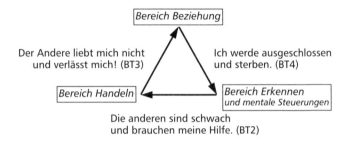

Abb. 16 Einschränkende und erlaubende Erwartungshaltungen des *Beziehungstyps*

Ich nannte diese Befürchtungen ‚Erwartungshaltungen‘. Es gibt für das Kind eine begrenzte Menge existentieller Erfahrungen zwischen ‚es wird liebevoll angenommen‘ bis ‚hasserfüllt abgelehnt‘, ‚begeistert wahrgenommen‘ bis ‚mit Abscheu missachtet‘ und ‚wohlwollend gefördert‘ bis ‚übelwollend behindert‘. In den Märchen werden diese möglichen Verhaltensweisen einem Kind gegenüber deutlich dargestellt: Unliebsame Kinder werden ausgesetzt (Hänsel und Gretel), missbraucht (Allerleirauh), verstoßen (Tischlein deck dich), eingeschläfert (Dornröschen) oder umgebracht (Schneewittchen).

Unbewusst werden die frühen Erfahrungen auch im späteren Leben erwartet. Davon abweichende Erlebnisse werden entweder zurechtinterpretiert, übersehen oder nicht ernst genommen. Dazu kommt, dass das von den Glaubenssätzen gesteuerte Verhalten die befürchteten Reaktionen bei anderen provoziert. Es ist nicht einfach, sich diesen ‚Einladungen' zu entziehen. Befürchtungen sind Wünsche mit negativem Vorzeichen und haben wie diese die Tendenz, Wirklichkeit zu werden.

Menschen, die überzeugt sind, nicht liebenswert zu sein, strahlen das aus und können andere derart nerven, dass sie reichlich Ablehnung bekommen. Jemand, der fürchtet, für dumm gehalten zu werden, reizt andere oft schon durch seinen Gesichtsausdruck dazu, ihn intellektuell aufs Glatteis zu führen. Und wer Versagensängste hat, verhält sich in der Regel so, dass andere über seine Trottelhaftigkeit lachen. Wer erwartet, von anderen betrogen, verlassen oder ausgenützt zu werden, wird (unbewusst) viel dafür tun, dass das, was er befürchtet, auch eintritt.

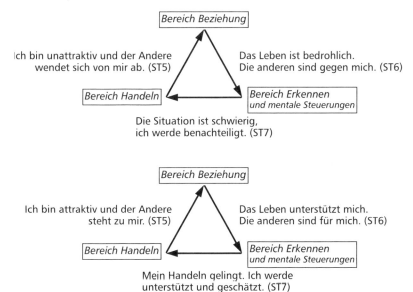

Abb. 17 Einschränkende und erlaubende Erwartungshaltungen des *Sachtyps*

Da diese Programme auf einer vor- oder unbewussten Ebene wirken und durch kindliche Ängste und Katastrophen-Erwartungen abgesichert sind, versuchen die Betroffenen, sich auf sie sozial verträglich einzurichten. Eine Bekannte von mir, die nicht von therapeutischen Zweifeln angekränkelt ist, lebt ihr Ich-muss-perfekt-Sein konsequent und mit bestem Gewissen. Sie zählt sich zu dem kleinen Kreis der ordentlichen Menschen – wie klein er ist,

ist ihr gar nicht bewusst. Sie sichert ihre Art zu denken und zu handeln moralisch, religiös und berufsethisch ab, ist immun gegenüber Zweifeln und Kritik. Menschen, die ihren Maßstäben nicht entsprechen, sind Mängelwesen. Dass sie im Laufe ihres Lebens immer wieder rigorose Entscheidungen getroffen hat, die gegen sie selbst und damit unvermeidlich auch gegen andere gerichtet waren, kann sie nicht erkennen. Sie erlebt sich eher wie eine Märtyrerin, die für das Gute leidet.

Da Glaubenssätze und Erwartungshaltungen als frühe Überlebensstrategien äußerst stabil und resistent sind gegen Veränderungsversuche, könnte man sich vorstellen, sie seien wie in Stein gemeißelt oder in Metall gegossen. Doch eine für die Therapie nützlichere Auffassung ist, dass es sich um Sich-selbst-stabilisierende-Systeme aus mentalen, sozialen und praktischen Faktoren handelt. Das System besteht aus Glaubenssätzen, Erwartungshaltungen und Lebenserfahrungen, die nach den Gesetzmäßigkeiten der zielkausalen Sich-selbst-erfüllenden-Prophezeiungen zu Erfahrungen führen, die das System rechtfertigen.

Der Vorteil dieser Sichtweise ist, dass man an jeder Stelle des Systems Veränderungen initiieren kann, die dann das System als Ganzes destabilisieren. In der Zeit, in der ich nur Glaubenssätze verändert habe, kam es bei den Klienten regelmäßig zu ‚Erstverschlechterungen'. Damals hielt ich das für ein gutes Zeichen, dass Veränderungen im Gange sind. Es ist wie bei jeder größeren Reform. Sie löst unvermeidliche Konflikte aus, denn es gibt immer Kräfte, die sich dagegenstellen, die das Alte bewahren wollen. Heute ändern wir im ILP in jeder Sitzung den zuständigen Glaubenssatz und die dazu passende Erwartungshaltung und Identität. Seither sind die ‚Erstverschlechterungen' schwächer geworden oder fallen ganz weg.

Emotional abgelehnt, mental nicht wahrgenommen oder in seinen Handlungsimpulsen gestoppt zu werden, das sind im Wesentlichen die einschränkenden Erfahrungen der frühen Kindheit. Ebenso begrenzt ist die Menge der Strategien, um mit den frühen Erfahrungen zurechtzukommen. Das Kind kann versuchen, die anderen zu gewinnen, sich unabhängig von ihnen zu machen oder mit ihnen zu kämpfen. So gesehen ist Psychotherapie, wenn sie auf der inhaltlichen Ebene der Probleme arbeitet, eine langweilige Angelegenheit. Es sind immer wieder die gleichen Probleme, mit denen die Klienten kommen. Ihr Unterhaltungswert ist gering.

Wie werden die Erwartungshaltungen ermittelt? Die Klienten kennen in der Regel ihre Befürchtungen. Man kann sie fragen, was befürchten sie, wenn sie es anderen nicht mehr recht machen (BT2), wenn sie sagen und tun, was sie wollen (ST5), wenn sie nicht mehr perfekt sind (HT1)? Die in den Arbeits-

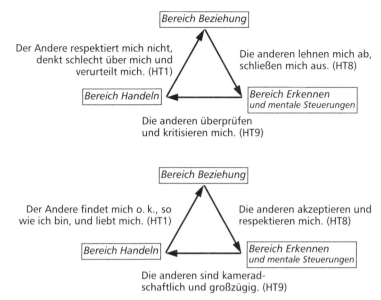

Abb. 18 Einschränkende und erlaubende Erwartungshaltungen des *Handlungstyps*[150]

bögen vorgegebenen typspezifischen Erwartungshaltungen können zur Kontrolle oder als Hilfe für den Klienten eingesetzt werden, wenn er seine Ängste
nicht artikulieren kann. Auch die wünschenswerten Erwartungshaltungen
können ohne die vorgegebenen Formulierungen ermittelt werden, etwa mit
der Frage: Wie würden Sie es sich wünschen, dass die anderen reagieren?

Nun kann jemand einwenden, die Welt und die Menschen seien schlecht, es
wäre naiv und leichtsinnig Positives zu erwarten. Doch hier geht es nicht um
eine weltanschauliche Diskussion, sondern darum, die konkreten Möglichkeiten, die jemand hat, zu erweitern. Es geht um unterschiedliche Aspekte des
‚Urvertrauens‘. Wenn jemand eine negative Erwartungshaltung hat, werden
negative Erfahrungen für ihn die Regel sein, für jemand mit positiver Erwartungshaltung die Ausnahme. Dazu kann man annehmen, dass Welt und Menschen unterschiedliche Seiten haben. Dann kommt es darauf an, welche man
abruft, die negativen oder positiven.

Um es nochmals zu betonen, die vorgegebenen typspezifischen Glaubenssätze und Erwartungshaltungen sind keineswegs verbindlich gemeint, sondern Hilfestellungen für Therapeuten und Klienten, diese Reaktions- und Verhaltensmuster differenziert wahrzunehmen. Dabei könnten mehr als bisher
die Erkenntnisse des Autonomie-Trainings einfließen: Bei den Sorgentypen

auf der einschränkenden Seite *Ich muss mir Sorgen machen um ...* und *Die anderen kommen ohne mich nicht zurecht, denn sie sind ...* Und als Erlaubnisse: *Ich darf mein Leben leben* und *Die anderen kommen selbst zurecht, denn sie sind ...*

Bei den Selbstzweiflern könnten die einschränkenden Grund- und Erwartungshaltungen in die Richtung gehen: *Ich muss besonders ... sein* und *Die anderen werden herausfinden, dass ich ...* Die Erlaubnisse könnten lauten: *Ich bin ... genug und kann mein Leben nach meinen Bedürfnissen gestalten* und *Die anderen werden das gut finden und sehen, dass ich ... bin.* Und bei den Abhängigkeitstypen könnten die alten Überlebensstrategien und die dazu passenden Befürchtungen beispielsweise lauten: *Ich bin auf den Anderen angewiesen, um ... zu bekommen* und *Der Andere wird mir ... nicht geben.* Die möglichen Erlaubnisse wären: *Ich kann mich auf mich selbst stützen und ich bekomme ...* und *Der Andere wird mir ... geben.*

Identitäten

Als ich mit zwölf auf eine andere Schule kam, hing man mir einen Spitznamen an, der mich tief gekränkt hat, einen altmodisch klingenden Frauennamen. Ich beschloss männlich und up to date zu werden und habe dieses Programm mehrere Jahre konsequent verfolgt. Ich trainierte täglich in einem Sportverein, war Mitherausgeber von Schülerzeitschriften, scheute mich nicht, mich mit anderen zu prügeln, las moderne Literatur und war in meinen Überzeugungen progressiv und illusionslos. Ich wollte aus einem verträumten Jungen einen Draufgänger machen. Der Beruf, den ich erlernte, passte dazu, Stahlbaukonstrukteur. Auch mit meinem Vornamen Dietmar konnte ich mich erst viel später anfreunden, damals erschien er mir zu weich. Die Frage ‚wer bin ich?‘ hat mich fast ein Jahrzehnt in Atem gehalten.

Möglicherweise sind Identitäten die Schnittstelle zwischen Psychologie und Spiritualität. Auf der einen Seite sind Identitäten Rollen, die wir in unserem Leben zugewiesen bekommen und uns aussuchen. Sie können abwertend oder anerkennend, einschränkend oder ermutigend sein, krank oder gesund machend. Hier setzt unsere therapeutische Arbeit an. Doch es gibt auch transpersonale Aspekte der Identität. Ziel im Zen ist, sein wahres Wesen zu finden und es im Leben zu verwirklichen. Meister Tou-shuai[151] gab seinen Schülern folgende Aufgabe: „Das Suchen im Gras und alle Hingabe an die geheimnisvolle Wahrheit[152] dient nur dem einen Zweck, das eigene Wesen zu erschauen. Wo ist in diesem Augenblick dein eigenes Wesen?"[153]

Was immer dieses wahre oder ursprüngliche Wesen ist, es ist nicht die psychologisch fassbare Identität. Deshalb fährt Tou-shuai fort: „Wer sein eigenes Wesen erfasst, ist Leben und Tod entronnen …" In der Psychotherapie geht es darum, einschränkende und destruktive Identitäten durch erlaubende und konstruktive zu ersetzen.

Das *Ich bin jemand, der* … ist eine Mischung aus Entscheidungen, Interpretationen, Einstellungen, Energien, Haltungen und Gewohnheiten. Es gehören bestimmte Energien und Verhaltensweisen dazu. Ein Kollege lässt gelegentlich seine Klienten ein Tier aus dem Zoo aussuchen mit der Frage: „Welches der Tiere zeigt ein Verhalten, das dir in der beklagten Situation gut tun würde?" Ich habe, u. a. durch Träume, für mich drei Personen entdeckt, eine sinnenhaft-geistige, eine liebevolle und eine kraftvolle. Es ist bestimmt kein Zufall, dass sie die drei Ichs verkörpern, doch sie scheinen auch alle drei eine spirituelle Dimension zu haben.

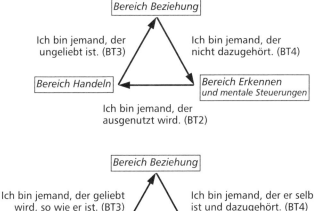

Abb. 19 Einschränkende und erlaubende Identitäten des *Beziehungstyps*

Wie verwachsen wir mit Identitäten sind, machen im negativen Sinne die Erzählungen und Romane Kafkas deutlich, etwa „Die Verwandlung" eines Mannes, der eines Morgens als hilfloses Insekt aufwacht, vermutlich die negative Identität eines Sechser Sachtyps (ST6). Bei den Romanen „Das Schloß" und „Der Prozeß" kann das ganze Umfeld und Geschehen als nach außen gekehrte Identität gedeutet werden. Gesunde Identitäten sind nicht einfach das Gegenteil von einschränkenden. Insofern waren meine jugendlichen Bemühungen, ein Draufgänger zu werden, eher quälend. Gesunde oder erlaubende Identitäten haben gegenüber den einschränkenden eine neue Qualität, sind integrativ.

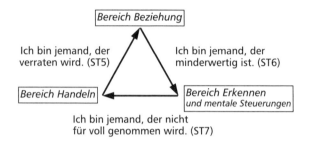

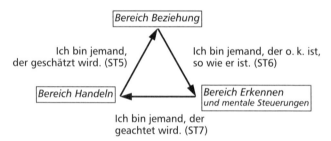

Abb. 20 Einschränkende und erlaubende Identitäten des *Sachtyps*

Wie werden Glaubenssätze, Erwartungshaltungen und Identitäten geändert? Hier können wir auf Methoden des NLP zurückgreifen. Bandler und andere NLP-Therapueten haben entdeckt, wie einschränkende und erlaubende Programme in uns gespeichert sind und wie sie stabil verändert werden können.[154] Wir benützen zwei Methoden. Die eine gründet sich auf die mentale Organisation von Bedeutungsunterschieden, z. B. etwas ist für mich gültig und wichtig und etwas anderes bedeutungslos und gleichgültig. Die Erfahrung zeigt, dass solche Gedanken an unterschiedlichen Stellen im Kopf gedacht werden, meistens die für mich wichtigen vorne und die für mich belanglosen hinten.

Eine ähnliche Unterscheidung ist die zwischen einer für mich wertvollen Überzeugung und etwas Zweifelhaftem. Die wertvollen Überzeugungen stellen sich häufig als großes, farbiges Bild vor mir dar und das Zweifelhafte als etwas Kleines, Verschwommenes in grauer Farbe irgendwo hinten oder seitlich vom Kopf. Man nennt diese Unterscheidungsmerkmale Submodalitäten. Jetzt hat man jeweils zwei ‚Schubladen'. Bringt man eine Einstellung dorthin, wo die gleichgültigen und zweifelhaften Themen gedacht oder vorgestellt werden, wird sie auch gleichgültiger, zweifelhafter. Bringt man sie dorthin, wo die gültigen, wichtigen und wertvollen Themen sind, wird sie auch gültiger, wichtiger und wertvoller.

In der Mathematik spricht man von ‚eleganten' Lösungen und meint damit solche, die nicht aufwändig und umständlich sind. In diesem Sinne ist es eine elegante Art, therapeutische Veränderungen durchzuführen, da sie schon vorhandene Strukturen unserer mentalen Organisation benützt. Zuerst wird der einschränkende Glaubenssatz in die Schublade ‚bedeutungslos und gleichgültig' gebracht und dann der erlaubende Glaubenssatz in die Schublade ‚gültig und wichtig'. Ähnlich wird mit den Erwartungshaltungen verfahren, die einschränkende kommt zum Zweifelhaften und die erlaubende zum Wertvollen. Aus den Submodalitäten der jeweiligen Umgebung werden die einschränkenden Programme entwertet und die erlaubenden aufgewertet.

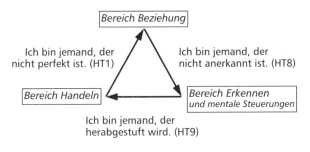

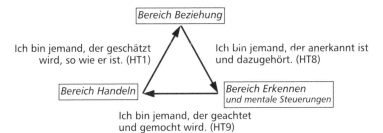

Abb. 21 Einschränkende und erlaubende Identitäten des *Handlungstyps*

Eine andere Veränderungstechnik beruht auf den Gesetzmäßigkeiten stabilen Lernens. Bandler hat sich gefragt, wie Phobien gelernt werden, denn

bekanntlich funktionieren diese äußerst zuverlässig. Seine Antwort war, dass
bei der Entstehung einer Phobie das Gehirn durch eine Reizüberflutung daran
gehindert wird, sich gegen die Eindrücke zu schützen. Es wird überrumpelt
und kann nicht mehr entscheiden: *ist das sinnvoll, will ich das lernen oder
nicht.* Dadurch entsteht eine bleibende Verbindung zwischen bestimmten
Auslösern und der phobischen Reaktion.

Das Gleiche wird nun für sinnvolles Lernen benützt. Es wird eine stabile
Verbindung hergestellt vom Erleben der Problem-Situation mit den alten
Reaktions-Mustern hin zu den Ressourcen, die ein Lösungsverhalten mit
neuen Reaktions-Mustern ermöglichen. Das geschieht durch die Methode des
Swish[155]. Sie besteht u. a. darin, dass das Bild und Erleben der Problem-Situation rasch ersetzt wird durch das Bild und Erleben der Lösungs-Situation.
Dabei wird gleichzeitig die jeweilige Einschränkung durch eine Erlaubnis
ersetzt. Dann werden die beiden Repräsentationen von Problem und Lösung
mehrmals blitzschnell ausgetauscht. So wird der Wechsel vom Problem-Erle-
ben hin zu dem erwünschten Lösungsverhalten automatisiert.[156]

Es kommt hier das *Wissen* – dass die alten, einschränkenden Muster aus
Glaubenssätzen, Erwartungshaltungen und Identitäten bestehen, dass diese
Muster typspezifisch sind und vorformuliert werden können – mit den wirksamen *Methoden* zusammen, sie stabil zu verändern. Dadurch verändert sich
die Tiefenpsychologie dramatisch, sowohl in ihrer Effizienz wie in ihrer Effektivität. Die bisherige Tiefenpsychologie musste sich abfinden mit einer eher
geringen Wirksamkeit bei langen Behandlungszeiten. Jetzt können rasch
wirksame Veränderungen erzielt werden. Psychotherapie wird dadurch zu
einem wertvollen Partner der Medizin und der Pädagogik.

8. Systemisch-energetische Kurztherapie – Leid in Lösungsenergie verwandeln

Paradigmenwechsel – was ist in der ‚Black Box'?

Die Systemisch-energetische Therapie ist direkt wirksam im Bereich Beziehung – in der Beziehung zu anderen, zu sich selbst und zum eigenen Körper. Auch die anderen Therapieverfahren, das lösungsorientierte oder tiefenpsychologische, behandeln das Thema Beziehung, doch indirekt, sie verbessern die Rahmenbedingungen, nicht die Sache selbst. Es wird viel über ‚Beziehung' geredet, es ist das mit Abstand häufigste Thema in der Therapie, doch ich behaupte: Wir wissen nicht wirklich, wie Beziehung funktioniert, wir ahnen es vielleicht. Oder wer weiß schon, dass dieser Lebensbereich von einer eigenen Kausalität bestimmt wird, einer anderen als der uns vertrauten Ursache-Wirkungs-Kausalität oder der weniger geläufigen Ziel-Kausalität, und wer versteht ihre Wirkungsweise? Hier fällt mir Erickson ein, der ein Pionier und Meister auf diesem Gebiet war: „… aber wir wissen immerhin besser, *dass* wir nicht wissen."[157]

Dieses wissende Nichtwissen ist ein Vorteil gegenüber jenen, die zu wissen glauben, denn das Unbekannte fordert heraus, sich offen und erkundend darauf einzulassen. So ist die Systemisch-energetische Therapie entstanden. Von den drei Therapie-Verfahren, die im ILP eingesetzt werden, ist sie die geheimnisvollste. Das hängt damit zusammen, dass unsere männlich geprägte Kultur durch Handeln und Erkennen bestimmt ist und man den Lebensbereich Beziehung quasi den Frauen überlassen hat. Vielleicht steckt deshalb in der ‚weiblichen Logik' manchmal mehr Lebenserfahrung und Klugheit, als die Männer mit ihrem vernünftigen Denken für möglich halten. Doch auch die Frauen sind bei uns durch das Ideal der Aufklärung, den Glauben an die Vernunft, infiziert und trauen ihren Intuitionen nicht mehr so richtig. Das Gleiche gilt für die Dichter, deren Thema ja gemeinhin Beziehung ist.

Dazu kommt, dass das, was hier wirkt, das Energetische, nicht direkt wahrnehmbar ist. Wir haben dafür kein Sinnesorgan, es sei denn die Intuition. Oder wir haben dieses Wahrnehmungs-Organ nicht ausgebildet. In der Arbeit mit der Systemisch-energetischen Kurztherapie haben wir es deshalb mit dem Phänomen der Black Box zu tun. Wir geben etwas ein und beobachten die Reaktionen, ohne dass wir das Medium, das vermittelnde Element und die Wirkungsmechanismen kennen. Auf diese Weise lässt sich, wie die Erfahrung zeigt, genau, kontrolliert und wirksam arbeiten – wenn man es ertragen kann, dass man etwas tut, was man gedanklich nicht richtig nachvollziehen kann.

Wenn wir sagen, dass das Energetische nach der systemischen Kausalität funktioniert, ersetzen wir eine Unbekannte durch eine andere. Wir wissen dann nur, es geschieht nicht nach dem Gesetz von Ursache und Wirkung oder der Ziel-Kausalität. Die Erfahrungen zeigen, dass das Energetische auch auf größere Entfernungen wirkt, also nicht den direkten Kontakt braucht wie die verbale und körpersprachliche Kommunikation. Die Beteiligten reagieren darauf, ohne die Ursache für ihre Reaktion wahrzunehmen. Sie erleben es als etwas, das von ihnen ausgeht. Das kann eine richtige Wahrnehmung sein, wenn es so funktioniert, dass hier nicht auf den Anderen eingewirkt wird, sondern lediglich Positionen freigegeben werden.

Zwar funktioniert auch die systemische Kausalität absolut zuverlässig, und man kann sie sich ebenso zunutze machen wie die beiden anderen Kausalitäten, doch sie funktioniert eben anders. Um die systemischen Wirkungsweisen zu erklären, werden häufig kybernetische Modelle angeführt, doch soweit die Beispiele aus der Technik stammen, funktionieren sie nicht nach der systemischen, sondern nach der bekannten Kausalität von Ursache und Wirkung. Etwas schwer Verständliches mit einem Missverständnis zu erklären, kann zwar beruhigen, doch kaum erhellen.

Was die Akzeptanz erschwert, ist, dass die systemische oder paradoxe Kausalität in unserer Kultur kaum bekannt und schon gar nicht wissenschaftlich anerkannt ist. Jahrhundertelang hat die Wissenschaft einseitig auf Vernunft und die damit erklärbare Ursache-Wirkungs-Kausalität gesetzt. Damit konnte sie bestimmte Aspekte unserer Wirklichkeit zufriedenstellend erklären und beherrschbar machen, doch weite und wesentliche Bereiche werden von ihr bis heute ignoriert. Das Thema Beziehung wurde schon genannt. Auch für Gesundheit sind systemisch-energetische Prozesse ausschlaggebend. Darin liegt eine große Herausforderung, und gerade die neuen Möglichkeiten machen für mich den Reiz des Systemisch-Energetischen aus.

Ordnet man das bekannte ‚Denken, Fühlen, Handeln‘ den drei Lebensbereichen oder ihren Therapien zu, so steht ‚Fühlen‘ für die Systemisch-energetische Kurztherapie. Tatsächlich machen besonders *Handlungstyp*-Klienten die Erfahrung, dass sich bei dieser Arbeit die Erstarrung löst und sie innerlich in Bewegung, ins Fließen kommen. Sie berichten häufig, dass sie ein warmes, wohltuendes Gefühl in ihrem Körper wahrnehmen. Ist das Fühlen oder Empfinden? Unsere Sprache ist hier ungenau. Man kann sagen, ‚ich fühle Freude‘ oder ‚ich empfinde Freude‘, ‚ich fühle Wärme auf meiner Haut‘ oder ‚ich empfinde sie‘. Das eine ist eine emotionale Reaktion, das andere eine Sinnesempfindung. Ich habe mir angewöhnt, *fühlen* für das Emotionale und *empfinden* für die Sinneswahrnehmungen zu benützen.

Auch ‚handeln‘ und ‚denken‘ sind nur ungefähre Hinweise auf das, um was es in den beiden anderen Therapie-Verfahren geht. So wird in der Lösungsorientierten Kurztherapie nicht gehandelt, sondern Handeln vorbereitet. Und im tiefenpsychologischen NLP geht es um mentale Steuerungen, wobei das Denken nur ein Teil dieser Steuerungen ausmacht, nicht immer den wirksamsten. Doch zurück zum Fühlen. Sind es tatsächlich die emotionalen Reaktionen, um die es in Beziehungen geht? Ist Liebe in gleicher Weise eine Reaktion auf eine Erfahrung wie Freude oder Ärger oder ist sie, wie ich annehme, etwas Selbstständiges, eine eigene Energieform, etwas Verursachendes?

Solche Fragen zu stellen ist sinnvoller als sie zu beantworten. Denn bei dem Versuch, das Systemisch-Energetische auf der Ebene der Sprache abbilden zu wollen, scheitern wir daran, dass wir eine andere Logik bräuchten, nicht die Wenn-dann-Logik, die ganz gut geeignet ist, Vorgänge der Ursache-Wirkungs-Kausalität nachzuzeichnen, sondern eine paradoxe, gegenläufige, systemische Logik. Und wenn einer diese Logik benützt, dann sagt er Dinge, die kaum jemand versteht. Doch lassen wir uns nicht irremachen. Die Erfahrungen mit der Systemisch-energetischen Therapie zeigen zweierlei. Sie ist eine hochwirksame Form von Therapie, ebenbürtig der lösungsorientierten und tiefenpsychologischen. Und sie hat überhaupt nichts mit Irrationalismus zu tun (dem Zwillingsbruder der Vernunftgläubigkeit), sondern man kann mit ihr verantwortungsvoll, kontrolliert, genau und zuverlässig arbeiten.

Energetisches Besetzen von Positionen

Der beste Zugang zu einem ungefähren Verständnis der Systemisch-energetischen Kurztherapie ist über das Besetzen und Freigeben von Positionen in einem System zu finden. Die Natur arbeitet durchgängig mit Spezialisierung und Arbeitsteilung. Das führt zu höherer Kompetenz, setzt aber gute Zusammenarbeit voraus und damit auch eine verlässliche Zuordnung der Rollen. Das geschieht auch in Partnerschaften oder Gruppen. In kurzer Zeit sind die Rollen verteilt, jeder macht das, was er am besten kann. Solche Rollenverteilungen sind stabil. Unterhält man sich mit alten Ehepaaren, die seit vielen

Jahrzehnten zusammen sind, erzählen sie oft: Das hat schon immer mein Mann gemacht. Oder: Das hat schon immer meine Frau gemacht.

Diese Rollenverteilungen geschehen nicht nur nach Absprachen und Regeln, sondern die jeweiligen Positionen werden energetisch besetzt und gestaltet. Das dürfte ihre eigentliche Stabilität und ihre Wirksamkeit ausmachen. Wir gestalten unsere Wirklichkeit nicht nur denkend und handelnd, sondern auch energetisch. Wahrscheinlich kennt jeder die Erfahrung: Wenn man aus einem Bereich, für den man zuständig und verantwortlich ist, seine Energie abzieht – vielleicht weil man die Lust an dieser Tätigkeit verloren hat oder andere Interessen stärker geworden sind –, beginnen die Dinge aus dem Ruder zu laufen, selbst wenn man äußerlich noch das Gleiche macht wie vorher.

In der Psychotherapie haben wir es häufig mit Problemen zu tun, die dadurch entstehen, dass zu viel, zu wenig oder falsche Verantwortung übernommen wird. Da das auf der energetischen Ebene geschieht, wird es häufig nicht wahrgenommen – besonders dann, wenn sich die Beteiligten auf der kommunikativen Ebene anders geben. Da kann jemand so tun, als ob er sich loyal verhalten würde, doch tatsächlich konkurriert er und arbeitet gegen jemand. Oder er tut so, als ob er vermitteln würde, doch tatsächlich sät er Zwietracht und spielt die Leute gegeneinander aus. Oder er gibt vor, jemand zu fördern, doch tatsächlich tut er alles um ihn klein zu halten und zu entmutigen. Diese Spiele sind schwer zu durchschauen, weil die Spieler häufig selbst von ihren guten Absichten überzeugt sind.

Mit den folgenden Beispielen will ich zeigen, wie das Thema Verantwortung oder genauer ‚energetisches Besetzen von Positionen' von unterschiedlichen Persönlichkeitstypen erlebt und auf der systemisch-energetischen Ebene gelöst werden kann. Ich nehme den häufig vorkommenden Fall, dass eine Mutter Probleme hat mit ihrem Sohn. Er lernt nicht für die Schule. Sie hat schon alles Übliche versucht, z. B. ihn ermahnt und kritisiert, Belohnungen in Aussicht gestellt, Bestrafungen, den Vater einbezogen, Nachhilfe geben lassen, mit den Lehrern gesprochen. Nichts hat geholfen. Jetzt besteht die Gefahr, dass der Junge sitzen bleibt.

Ich spiele das Thema durch mit einer *Beziehungstyp-*, *Sachtyp-* und *Handlungstyp*-Mutter. Dabei wird nur eine Methode aus einer ILP-Sitzung herausgenommen und vorgestellt, bei der es besonders um die Freigabe und Besetzung von Positionen geht, also etwa zehn Minuten einer neunzigminütigen Sitzung. Dass dabei auch Leid in Lösungsenergie verwandelt wird und nicht gelebte Persönlichkeitsanteile reintegriert werden, sei nur am Rande bemerkt. Die Beispiele sind eine Mischung aus Erlebtem und Konstruiertem. Es kommt mir darauf an, deutlich zu machen, dass, obwohl es jeweils das gleiche Problem ist, unterschiedliche Strategien ermittelt werden, dem Problemverhalten auf der energetischen Ebene zu begegnen. Im ersten Beispiel gilt es energetisch loszulassen, im zweiten sich zu engagieren und im dritten zu begleiten. Dabei gibt jedes Mal der Leidende (der unwissentlich zugleich Problemverursacher ist) die Lösung vor – sie muss nur ins Positiv-Ähnliche übersetzt werden.

Beispiel 1: Die Mutter ist *Beziehungstyp*

Sie ist eine elegante Erscheinung. Sie gibt sich liebenswürdig und sympathisch, ist aber sichtlich aufgewühlt. Sie berichtet, dass sie mit den Nerven am Ende sei, mal sei sie gereizt, mal wütend, mal verzweifelt. Sie versuche vernünftig und lieb mit ihrem Sohn zu sprechen, doch dann schreie sie ihn wieder an. Sie sei auch schon in Tränen ausgebrochen. Alles hört sich dramatisch an. Sie kann es sich schlecht verzeihen, wenn sie die Fassung verliert. Sie berichtet, dass sie über Jahre eine enge, kameradschaftliche Beziehung zu ihrem Sohn hatte. Doch das habe sich jetzt fast ins Gegenteil verwandelt.

Es wird deutlich, dass sie jemand ist, der hohe Maßstäbe an sich und andere anlegt, ihren Sohn häufig kritisiert und sich einmischt in sein Denken und seine Art, sein Leben zu gestalten. Sie traut ihrem Sohn theoretisch viel, doch praktisch wenig zu. Auf der einen Seite sieht sie ihn als jemand, der hochbegabt ist und eine große Karriere vor sich hat, auf der anderen Seite erlebt sie ihn als jemand, der versagt. Er reagiert mit missmutigem Rückzug und Gleichgültigkeit gegenüber schulischen Leistungen, ist hässlich zu ihr, belegt sie gelegentlich mit Schimpfworten, die weit unter ihrem Niveau sind.

In der Beziehung zu ihrem Sohn besetzt sie die Positionen anspruchsvoll, ehrgeizig und kultiviert zu sein. Er gibt sich ihr gegenüber anspruchslos, gleichgültig und derb. Das entspricht weder seinen Fähigkeiten noch seiner Erziehung. Da sie eine starke Persönlichkeit ist und an ihren Maßstäben konsequent festhält, scheint für ihn nichts übrig zu bleiben, als ihre Bemühungen zu sabotieren. Damit es zu einer Veränderung kommt, müsste sie ihre jetzigen Positionen freigeben und dafür seine besetzen. Es würde allerdings die Situation noch verschlimmern, wenn sie sich ihrerseits missmutig zurückziehen würde, ihm anspruchslos, gleichgültig und derb begegnen würde. Sie darf ihm nicht mit dem Gleichen, sondern sollte ihm mit dem Positiv-Ähnlichen begegnen.

Wenn wir ,Er zieht sich missmutig zurück' übersetzen mit ,*Ich kümmere mich ernsthaft um mich*', ,Er ist anspruchslos' mit ,*Ich bin bescheiden*', ,Er ist gleichgültig' mit ‚Ich bin gelassen' und ‚Er verhält sich derb zu mir' mit ‚Ich äußere mich klar ihm gegenüber', haben wir damit die Haltung, mit der sie ihm begegnen sollte. Wir suchen eine Lebenssituation, in der sie sich schon so erlebt hat. Sie erinnert sich an einen Urlaub auf einer griechischen Insel, in dem sie diese Haltung ‚mich um mich kümmern – bescheiden sein – gelassen sein – mich klar äußern' genossen hat. Dann probieren wir aus, ob sie mit dieser Haltung innerlich sein Verhalten konfrontieren kann. Als sie feststellt, dass es ihr damit gut geht, bekommt sie den Auftrag, ihrem Sohn in der nächsten Zeit immer wieder mit dieser Haltung zu begegnen und auf Veränderungen in seinem Verhalten zu achten.

Beispiel 2: Die Mutter ist *Sachtyp*

Sie ist sportlich-leger gekleidet. Sie macht einen hilfesuchenden Eindruck. Bei dem, was sie erzählt, zeigt sie wenig Gefühlsregungen, auch wenn sich die Inhalte dramatisch anhören. Sie berichtet, dass sie sich deprimiert und überfordert fühle. Die Schulsorgen seien ihr lästig. Sie sagt, sie habe die Nase voll von der Schule mit ihren übertriebenen Anforderungen an die Kinder, den überheblichen und verständnislosen Lehrern und den schlechten Verkehrsverbindungen.

Sie habe aber auch ein schlechtes Gewissen, dass sie sich so wenig um ihren Sohn kümmern könne bei ihren vielen anderen Aufgaben und Verpflichtungen. Sie erwähnt häusliche Pflichten, die Arbeit, die die beiden kleineren Kinder machen, die Fahrdienste, die sie übernehmen muss, um das eine Kind dahin-, das andere dorthinzubringen, Arztbesuche, Einkäufe usw. Sie gibt auch zu, dass sie oft lustlos sei und ihre Zeit vertrödle, indem sie die kostenlosen Werbezeitschriften lese, obwohl sie das gar nicht wirklich interessiere. Und dass ihr die Anerkennung fehlt, die sie früher in ihrem Beruf bekommen hatte.

Man kann vermuten, dass ihr diese Tätigkeiten, das Vielerlei und das Organisieren nicht besonders liegen, dass sie lieber in einem Beruf arbeiten würde, wo sie sich auf wenige Aufgaben konzentrieren kann. Der Junge scheint emotional zu kurz zu kommen und sein Schulversagen könnte ein Appell an die Mutter sein, ihn mehr wahrzunehmen. Sie wird aufgefordert, das Verhalten ihres Sohnes ganz emotional und ungeschönt zu beschreiben[158], wie es ein Kind machen würde. Sie sagt, er verhalte sich eigensinnig, ihr gegenüber aufsässig und sie erlebe sein Versagen wie einen Verrat.

Jetzt wird für sie eine positiv-ähnliche Haltung ermittelt, die es ihr ermöglicht, seine Position zu besetzen und ihre freizugeben. Wir übersetzen ‚Er verhält sich eigensinnig' in ,*Ich weiß, was ich will*', ,Er verhält sich aufsässig' in ,*Ich sage anderen meine Meinung*' und ,Er verrät mich' in ,*Ich wende mich anderen Themen zu*'. Sie findet eine Situation, in der sie das schon positiv erlebt hat, im Sport, wo sie früher andere trainiert hat. Sie geht in diese ihr von damals vertraute Haltung und merkt dann, dass sie damit das Verhalten ihres Sohnes innerlich schon recht gut konfrontieren kann.

Doch es bleibt noch ein Gefühl von Angst übrig, wie wenn sie zur Strafe verlassen würde. Wir formulieren dieses Gefühl als aktives Tun ihr gegenüber: ,Er verlässt mich, um mich zu bestrafen.' Dann übersetzen wir auch das in ,*Ich lasse jemand mit Anerkennung seine Sachen machen*'. Das passt zu der gewählten Situation, und sie fügt dieses Erleben hinzu. Mit dieser verbesserten Haltung fühlt sie sich gut ihm gegenüber. Sie bekommt die Aufgabe, ihm jetzt so zu begegnen und zu beobachten, ob und wie sich sein Verhalten ändert.

Beispiel 3: Die Mutter ist *Handlungstyp*

Sie macht einen freundlich-reservierten Eindruck. Sie ist eine kräftige Person, und man kann ihre verhaltene Energie ahnen. Sie möchte wissen, wie sie ihren Sohn dazu bringen könne, seine Hausaufgaben ordentlich zu machen und für die Klassenarbeiten zu lernen. Vor allem fehle es ihm an Selbstbewusstsein. Wenn er die Klasse wiederholen müsste, wäre das für ihn und für sie eine Schande. Wie würden sie und ihr Mann vor den anderen dastehen? Da sie ein Geschäft haben, würden sie ja alle kennen. Sie vermute schlechte Einflüsse von Mitschülern und Sportskameraden. Seit er im Sportverein sei, hätten seine Schulleistungen nachgelassen. Sie würde ihn herausnehmen, doch ihr Mann sei dagegen. Er habe früher auch viel Sport gemacht, doch jetzt lasse ihm das Geschäft keine Zeit mehr.

Sie schildert ihren Sohn als einen gutmütigen Jungen, der sich gerne zurückziehe und sich stundenlang mit seinem Computer beschäftigen könne. Wenn man mit ihm sprechen würde, sei er einsichtig und gelobe Besserung, doch das halte nicht lange vor. Er versage hauptsächlich, weil er bei Klassenarbeiten aufgeregt sei und Angst habe. Dann würde ihm auch das nicht mehr einfallen, was er vorher gewusst habe. Der Junge sei auch etwas zu dick und werde von den Mitschülern deshalb gehänselt. Seit er regelmäßig Sport mache, sei es besser geworden. Auf die Frage, ob der Junge ihrem Mann ähnlich sei, verneint sie das. Ihr Mann sei ein geselliger, lebhafter Mensch, der auf andere zugehe und überall beliebt sei.

Ich sage ihr, dass ich ihrem Wunsch entsprechen könne, ihr ein Rezept mitzugeben, mit dem sie das Verhalten ihres Sohnes beeinflussen könne. Doch es würde ihr wahrscheinlich schwer fallen, dieses Rezept auszuführen. Sie versichert mir, dass sie das schon machen werde. Um eine passgenaue Haltung für sie zu ermitteln, lasse ich sie das Verhalten ihres Sohnes schildern. Sie beschreibt es als ‚Er ist phlegmatisch', ‚Er ist unterwürfig' und ‚Er ist scheu'. Ich übersetze ins Positiv-Ähnliche: ‚Er ist phlegmatisch' in ‚*Ich bin gemütlich*', ‚Er ist unterwürfig' in ‚*Ich höre auf andere*' und ‚Er ist scheu' in ‚*Ich bin zurückhaltend*'.

Auf meine Frage, ob sie das ‚*Ich bin gemütlich*', ‚*Ich höre auf andere*' und ‚*Ich bin zurückhaltend*' kenne, berichtet sie, dass sie sich so verhalte, wenn sie bei ihrer Schwester zu Besuch sei. Die sei ganz anders wie sie, habe immer viel gelesen, im Gegensatz zu ihr studiert und sei mit einem Buchhändler verheiratet. Sie fühle sich bei diesen Besuchen wohl, denn sie habe ihre Schwester gerne, sei stolz auf sie und der Mann ihrer Schwester sei, wie auch ihre Schwester, ein feiner Mensch. Wenn sie ein Problem habe, könne sie das mit ihrer Schwester besprechen. Als sie diese Haltung, ‚*Ich bin gemütlich, höre auf andere, bin zurückhaltend*', ihrem Sohn gegenüber einnimmt, geht es ihr viel besser damit.

Ich erkläre ihr, damit der Junge eine Chance habe, vielleicht mal so wie ihre Schwester und deren Mann zu werden, müsse sie ihr Verhalten ihm gegenüber konsequent ändern. Sie müsse aufhören ihm ständig zu sagen, was er machen müsse und was nicht, sondern sie solle einfach diese Haltung auf ihn einwirken lassen und bei ihm in den nächsten Wochen auf ganz kleine Veränderungen achten.

Dieses methodische Vorgehen nennen wir Tit For Tat.

Die Entdeckung des TIT FOR TAT

Zuerst ein Fallbeispiel: „John bat Erickson, ihn mit in die Bibliothek zu nehmen. Sie suchten ein Buch heraus, und John blätterte es durch: ‚Da ist ein großes T, und hier ein h, hier ist ein o …' Er fuhr fort, bis er alle Buchstaben seines Nachnamens – er hieß Thornton – zusammenhatte, und schloss, das Buch müsse von ihm handeln. Erickson suchte die Buchstaben seines eigenen Nachnamens heraus und behauptete, das Buch handle von ihm. John sagte: ‚Irgendeiner spinnt hier. Sie nicht. Lassen Sie mich eine Weile darüber nachdenken.'"

John löste sich von seinen Wahnvorstellungen und arbeitete in der Klinikbücherei. Schließlich wurde er entlassen und fand eine Arbeitsstelle. Vier Jahre später ging er noch immer einer einträglichen Arbeit nach.[159]

Die therapeutische Technik, die Erickson hier anwendet, wird von den Herausgebern der Fallbeispiele Angleichung genannt. De Shazer hat in „Wege der erfolgreichen Kurztherapie"[160] versucht, diesem therapeutischen Phänomen auf die Spur zu kommen und es methodisch nutzbar zu machen. Er bezieht sich zunächst allgemein auf Erickson, dessen Arbeitsweise, solange man deren Gesetzmäßigkeiten nicht durchschaue, wie die ,eines Schamanen oder Zauberers' erscheine. Dann schildert er ein eigenes Fallbeispiel: Zwei Eheleute konsumieren beide Drogen und streiten sich häufig, auch darüber. Sie meint, der Drogenkonsum zerstöre die Ehe und sie müssten damit aufhören, um die Ehe zu retten. Er meint, das Streiten zerstöre die Ehe und sie müssten damit aufhören, um die Ehe zu retten. Beide befürchteten, die Aufgabe des Drogenkonsums könne zu Langeweile führen und dadurch ihre Ehe gefährden. Beide wollten die Ehe erhalten. Die therapeutische Intervention besteht darin, dass De Shazer den gegensätzlichen Lösungsvorschlägen zustimmt und es für möglich hält, dass sie nicht funktionieren werden. Er schließt mit: „Kurzum, wir wissen nicht, was zum Teufel Sie machen werden. Ich schlage vor, Sie denken einmal über das nach, was ich eben gesagt habe, und überlegen sich, was sie tun wollen … als Erstes."[161]

De Shazer beschreibt die Konflikt-Situation – was immer sie tun, kann das Problem verschlimmern – mit dem Muster einer ,seltsamen Schleife'. Die therapeutische Intervention ahmt diese Schleife nach. Es wird ihnen keine Lösung angeboten, sondern ihr Denken über Lösungswege wird ihnen zurückgespiegelt. Und dann werden sie aufgefordert, irgendetwas zu tun. Und De Shazer zitiert: „similia similibus curantur oder Gleiches wird durch Gleiches geheilt"[162] – aus unserer Sicht das Grundprinzip der Systemisch-energetischen Therapie. De Shazer meint dann, dass das obige Verfahren zwar nützlich, doch zu kompliziert sei, und bemüht Ockham[163], der empfiehlt, die Dinge so einfach wie möglich zu halten. Das Resultat ist dann „das Konzept der Passgenauigkeit, ein allgemeineres und flexibleres Konzept"[164].

Er führt dann als Beispiel für Passgenauigkeit an, wie ein Therapeut auf unterschiedliches Klienten-Verhalten reagieren kann. Thema ist die Art, wie Klienten Hausaufgaben erledigen. Bei korrekter Erledigung erhält der Klient weiterhin direkte Aufgaben, verändert der Klient die Aufgabenstellung, erhält er Aufgaben, die sich für Veränderungen eignen, macht er das Gegenteil, erhält er Aufgaben, bei denen auch eine gegenteilige Ausführung sinnvoll ist, wird die Aufgabe vage erledigt, wird auch eine vage Hausaufgabe aufgegeben, macht er die Aufgabe nicht, erhält er keine Hausaufgabe mehr.

Er berichtet dann von einem Spiel, bei dem längerfristig die Spieler gewonnen haben, die nach dem Prinzip TIT FOR TAT[165] spielten: Man ist grundsätz-

lich bereit zu kooperieren, doch wenn der Gegner sabotiert, wird auch er kurzfristig sabotiert, um so bald als möglich zum Kooperieren zurückzukehren.
Auf die therapeutische Arbeit bezogen gilt dann: Was man früher beim Klienten als Widerstand, als therapieuntaugliches Verhalten angesehen hätte, wird
jetzt als das diesem Klienten entsprechende Kooperations-Angebot verstanden. Der Therapeut beantworte es mit einem ähnlichen Verhalten. Das wird
eingebettet in die vom Therapeuten vermittelte Erwartung, dass sich die
Dinge zum Positiven verändern.

Als Beispiel für TIT FOR TAT bringt De Shazer den Fall einer Frau, deren
Mann nachts häufig mit einem Freund unterwegs ist und dann spät oder gar
nicht nach Hause kommt.[166] Sie meint, es ihm zugestehen zu müssen, leidet
aber unendlich darunter. Der Therapeut rät ihr, sich ähnlich zu verhalten, z. B.
abends vor ihm wegzugehen, ohne zu sagen wohin, oder nicht zu Hause zu
sein, wenn er spät heimkommt. Als sie das ausführt, lenkt er rasch ein, ohne
ihr Verhalten anzusprechen, und gibt seine nächtlichen Aktivitäten außer
Haus auf. Bei einem anderen Fallbeispiel geht es um einen Liebhaber, der sich
nicht entscheiden kann, worauf sie den Auftrag bekommt, sich ähnlich unent-
schieden zu geben – auch hier mit Erfolg.

Das Eigenartige bei De Shazers gedanklichen und therapeutischen Bemühungen um dieses Thema ist, dass sie ausgehen wie das Hornberger Schießen.
Sie bleiben ohne rechte Auswirkung auf die weitere Entwicklung der Lösungsorientierten Kurztherapie, werden von manchen Autoren, die sich in seiner
Nachfolge verstehen, nicht einmal erwähnt.[167] Dabei hat er die Lösung des
Geheimnisses der Systemischen Therapie quasi schon in der Hand. Doch
dann legt er sie auf die Seite und schenkt ihr keine große Beachtung mehr.

Vielleicht deshalb, weil das Simile-Prinzip[168] nicht den Gesetzmäßigkeiten
der Lösungsorientierten Kurztherapie entspricht, die hauptsächlich mit der
Ursache-Wirkungs-Kausalität arbeitet, und es logischen Erklärungsversuchen
zuwiderläuft. Auch scheint er die Einfachheit der Sache – die Systemisch-energetische Therapie ist in der Praxis weder für den Therapeuten noch für den
Klienten schwieriger als die Lösungsorientierte – mit der Kompliziertheit des
Verstehens zu verwechseln, was sich dann wohl auf seine Leser überträgt, die
vermutlich etwas verwirrt, aber respektvoll seinen Ausführungen zu folgen
versuchen.

Das methodische Tit For Tat[169]

Mir scheint, dass De Shazer gar nicht weiß, was für eine wertvolle Entdeckung er mit seinem TIT FOR TAT gemacht hat, obwohl es genau genommen auf Erickson zurückgeht. Doch De Shazer hat die erste Theorie dazu entwickelt. Was ist in unserem Tit For Tat anders, abgesehen davon, dass ich zur Unterscheidung es anders schreibe? Zunächst geht es hier nicht mehr oder nicht mehr in erster Linie um ein äußeres Verhalten, sondern um eine innere Haltung. Die Wirkung ist eine energetische, nicht eine interaktionale. Das hat Vorteile. Oft hat man das Problem, dass in der konkreten Situation einem nicht das Richtige einfällt. Nicht jeder ist spontan oder schlagfertig. Die energetische Haltung kann zeitlich und örtlich unabhängig von der Situation ermittelt und eingenommen werden – und sie fängt von diesem Augenblick an zu wirken.

Ein weiterer Vorzug des Tit For Tat ist: Eine energetische Wirkung ist unsichtbar. Es ist wie ein Zauber. Der Andere kann nicht anders als darauf zu reagieren. Wenn man dagegen etwas sagt oder tut, kann das vom Anderen durchkreuzt werden. Und noch ein Unterschied: Im Tit For Tat ist es nicht einfach das Ähnliche, das ermittelt und angewandt wird, sondern das *Positiv*-Ähnliche. Erickson und De Shazer waren sich dessen nicht explizit bewusst. Ihre Haltung ihren Klienten gegenüber ist liebevoll und zutrauend, so dass das Positive bei ihrer Arbeit implizit berücksichtigt ist. Doch es hat Konsequenzen für das methodische Vorgehen, wie die obigen Beispiele zeigen.

Ein weiterer Unterschied ist das maßgeschneiderte Ermitteln und Anwenden des Tit For Tat. Erickson hatte den Anspruch, für jeden Klienten eine eigene Therapieform zu erfinden. Dabei bezog er dessen Charakter, seine Schwächen und Stärken mit ein. Er verließ sich auf seine genaue Beobachtungsgabe, seine Intuition und seine Kreativität. Ich habe nicht den Anspruch, therapeutische Genies auszubilden, sondern gute Handwerker. Dazu musste der Anspruch Ericksons auf der methodischen Ebene eingelöst werden.

In der Systemisch-energetischen Therapie als Teil des ILP gehört das Tit For Tat zu den zwei oder drei zentralen Methoden. Wann immer jemand ein Problem hat, dann bedeutet das, dass er sich schwer tut mit einer Situation oder mit einer Person. Mit dem Tit For Tat wird eine Haltung ermittelt und eingenommen, die es dem Klienten ermöglicht, souverän mit der schwierigen Situation oder Person umzugehen. Die Klienten geben dabei ihre alte, problemstabilisierende Position frei und besetzen energetisch die Position des Anderen oder des Bedrohlichen. Das hat Einfluss auf das Erleben des Klienten, er kann jetzt autonom umgehen mit dem, was ihm vorher zu schaffen gemacht hat, und es verändert die Situation oder Person, sie stellt sich anders dar oder die Person zeigt ein anderes Verhalten. Da das auf eine geheimnisvolle Weise geschieht – wie von selbst –, benütze ich in diesem Zusammenhang ab und zu den Begriff ‚zaubern‘.

Häufig ist es *die* Schwachstelle des Klienten, die dabei aufgedeckt und ausgeglichen wird, eine Fehlhaltung, die in der Regel schon lebenslang besteht. Genau damit provoziert er die Probleme, unter denen er dann leidet. Man kann diese Schwäche damit erklären, dass die ihm heute wenig zugänglichen Fähigkeiten in der eigenen Kindheit nicht opportun waren. Betrachtet man die drei obigen Beispiele einer *Beziehungstyp-*, *Sachtyp-* und *Handlungstyp-*Mutter, so sind die alternativen Haltungen in allen drei Fällen etwas, was sie nur aus Ausnahmesituationen kennen. Es sind Fähigkeiten, die bei ihnen wenig entwickelt und geübt sind.

Das Tit For Tat wird also nicht wie bei De Shazer nur gelegentlich angewandt, sondern in jeder ILP-Sitzung. Es wird immer zur Lösung beitragen und kann, wie auch jede andere der ILP-Methoden, *der* entscheidende Beitrag sein zur Lösung. Als ILP-Therapeuten kennen wir einige der entscheidenden Weichen, die vom Problemverhalten hin auf Lösungsverhalten gestellt werden können. Das macht wirksame Therapie aus. Wir machen nicht irgendetwas, etwas, das interessant ist oder sich gut anfühlt, sondern wir arbeiten an den Punkten, wo Veränderungen möglich sind und geschehen. Die Veränderung der inneren Haltung durch das Tit For Tat ist so ein Punkt.

Das methodische Vorgehen sieht vor, dass man sich zunächst das Verhalten des Anderen beschreiben lässt, und zwar so, wie es ein Kind beschreiben würde. Damit soll verhindert werden, dass die Klienten zu ‚verständnisvoll‘ sind in ihrer Beschreibung und dabei ihre wirklichen Gefühle übergehen, etwa: „Er steht eben auch unter Druck, deshalb …“ oder „Ja, sie meint es ja eigentlich gut, aber …“. Eine realistische und verständnisvolle Haltung ist in anderen Situationen anzuerkennen, doch hier geht es um die Emotionen des Klienten und die darin gebundenen Energien, mit denen dann gearbeitet wird. Wir brauchen sie für diese Arbeit in ihrer ursprünglichen Kraft, ungeschönt und unabgeschwächt. Sie dürfen aus objektiver Sicht subjektiv, übertrieben, ungerecht, unangemessen sein.

Die Beschreibung des Verhaltens soll in kurzen Sätzen wie ‚Er ist gleichgültig‘ und ‚Er verhält sich derb zu mir‘ erfolgen, nicht in einzelnen Begriffen wie ‚gleichgültig‘ oder ‚derb‘. Die Sätze geben die Richtung des Verhaltens an, es kann nach innen gerichtet sein, ihn betreffen: ‚Er ist gleichgültig‘, oder nach außen gerichtet, mich betreffen: ‚Er verhält sich derb zu mir.‘ Die beiden ‚Richtungs-Regeln‘ heißen: ‚Wie er sich, so ich mir‘ und ‚Wie er mir, so ich ihm'. Entsprechend heißen dann die Übersetzungen ‚Ich bin gelassen' und ‚Ich äußere mich klar jemandem gegenüber'.

Das Übersetzen ins Positiv-Ähnliche fällt manchen schwer, da wir gewohnt sind in Gegensätzen zu denken, also ‚Er ist gleichgültig', ‚Ich bin interessiert'. Das ist auch die Art, wie wir gewöhnlich reagieren, komplementär. Doch so wird das Verhalten des Anderen stabilisiert, denn man besetzt die Gegenposition. Als hilfreich hat sich der Zwischenschritt erwiesen: ‚Er ist gleichgültig – im positiven Sinne.' Dann fragt man sich, was ist das, ‚gleichgültig im positiven Sinne' zu sein? Oder was bedeutet ‚Er verhält sich derb zu mir – in positivem Sinne'? Dann fällt das Übersetzen meist leicht. Manchmal braucht man die Beschreibungen gar nicht übersetzen, es genügt, sie in einen anderen Kontext zu bringen. So sind beim Spielen oder im Sport Verhaltensweisen nicht nur erlaubt, sondern erwünscht, die im normalen Leben übel sind. Da darf man täuschen, parteiisch sein, ohne Rücksicht, schadenfroh und manches andere.

Manchmal muss man sich erst klar machen, was bedeutet das ausgesprochene Negative, d.h., man versteht es zwar intuitiv, doch wie lässt es sich in Worte fassen, damit man es anschließend übersetzen kann. Was bedeutet das, wenn mich jemand beschimpft? Er sagt mir ‚negative Zuschreibungen', die mich verletzen. In der Übersetzung sollte beides enthalten sein, ich sage jemand ‚kritische Beobachtungen', die ihm nützen können. Oder jemand ist hinterhältig – er lauert mir auf verborgene Weise auf, um dann zuzuschlagen. Was ist dazu das Positiv-Ähnliche? Ich warte geduldig, bis der Andere eine positive Reaktion zeigt, die ich dann anerkenne.

Da die Haltung über eine Erinnerung an eine erlebte Situation ermittelt wird, die mit der Problem-Person oder -Situation in der Regel nichts zu tun hat, bedeutet das ‚Wie du mir, so ich dir' zunächst ein ‚Wie du mir, so ich jemand anderem'. Erst bei der Anwendung kehren wir zur ursprünglichen Regel ‚Wie du mir, so ich dir' zurück, doch jetzt nicht als Reden oder Tun, sondern als ein energetisches Verhalten. Ob diese Haltungsänderung mit einem anderen Verhalten verbunden ist, ist zunächst zweitrangig. Denn es wirkt auch unabhängig davon, ob die problematische Person oder Situation ‚anwesend' ist.

Die Nachbesserung im zweiten Fallbeispiel zeigt, wie methodisch genau ein Tit For Tat ermittelt wird. Wenn der Klient bei der Beschreibung des Verhaltens der als schwierig erlebten Person oder Situation etwas vergisst, oder wenn die Übersetzung etwas weglässt, ungenau ist oder in eine falsche Richtung geht, spüren die Klienten, dass bei der Konfrontation der Person oder Situation mit der ermittelten Haltung ein unangenehmes Erleben zurückbleibt. Beim Fallbeispiel 2 lag es wohl an der Übersetzung ‚Er verrät mich' in ‚Ich wende mich anderen Themen zu'. Die Übersetzung ging zwar in die richtige Richtung, doch sie war erlebnismäßig zu schwach.

Beim Nachbessern ist es wichtig, das Erleben des Klienten in ein aktives Verhalten zu formulieren, aus ,Ich fühle mich so, als ob ich zur Strafe verlassen würde' in ,Er verlässt mich, um mich zu bestrafen'. Jetzt kann man wieder den Zwischenschritt formulieren: ,Ich verlasse einen Anderen (im positiven Sinne) um ihn zu bestrafen (im positiven Sinne).' Jemand im positiven Sinne verlassen kann bedeuten, ihn loslassen, seinen Weg gehen, seine Sachen machen lassen. Doch was heißt jemand im positiven Sinne bestrafen, was bedeutet überhaupt bestrafen? Es bedeutet, die Konsequenzen seines Verhaltens aufzuzeigen und ihn spüren zu lassen. Also kann man übersetzen: ,Ich mache ihm die Konsequenzen seines Verhaltens deutlich.'

Die Frage der Manipulation

Ich habe einmal ein Buch veröffentlicht unter dem Titel: „Wie ändere ich meinen Mann?". Es war als Buch kein Erfolg, als Thema für Vorträge ja. Ich weiß nicht warum. Ich dachte, dass die meisten Frauen gerne ihren Mann verändern würden, zumindest etwas. Vielleicht wollten sie den Ärger zu Hause nicht noch durch so einen Titel verschlimmern, oder sie haben ihn einfach nicht ernst genommen. Sagen doch die Psychologen schon lange, das gehe nicht, man könne nur sich selbst ändern. Letzteres halte ich für einen verbreiteten, berufsbedingten Optimismus. Mir scheint, dass die meisten Leute großen Wert darauf legen, so zu bleiben wie sie sind, auch wenn das noch so unerfreulich ist für sie selbst und für die anderen. Und wenn sie sich doch ändern wollen, merken sie, wie schwierig das ist.

Nun wird hier behauptet, dass man mit dem Tit For Tat gezielt Einfluss nehmen kann auf das Verhalten anderer. Es wird sogar von ,Zaubern' gesprochen. Zunächst werden die meisten Fachkollegen auf ihrer Überzeugung beharren: Das ist Quatsch, das geht nicht! Sie haben insoweit recht, dass es mit ihren Methoden nicht oder nicht direkt geht. Indirekt schon, denn da werden sie zustimmen, wenn sich der eine ändert, hat das Einfluss auf den anderen. Doch hier arbeiten wir auf einer anderen Ebene, nicht der kommunikativen und interaktiven, sondern der systemisch-energetischen. Um ganz sicher zu gehen, werden sie darauf hinweisen, dass, falls es doch funktionieren sollte, das noch schlimmer wäre, denn das könnte dann Manipulation sein.

Die Frage ,Ist das nicht Manipulation?' wird immer dann gestellt, wenn es um neue Methoden in der Psychotherapie geht, die von sich behaupten, sie seien wirksamer als die alten. Sie wird allerdings mehr im rhetorischen Sinne gebraucht, da man sich schon vorher einig ist, dass Fortschritte in der Psychotherapie Manipulation sein müssen. Nun geht es hier tatsächlich um das Thema Manipulation, allerdings in einem anderen Sinne. Tit For Tat ist das geeignete Mittel dagegen.

Tit For Tat ist dann angesagt, wenn jemand unter dem Verhalten eines Anderen leidet. Da ist in der Regel schon Manipulation im Gange. Entweder spielt der Andere Spiele im Sinne von Berne, oder jemand projiziert sein eigenes Spielbedürfnis auf einen mehr oder weniger Unbeteiligten. Für das Tit For Tat macht das keinen Unterschied. Es ermöglicht mit beiden Varianten konstruktiv umzugehen, das Spielverhalten des Anderen oder das eigene zu neutralisieren.

Tit For Tat ist also keine Aktion, kein Angriffsverhalten, sondern immer eine Reaktion, eine Verteidigung. Nun gilt im Völkerrecht, dass geeignete Verteidigungsmaßnahmen gegen Angriffe legitim sind. Bei einem projizierten Spielverhalten, etwa jemand erlebt einen selbstbewussten Menschen als überheblich, einen lebensfreudigen als liederlich oder einen anständigen als Spießer, bekommt der Andere von dem Tit For Tat ebenso wenig mit wie von der vorausgegangenen Projektion. In der Praxis ist es fast immer eine Mischung aus beobachtbarem Spielverhalten des Anderen und Projektionen, die es im eigenen Erleben dramatisieren.

In „Die drei Persönlichkeitstypen und ihre Lebensstrategien" habe ich Bernes Spiele als persönlichkeitstypische Prozesse der drei Grundtypen beschrieben, die Retter- und Machtspiele des *Beziehungstyps*, die Opfer- und Zuwendungsspiele des *Sachtyps* und die Verfolger- und Identitätsspiele des *Handlungstyps*.[170] Da es bei jedem Grundtyp drei Untertypen gibt mit den entsprechenden Spielneigungen, könnte man beim *Beziehungstyp* noch Anspruchsspiele hinzufügen, beim *Sachtyp* Anpassungsspiele und beim *Handlungstyp* Pflichterfüllungsspiele. Gemeinsam ist diesen letzteren drei Spielvarianten, dass sie unauffälliger und sozial akzeptierter sind als die vorher genannten.

Zu jedem typspezifischen Spielverhalten kann man die entsprechende Tit-For-Tat-Haltung einnehmen. Auf diese Weise kann man die Beziehung zu jemand, der Spielneigungen hat, vorbeugend sanieren. Nicht nur, dass man sich dadurch schützt, auch der Andere fühlt sich wohler. Denn Spieler verschaffen sich zwar auf unfaire Weise Vorteile, doch es sind eben nur Spielgewinne, die sie nicht wirklich zufrieden stellen. In der Folge neigen sie dazu, sich selbst und die Mitspieler abzuwerten. Bewahrt man den Anderen durch eine passende Tit-For-Tat-Haltung davor, seinen Spielneigungen zu folgen, so wird er einem eher mit Respekt und mit Sympathie begegnen.

Das Manipulation zu nennen, hieße die Dinge auf den Kopf zu stellen. Es ist ein wirksames Mittel gegen Manipulation. Zugleich hilft es dem Anwender, bei sich die Schwachstelle auszugleichen, die ihn bisher als Opfer für bestimmte Spiele anderer wie geschaffen sein ließ. Das gilt nicht nur für Mobbing-Opfer. Jeder hat mit anderen privat oder beruflich zu tun, und jeder ist täglich Spieleinladungen anderer ausgesetzt. Besonders hilfreich ist es für Partner in Beziehungen, Eltern im Umgang mit ihren Kindern, therapeutisch und pädagogisch Tätigen, Personen mit Führungsaufgaben und Berufstätigen ihren Vorgesetzten, Kollegen und Kunden gegenüber.

Ich kann mich an viele Beispiele erinnern, wo ein Tit For Tat überraschend schnell und nachhaltig gewirkt hat. So wurde eine Sozialarbeiterin, die Frauen betreute von Männern, die Gefängnis- und Zuchthausstrafen verbüßten, über einen längeren Zeitraum telefonisch von einem anonymen männlichen Anrufer bedroht. Er sagte Sätze wie: „Ich krieg dich!" oder „Ich mach dich fertig!". Das machte ihr Angst. Sie hatte das Übliche versucht, doch ohne Erfolg. Wir ermittelten eine Tit-For-Tat-Haltung, die sie dem Anrufer gegenüber einnahm, und von Stund an rief er nicht mehr an.

Leid in Lösungsenergie verwandeln

Eines der größten Wunder – und das nicht nur in der Psychotherapie und für sie – ist, dass die Klienten in ihrem Leid genau das mitbringen, was sie für die Lösung brauchen, Lösungsenergie von der richtigen Beschaffenheit und Menge. Es erweist sich, dass im Leid *die* Arznei steckt, die ihnen zur Gesundung verhilft. Die Erfahrungen, die bei der Verwandlung von Leid in Lösungsenergie gemacht werden, weisen in ihrer Bedeutung über die Psychotherapie hinaus: Es gibt keine an sich negative Energie, sondern das Leidvolle oder, wie es manche nennen, das Böse ist in sich selbst positive Energie, die abgespalten, verdrängt oder projiziert worden ist. Das fordert heraus, neu nachzudenken über dualistische Philosophien und Religionen, die von Gut und Böse, Licht und Dunkel usw. reden. Sie sind zwar eingängig und populär, doch vermutlich unsinnig und gefährlich.

Perls hat diesen Prozess der Verwandlung von Leid in Lösungsenergie Reintegration genannt. Er dürfte der Entdecker dieser Art Systemisch-energetischer Therapie sein: „dass es gegen das … Übel der Selbstentfremdung, der Selbstverarmung, nur das Heilmittel der Re-Integration gibt, die Rücknahme dessen, was rechtmäßig dein ist … Jedesmal, wenn du etwas integrieren kannst, gibt dir das eine bessere Ausgangsbasis, von wo aus du deine Entwick-

lung, deine Integration fördern kannst."[171] Ein Weg für ihn war die Identifika-
tion mit dem, was wir als beängstigend, abstoßend, verletzend erleben und
erleiden, in Träumen oder im wachen Erleben.

„In der Gestalttherapie deuten wir die Träume nicht. Wir tun etwas viel
Interessanteres damit. Anstatt den Traum zu analysieren und immer weiter zu
zerlegen, wollen wir ihn wieder zum Leben erwecken … *Werdet* dieses Ding
wirklich – was es auch ist in einem Traum – *werdet* es. Gebraucht eure Zauberkraft. Verwandelt euch in diesen hässlichen Frosch oder was da auch sei – ein
totes Ding, ein lebendiges Ding, ein Dämon – und hört auf zu denken …
Macht einen Dialog … führt ein Zwiegespräch zwischen den beiden gegensätzlichen Teilen … jeder Teil im Traum bist du selbst, ist eine Projektion dei-
ner selbst … bis wir zu einer Einheit und Integration der beiden gegeneinander stehenden Kräfte kommen. Dann ist der Bürgerkrieg zu Ende und deine
Kräfte stehen bereit für deine Kämpfe mit der Welt."[172]

Perls wollte nicht das Leben aus zweiter Hand: „Wir leben in Klischees …
du (hast) eine Möglichkeit, dein Potential zu steigern, das Leben reicher zu
machen … jede Sekunde von neuem zu leben und jeden Augenblick neu zu
überschauen."[173] Das *Jetzt* und das *Wie*, darum ging es ihm. „Wir sind wieder
bei Heraklit, bei der vorsokratischen Vorstellung, dass alles im Fluss ist … wir
sind von der linearen Kausalität zum Prozessdenken, vom *Warum* zum *Wie*
übergegangen."[174] Heraklit ist *der* Denker im Abendland, der versucht hat, die
systemische Kausalität verständlich zu machen, die Kausalität, nach der Beziehung funktioniert, die Beziehung zu anderen, zu sich selbst und zum Leben.

Ich habe in meiner Ausbildungstätigkeit immer wieder die Traumarbeit
von Perls demonstriert. Jemand hat etwas geträumt, das ihm Angst gemacht
hat. Jetzt soll er das *sein*, was ihn geängstigt hat, vielleicht ein böses Tier, das
auf ihn losgeht, oder die Tiefe, in die er stürzt, oder das peinliche Versagen in
einer ihm wichtig erscheinenden Situation. Es gelang den Teilnehmern nicht
immer, in die bedrohliche Gestalt hineinzugehen, sie zu *sein*. Doch den meisten ist es gelungen. Dann hat sich diese angstmachende Gestalt von innen her
ausnahmslos positiv angefühlt. Es konnte Liebe oder Sympathie sein, Kraft
und Unternehmungslust oder Leichtigkeit, Gelassenheit und Klarheit. Und es
waren immer Fähigkeiten, die sie gerade jetzt besonders gut gebrauchen
konnten.

Gegen Ende der 80er-Jahre lernte ich das NLP und damit das Sechs-Schrit-
te-Reframing von Bandler und Grinder kennen.[175] Es geht darum, unerwünschte Reaktionen und Verhaltensweisen in erwünschte zu verwandeln,
statt infantilen Müssens erwachsene Wahl- und Entscheidungsmöglichkeiten
zur Verfügung zu haben. Das ist der Bereich der mentalen Steuerungen und es

funktioniert nach der Ziel-Kausalität. Wir nennen das heute im ILP das tiefenpsychologische NLP. Ich habe dieses Reframing damals für meinen Bedarf verändert und vereinfacht.

Ohne mir dessen bewusst zu sein, habe ich dabei den Anwendungsbereich gewechselt, bin von den mentalen Steuerungen weg und hin zum Systemisch-Energetischen gegangen. Ich wollte nicht Verhaltensweisen ändern, sondern leidvolles Erleben in positive Energien zurückverwandeln. In dieser einfachen Übung sind einige Annahmen enthalten, die auch für die Hypnotherapie gelten: Das Unbewusste arbeitet gerne mit uns und für uns, doch es braucht klare Botschaften. Energien sind ursprünglich immer positiv. Bei Einzelübungen ist die Ökologie besonders wichtig – die gewünschten Veränderungen sollen bekömmlich sein.

Die Ausgangs-Situation war immer ein negatives Gefühl oder Erleben. Dann wandte ich mich in einem inneren Dialog an den dafür zuständigen Teil in meinem Unbewussten und bat ihn, das negative Gefühl zurückzuverwandeln in die ursprüngliche positive Energie, und zwar auf eine wohltuende, wirksame und stimmige Weise. Dann wandte ich mich an einen kreativen Teil in mir und bat diesen, mit dem zuständigen Teil zusammenzuarbeiten und ihn dabei zu unterstützen, das negative Gefühl in die ursprüngliche positive Energie zurückzuverwandeln. Wieder fügte ich an „auf eine wohltuende, wirksame und stimmige Weise". Dann wünschte ich den beiden gute Zusammenarbeit und richtete meine Aufmerksamkeit auf andere Dinge. Nach fünf bis zehn Minuten spürte ich in mich hinein, ob sich etwas und was sich gefühlsmäßig verändert hatte, und blieb in der jetzt positiven Energie.

Das hat damals ganz gut funktioniert, doch ich musste es immer wiederholen. So etwas wie stabile Veränderungen kannte man noch nicht. Ich versuchte herauszufinden, ob es regelmäßige Zusammenhänge gibt zwischen bestimmten negativen Gefühlen und den auftauchenden positiven Energien, konnte aber keine erkennen. Manchmal waren es spektakuläre Veränderungen, etwa von tiefer Niedergeschlagenheit in ein kraftvolles Lebensgefühl oder von ärgerlichem Gekränktsein in ein Darüber-schmunzeln-Können, manchmal war es einfach ein Wechsel von Sich-unwohl-Fühlen zu Sich-wohl-Fühlen.

Die systemische Energie-Umwandlung

Heute machen wir etwas Ähnliches in der ILP, die systemische Energie-Umwandlung, nur direkter, genauer und nachhaltiger. Diese Übung benützt das Prinzip der Reintegration leidvoller Energien auf methodische Weise. Vorhandenes Leid wird in Lösungsenergie verwandelt, gewissermaßen recycelt. Dabei werden alle erreichbaren Quellen des aktuellen Leidens benützt, um möglichst viel Lösungsenergie zu gewinnen.

Das ist einmal das direkt erlebte Leid, das aus dem Problem resultiert: „Was macht die problematische Situation mit Ihnen? Wie fühlen Sie sich?" Dann benützen wir als zweite Quelle projiziertes Leid: „Worüber haben Sie sich in der letzten Zeit besonders geärgert? Was finden Sie ganz schlimm?" Und zum Abschluss der Übung wird auch noch das Leid, mit dem das Problem aufgeladen ist, in Lösungsenergie zurückverwandelt.

Diese Arbeit findet nicht im Kopf, sondern im Bauch statt, nicht im Denken, sondern auf der energetischen Ebene. Wenn jemand während dieser Übung anfängt verstehen zu wollen, was da vor sich geht, wechselt er ins Erkenntnis-Ich und unterbricht die energetische Arbeit. Die meisten Klienten können sich darauf einlassen, vorübergehend nicht zu denken. Heute ist das möglich. Vor dreißig, vierzig Jahren, als Erickson gearbeitet hat, wäre das kaum akzeptiert worden. Damals hielten sich die meisten noch zwanghaft fest am Denken und Verstehen-Wollen. Vermutlich hat deshalb Erickson mit Hypnose und Trance gearbeitet, um mit den Klienten auf die systemisch-energetische Ebene zu kommen.

Es beginnt damit, dass man die Problem-Situation als Überschrift oder Bild konkretisiert, denn am Ende der Übung wird auf sie die gewonnene Lösungsenergie gelenkt. Dann wird das unmittelbare leidvolle Erleben ermittelt. Interessanterweise ist das in der Regel typspezifisch. Wir nennen es das ‚Original-Leiden' oder die typspezifischen Grundängste. Da wir in der Therapie mit umgangssprachlichen Begriffen arbeiten, die nicht fachwissenschaftlich definiert sind, kann das gleiche Wort für Klienten unterschiedliche Bedeutungen haben. So kann ‚hilflos' für einen *Beziehungstyp* ‚schutzlos' bedeuten und Lebensgefahr signalisieren, für einen *Handlungstyp* ‚gestoppt werden' und den Ärger, nicht das tun zu können, was er will. Oder ‚stark sein müssen' kann für einen *Beziehungstyp* meinen, dass er nicht an sich denken darf, sondern für andere handeln muss, für einen *Handlungstyp*, dass er nicht auf seine Gefühle hören darf, sondern ‚vernünftig' sein muss. Deshalb gilt immer das, was der Klient mit einem Wort meint.

Dieses typspezifische Wissen ist hilfreich, denn die Klienten tun sich manchmal schwer, ihr leidvolles Erleben zu identifizieren und in Worte zu fassen. Häufig nehmen sie nicht das ‚Original-Leiden' wahr, sondern Folge-Reaktionen wie: „Ich bin wütend" oder „Ich fühle mich entmutigt" oder „Es stößt mich ab". Man kann jetzt zurückfragen, was ging dem voraus, dem Wütend- oder Entmutigt-Sein oder dem Sich-abgestoßen-Fühlen?

Beziehungstyp	Enneagramm-Typ 2	begeisterungsfähiger Helfer	hilflos
Beziehungstyp	Enneagramm-Typ 3	liebenswürdiger Gewinner	blamiert
Beziehungstyp	Enneagramm-Typ 4	anspruchsvoller Romantiker	zerrissen
Sachtyp	Enneagramm-Typ 5	gutmütiger Beobachter	verraten
Sachtyp	Enneagramm-Typ 6	loyaler Skeptiker	minderwertig
Sachtyp	Enneagramm-Typ 7	optimistischer Pragmatiker	scheiternd
Handlungstyp	Enneagramm-Typ 8	fairer Kämpfer/Boss	weggeschoben
Handlungstyp	Enneagramm-Typ 9	kameradschaftlicher Macher	gelähmt
Handlungstyp	Enneagramm-Typ 1	ethischer Unterstützer	blockiert

Abb. 22 Typspezifische Grundängste[176]

Und man kann ihnen das typspezifische Erleben anbieten, etwa einem *Beziehungstyp*: „Haben Sie sich hilflos gefühlt, oder blamiert oder innerlich zerrissen?" Klienten können in der Regel genau sagen, das trifft zu oder das nicht, oder es kommt meinem Erleben zwar nahe, stimmt aber noch nicht ganz: „Nein, nicht zerrissen, sondern durcheinander!" Oder sie sagen: „Ja, ganz genau, hilflos!"

Das ‚Original-Leiden' ist das, was ihnen am meisten wehtut. Deshalb gehen sie oft schnell darüber hinweg in die Folge-Reaktionen. Für manchen ist es weniger schlimm wütend zu sein als sich hilflos zu fühlen, oder jemand zu kritisieren als sich blockiert zu fühlen. Und wenn man zurückfragt: „Was ging dem Wütend-Sein voraus?", überspringen manche ihr ‚Original-Leiden' und reden über die auslösende Situation: „Er hat auf mich eingeredet und überhaupt nicht zugehört und nicht verstanden, um was es mir geht!"

Wenn das typspezifische Leid identifiziert ist, gehen wir zunächst weg vom Thema des Klienten und fragen ihn, was es in seinem Leben sonst noch für Quellen des Ärgers gibt. Das sieht aus wie ein Rückfall in problemorientiertes Fragen, so als ob es dem Klienten nicht schon schlecht genug gehen würde. Doch das ist es nicht. Wie Altmetallsammler wollen wir möglichst viel Material zusammenbekommen, das wir neu aufbereiten können. Zugleich benutzen wir die Ärger-Beispiele als Köder, die dem Klienten helfen Hemmungen zu überwinden und in sein ursprüngliches leidvolles Gefühl hineinzugehen.

Es geht jetzt also darum, Beispiele für projiziertes Leid zu finden. Sie haben in der Regel nichts mit dem aktuellen Problem zu tun. Es ist die Frage: „Wen oder was empfinden Sie als besonders ärgerlich, empörend, abstoßend? Worüber haben Sie sich in den letzten Tagen oder Wochen aufgeregt? Was finden Sie schlimm?" Da kommen Antworten wie: eine Person aus der Firma, jemand aus der Verwandtschaft, der Familie, der Politik, aus den Medien, unangenehme Verkehrsteilnehmer, ein früherer Partner, eine Lehrerin, ein ehemaliger Freund. Es können auch Situationen sein, unverschämt hohe Preise, die Arbeitslosigkeit, das Wetter, eine Krankheit. Wichtig ist nur, dass diese Themen mit viel negativer Energie besetzt sind. In der Regel sammeln wir fünf Ärger-Beispiele.

Jetzt beginnt die eigentliche Arbeit der ‚Energieumwandlung'. Dabei geht es darum, in das ursprüngliche Leid hineinzugehen, so wie das Perls in seiner Traumarbeit macht. Wir nehmen das erste der vom Klienten genannten Beispiele, z. B. der Klient findet Tierquäler schlimm – und sein Originalleiden ist ‚sich blockiert fühlen'. Dann bekommt der Klient die Anweisung, sein Sichblockiert-Fühlen dem Tierquäler einzuflößen. Manche Klienten verstehen sofort, was sie tun sollen, andere brauchen etwas Hilfe: „Tun sie so, als ob Sie Zauberkraft hätten. Lenken Sie ihre Energie auf den Tierquäler, schicken Sie ihm das Sich-blockiert-Fühlen rüber wie mit einem Laserstrahl. Und wenn Sie drin sind in dieser Energie, geben Sie mir ein Zeichen."

Manchen macht das Spaß, einem Politiker wie … oder ihrem Chef oder sonst jemand diese leidvolle Energie zu schicken, andere haben ethische Bedenken. „Ich möchte niemand negative Energie zufügen, auch nicht …!" Zum Glück kann ich sie beruhigen: „Wir machen das Gegenteil von dem, was Sie befürchten. Wir sind keine Umweltvergifter, wir reinigen sie. Die von Ihnen genannten Beispiele sind schon mit negativer Energie besetzt, und zwar mit Ihrer, sonst könnten Sie sich nicht über diesen Typ ärgern oder sein Verhalten verabscheuen. Jetzt holen wir die projizierte Energie zurück und verwandeln sie in Lösungsenergie. Dazu müssen wir in die negative Energie hineingehen. Es ist so, wie wenn man einen Korken aus einer Flasche ziehen möchte. Dann muss man zuerst den Korkenzieher in den Korken reindrehen, bevor man ihn herausziehen kann." Wer weiterhin ethische Bedenken hat, kann den ‚Übeltäter' auch mit dem eigenen Leid, z. B. dem ‚Sich-blockiert-Fühlen' konfrontieren.

Leid in Lösungsenergie zu verwandeln – das klingt anspruchsvoller als das, was wir tun. Wir müssen die Energie nicht verwandeln, es gibt, wie schon gesagt, überhaupt keine negativen Energien, die man verwandeln könnte. Der Klient muss nur in die Energie, die er bisher von außen und gegen sich gerichtet erlebt, hineingehen. Dann ist sie schon positive Energie. Wenn er durch diese Übung reingekommen ist, sein Zeichen gegeben hat, erhält er die Anweisung: „Bleiben Sie in dieser Energie. Lassen Sie das Beispiel (z. B. den Tierquäler) und die Bedeutung (Sich-blockiert-Fühlen) weg. Es ist jetzt reine, heilsame Energie. Lenken Sie diese reine, heilsame Energie auf Ihr Problem. Lassen Sie sie darauf einwirken wie ein Licht!"

Damit wird die dritte Energiequelle angezapft. Auch das Problem ist mit negativer Energie aufgeladen. Die Lösungs-Energie löst die negative Energie, die mit dem Problem verbunden ist, auf, wandelt sie um, reintegriert sie. Danach wird der Klient gefragt, wie es ihm geht, was er empfindet. Es sind meist die typspezifischen Schlüsselfähigkeiten, die erlebt werden. *Beziehungstypen* fühlen sich gelassener, *Sachtypen* kraftvoller, *Handlungstypen* lebendiger. Dann wird diese Übung mit den anderen Ärger-Beispielen wiederholt. In der Regel geht es den Klienten danach schon deutlich besser. Auch diese Übung kann, wie die anderen, Wunder wirken.

Paradoxe Interventionen und systemisch-lösungsorientierte Partnertherapie

De Shazer hatte in seinen besten Zeiten Spaß an paradoxen Interventionen. Dazu kommt, dass sie außerordentlich wirksam sind. Etwa die Geschichte mit dem Jungen, der seinen Eltern immer wieder dummdreiste Lügen auftischte. Die Eltern hatten nach ihrer Meinung alles versucht, um ihn davon abzubringen. Strafpredigten, Prügel, geduldiges Argumentieren, Kürzung des Taschengeldes, nichts hatte gefruchtet. Das Team bemerkte, dass die Familie Sinn für Humor hatte. Schließlich kaufte sich der Vater in einem Kuriositätenladen eine Sprühdose mit der Aufschrift ‚Anti-Scheiß‘. Als der Junge das nächste Mal log, sprühte ihn der Vater ein. Der Sohn war verblüfft, dann lachten sie alle, und er log nicht mehr.[177]

Oder das herrliche Beispiel Bandlers von einem Vater, der seine Tochter in Bandlers Praxis zerrt und ihm erklärt, sie sei eine kleine Hure. „Ich brauche keine Hure; warum haben Sie sie hierher gebracht?“ Schon ist der Vater aus dem Konzept. Nein, sie sei seine Tochter. Widerlich, entgegnet ihm Bandler, wie er dazu komme, seine Tochter als Hure anzubieten? Der Vater versucht die Missverständnisse aufzuklären, sie hätte mit ihrem Freund geschlafen. Bandler fragt ihn, ob sie dafür Geld genommen hätte. Nein, aber sie sei zu jung! Dann macht Bandler ihm klar, dass er wirklich Schlimmes zu befürchten hat, wenn er seine Tochter so behandelt, und dass die Tochter ihn als kleines Mädchen geliebt hat, doch dass er drauf und dran ist, sie zu verlieren und damit auch seine möglichen Enkelkinder.[178]

Man nennt diese Interventionen Musterunterbrechungen. Das ist zutreffend, denn negative Verhaltensweisen laufen immer nach einem bestimmten Muster ab. Spontaneität, Intuition und Kreativität ermöglichen Verhaltensweisen, die ursprünglich und einmalig sind als Zeichen für psychische Gesundheit. Neurotisches Verhalten ist stereotyp, vorhersehbar, dadurch kann man es durchkreuzen. Man kann seine Intervention vorbereiten, doch man sollte sich nicht zu sehr festlegen, sondern im entscheidenden Moment seinem Gefühl folgen. Der Spieler ist mit seinem stereotypen Verhalten identifiziert. Er erwartet eine vorhersehbare Reaktion, der lügende Junge, dass seine Eltern sich ärgern oder ihren Ärger unterdrücken, der autoritäre Vater, dass die anderen gehorchen oder rebellieren.

Doch was, wenn eine völlig andere Reaktion kommt? Das ist für jemand, der in seinen Verhaltensmustern gefangen ist, eine Katastrophe. Er weiß nicht mehr weiter. Das, was ihm bisher Sicherheit gegeben hat, lässt ihn im Stich, ist unbrauchbar geworden. Doch er hat keine Alternativen. Bandler kommentiert sein Vorgehen in der Begegnung mit dem autoritären Vater (s. o.): „Wenn das keine Unterbrechung ist! Die ersten Sätze sind mir die liebsten; mit so einem Satz können Sie jemandem wirklich das Gehirn zum Kochen bringen. Wenn Sie ihm danach noch eine Frage stellen, wird er nie mehr so sein können, wie er war."[179] Gute Musterunterbrechungen haben eine bleibende Wirkung.

Paradoxe Interventionen – wie kann man so etwas lernen und richtig anwenden? Zuerst sollte man sich ‚einstimmen' auf diese Praxis, etwa indem man Beispiele liest bei De Shazer, Bandler oder in meinen früheren Veröffentlichungen. Richtig lernen kann man es nicht, es gibt dafür kein Rezept, doch man kann sich ‚anstecken' lassen. Sich ein paar verrückte Beispiele auszudenken, kann nicht schaden. Doch man sollte eine paradoxe Intervention nur anwenden, wenn man selbst gut drauf ist. Haltungen wie humorvoll sein, liebevoll, spielerisch, neugierig und selbstsicher sein sind gute Voraussetzungen.

Musterunterbrechungen funktionieren nicht, wenn man sie als Waffe in seinen Psychospielen einsetzt. Sie kennen sicher das zarte, hilflose Wesen, das mit einem Mann zusammenlebt, der rücksichtslos und egoistisch ist. Sie klagt dir ihr Leid und setzt große Stücke auf dich. Du möchtest ihr helfen, doch es ändert sich nichts. Du bist nicht der Einzige, der so reagiert. So jemandem habe ich die Bedingungen der paradoxen Interventionen erklärt. Voller Stolz hat sie bald darauf berichtet, dass sie es umgesetzt hat. Doch sie hat etwas ganz anderes daraus gemacht, sie hat sie benützt in ihrer Kriegsführung mit ihrem Partner. Irgendwann wird sie mir berichten, dass es nichts gebracht hat.

Das Schöne an paradoxen Interventionen ist, dass man sie häufig gar nicht anwenden muss, es genügt oft schon, dass man dazu bereit ist. Dann ändert der Andere sein Verhalten wie von selbst. Das dürfte damit zusammenhängen, dass sie systemisch-energetisch wirken, also nicht auf der Verhaltens- und Kommunikations-Ebene. Paradoxe Interventionen müssen nicht so spektakulär sein wie eingangs die beiden Beispiele. Es lohnt sich mit ganz unauffälligen Interventionen zu experimentieren.

Eine Mutter berichtete, dass ihre Tochter dann, wenn sie sich unbeobachtet glaubte, dem kleineren Bruder ein Bein stellte oder ihm einen Schubs gab, dass er hinfiel. Ich gab ihr den Rat, der Tochter gegenüber auch etwas heimlich zu tun, und zwar etwas zu verstecken, was der Tochter gehört, zusammen mit einem kleinen Geschenk. Die Tochter wurde von dem Spiel informiert, doch sie wusste nicht, was die Mutter verstecken wird und nicht zu welchem Zeitpunkt. Sie wusste auch nicht, dass das irgendetwas mit dem Verhalten ihrem kleinen Bruder gegenüber zu tun hatte.

Obiges Problem war eines von mehreren, das die Tochter betraf, und ich habe mit beiden ein Gespräch geführt. Deshalb kann ich nicht sagen, was geholfen hat, diese Aufgabe, die Gespräche oder irgendetwas anderes. Ich erinnere mich aber noch an das Bild, das ich von der Situation hatte, als ich der Mutter diesen Rat gab. Ich kann das schwer in Worte fassen. Die Situation der Tochter in der Familie, ihr Verhalten, und auch das der anderen Familienmitglieder, erschienen mir wie kreisartige organische Systeme, die in Bewegung sind und sich beeinflussen. Deshalb kann man an irgendeiner Stelle eine Veränderung einfügen, auch wenn sie weit weg ist von dem unerwünschten Verhalten, das man beeinflussen möchte. Die einzige Voraussetzung ist, die Intervention muss passen.

Was mich immer besonders freut ist, wenn Schüler von mir auf Grund meiner Anregungen oder aus eigener Initiative eine Musterunterbrechung erfunden und erfolgreich angewandt haben. Ich hatte dann immer das Gefühl, genau diese Intervention hat gepasst, besser hätte sie gar nicht sein können. In jedem der Fälle haben sich die Schüler auf ihre Intuition verlassen und spontan gehandelt. Wenn ich ihre Intervention dann im Nachhinein analysiere, meine ich einige ‚Regeln‘ zu erkennen, an die sie sich unbewusst gehalten haben. Eine davon ist, sie haben etwas gemacht, was zu ihnen als Person passt, was authentisch ist. Und sie haben das Grundprinzip der Systemisch-energetischen Therapie berücksichtigt.

Wenn man die Beispiele analysiert, ist in jedem etwas vom Tit For Tat enthalten. Die Lügen des Jungen wurden von den Eltern als absurd und ungeheuerlich beschrieben, die Intervention des Vaters hat ähnliche Züge. Der Vater, der seine Tochter in die Praxis schleppt, verhält sich autoritär und moralisch verurteilend, Bandler tritt ihm mit seiner Autorität entgegen und argumentiert auch moralisch. Das Positiv-Ähnliche kann ich bei allen Beispielen feststellen, die mir einfallen. Etwa die Frau, die von einem Arbeitskollegen ständig sexistisch angemacht wird und die ihm, als er an ihrem Schreibtisch vorbeigeht, einen Klaps auf den Po gibt.

Oder die Tochter, die, als ihr Vater nur noch herumsitzt, nichts mehr essen und trinken will, zu ihm sagt: „Vaterle, wenn du sterben möchtest, müssen wir das akzeptieren. Doch stirb bitte nicht während meines Urlaubs!" Was ist in den beiden Fällen das Positiv-Ähnliche? Zunächst muss man das Spiel des Anderen identifizieren. Der Arbeitskollege spielt ein Machtspiel und drängt die Kollegin in eine Opfer-Rolle, Thema ist Sex. Sie bleibt beim Thema, doch tauscht die Rolle. Jetzt ist sie Täterin und er Opfer. Dazu kommt der Überraschungseffekt. Sie berichtete, dass er sie nie wieder angemacht hat.

Der Vater, der nicht mehr isst und trinkt, macht ein hartes Zuwendungs-Spiel. Er erreicht damit, dass sich die ganze Familie Sorgen macht, sich um ihn bemüht, ein schlechtes Gewissen bekommt. Jetzt geht sie in die ‚Opfer-Rolle', doch nicht als Spiel, sondern als ‚so ist es eben'. Sie macht ihm deutlich, du musst nicht sterben, du kannst es, es ist deine Entscheidung, und wenn es sein muss, akzeptieren wir sie. Im Sinne von ‚pacen und leaden' ist das noch Mitgehen. Dann kommt das ‚Tit', der Gegenschlag: „Doch stirb bitte nicht während meines Urlaubs!" Du machst mir Sorgen, ich mache dir Sorgen. Du zwingst uns, vieles für dich zu tun – ich bitte dich, etwas für mich zu tun. Du machst uns ein schlechtes Gewissen – ich appelliere an dein Gewissen. Ihre Intervention entspricht dem Härtegrad seines Spieles, und auch sie bleibt beim Thema Sterben. Etwa ein Jahr später berichtet sie, dass ihr Vater wieder topfit sei und ihr angeboten habe, ihr beim Umzug zu helfen.

Die Lösungsorientierte Kurztherapie wurde am Brief Family Therapy Center (BFTC) entwickelt, an einem Institut für Familientherapie. Nun ist die Lösungsorientierte Therapie eher handlungs- als beziehungsorientiert, bedient die Ursache-Wirkungs-Kausalität besser als die systemische. Vielleicht enthielt De Shazers Kurztherapie deshalb zunächst viele systemische Elemente.[180] Das sah nach einem lebendigen Durcheinander aus, war kreativ und wirksam. Und er hat das Systemisch-Energetische mit dem TIT FOR TAT und dem Simile-Prinzip auf den Begriff gebracht. Inzwischen ist die Lösungsorientierte Therapie einfacher, klarer und leider auch ärmer geworden. Das Systemische scheint dort mehr und mehr verloren zu gehen. Das hat zur Folge, dass man nicht mehr direkt am Beziehungsgeschehen arbeitet, sondern eher die Rahmenbedingungen für eine Beziehung verbessert.

Das Systemisch-Energetische einzubeziehen, ist nicht nur für die Therapie selbst essentiell, sondern schon vorher für die Bereitschaft, etwas zu ändern, und für die Qualität des Zieles. Der Normalfall ist, dass Menschen zwar nicht glücklich sind mit sich und ihrem Beziehungserleben, doch sie haben sich daran gewöhnt. Sie wissen nicht wirklich worunter sie leiden und sie sehen auch keine Alternative. Sie führen ein banales Leben, und das zieht sich bis in die Therapien, d. h., ein großer Teil von dem, was da gemacht wird, ist nur eine

Fortsetzung des Normalfalls mit der Überschrift ‚Therapie'. Man arbeitet vielleicht lösungsorientiert an Zielen, doch die haben wenig Qualität und Durchschlagskraft. Es ist wie bei den Reformen in unserer Gesellschaft, Reformen überall und noch mehr Reformen, und nichts ändert sich wirklich.

Wie kann das Systemische wieder in die lösungsorientierte Partner- und Familientherapie zurückgeholt werden? Wir machen in der systemisch-lösungsorientierten Partner- und Familientherapie keine Familienaufstellungen wie Hellinger, doch wir benützen die gleichen Erfahrungen: Unser Beziehungserleben hat zu tun mit ‚Energiefeldern', mit ‚Energiebotschaften' und mit dem Besetzen von Positionen. Letzteres könnte man auch ein unbewusstes Übernehmen (oder Verweigern) von Verantwortungen, von Regeln und Aufträgen nennen. Das ist häufig weder sinnvoll noch angemessen, was da übernommen oder verweigert wurde. Etwa wenn die kleine Tochter in eine Retterrolle tritt dem Vater gegenüber und mit der Mutter konkurriert.

Oder dass sich jemand noch immer an die längst unsinnig gewordenen Regeln seiner Herkunftsfamilie hält wie: man darf nicht nein sagen, oder man darf nicht sagen, was man will, oder man muss für andere leben, oder man muss mit dem Wenigen zufrieden sein, das man hat, oder das Wichtigste im Leben ist der gute Ruf. Aufträge können sein, dass jemand meint, er müsse etwas ganz Besonderes sein oder sich vom Leben fern halten oder für andere die Verantwortung übernehmen. Oft stimmen diese Rollen, Regeln und Aufträge überein mit typologischen Neigungen. Dann sagen die Betreffenden, so bin ich eben, das ist meine Art. Doch niemand muss eingeschränkt leben, gestört oder krank sein.

Das sind Dinge, die den Klienten kaum bewusst sind und meist nicht thematisiert werden. Sie leben das ganz selbstverständlich. Es kostet sie viel Kraft. Es kann sie krank machen. Doch sie meinen, das sei normal, das sei eben so. Arbeitet man nur lösungsorientiert, kann es leicht passieren, dass man an diesen Dingen vorbeiarbeitet. Dann kann sich die Situation des Klienten zwar verbessern, doch sie ändert sich nicht wirklich. Die Therapeuten werden irregeführt, denn Klienten, die Spiele spielen, sagen etwas anderes als was sie fühlen. Vielleicht stellen sie ihre Situation als bemitleidenswert dar, fühlen sich aber innerlich stark und überlegen und umgekehrt, sie geben sich stark und optimistisch und sind innerlich hoffnungslos und verzweifelt. Man arbeitet dann möglicherweise mit Zielen, die dem Klienten wenig bringen.

Um das systemische Erleben einzubeziehen, das oft authentischer ist als das, was die Klienten sagen, gibt es verschiedene Möglichkeiten. So kann der Therapeut, statt immerzu eifrig und hingebungsvoll mit den Klienten zu arbeiten, sich die Zeit nehmen, auf sein Gefühl zu hören. Und er kann sich entscheiden, es auszusprechen. „Sie sagen, Sie möchten, dass Ihre Partnerin wieder zu Ihnen zurückkommt. Ich verstehe, was Sie sagen. Könnte es sein, dass Ihre jetzige Situation auch etwas Gutes für Sie hat?" Oder: „Sie sagen, dass Sie mit der Situation leben können. Ist es möglich, dass ein Teil von Ihnen darunter leidet, ja, dass für ihn die Situation fast unerträglich ist? Ist da etwas dran?"

Eine andere Möglichkeit ist, dass der Therapeut seinen Platz mit dem eines Klienten tauscht. Dieser kann aus der Therapeuten-Position auf seine Situation blicken und so manches klarer sehen. Der Therapeut kann fühlen, wie es dem Klienten geht. Wenn der Partner nicht anwesend ist, kann er sich auf einen leeren Stuhl setzen oder, bei Anwesenheit des Partners, vorübergehend beide Sitzplätze einnehmen. Dabei kann er deutliche Erfahrungen machen, wie jeder zum Anderen steht. Da Menschen in eigener Sache häufig betriebsblind sind, kann der Therapeut unvoreingenommen Dinge wahrnehmen, die dem Betroffenen verborgen sind.

Der Klient mag einen optimistischen Eindruck machen, doch er macht sich Sorgen um andere, und der Therapeut spürt, dass der Klient ziemlich ausgebrannt ist und etwas für sich tun sollte. Oder der Klient macht den Eindruck, dass er ein erfülltes Leben führt, doch der Therapeut spürt dessen innere Leere. Oder umgekehrt, der Klient glaubt, er sei eher hilflos, und der Therapeut spürt, dass dieser viel kraftvoller und zuversichtlicher ist, als er von sich denkt. Oder ein Klient sagt, er wolle dieses und jenes verändern, und beim Therapeuten kommt an, dass er dazu gar nicht bereit ist nach der Redensart: Wasch mir den Pelz, doch mach mich nicht nass!

Eine andere Möglichkeit ist, er lässt die Partner die Plätze tauschen. Dann können sie in sich spüren, was mit dem Anderen los ist. Das kann die Situation mit einem Schlag verändern. In einem Moment kann man besser und genauer verstehen, wie der Andere sich fühlt, als dies viele Gespräche vermitteln können. Oder er lässt den Klienten den Platz eines nicht anwesenden Beteiligten einnehmen, den seiner Tochter, seiner Frau, der Schwiegermutter. Er kann aus der Position des Anderen spüren, wie dieser die Situation erlebt. Oder der Klient kann von seinem Platz aus Fragen an den nicht anwesenden Anderen stellen, dann dessen Platz einnehmen und auf die Fragen antworten.

Solche Vorgehensweisen sind aus der Gestalttherapie bekannt. Doch ich vermute, sie werden dort überstrapaziert. Dann gehen das Überraschungsmoment und die Deutlichkeit verloren. Hier werden sie sparsam und gezielt im lösungsorientierten Kontext eingesetzt. Die systemisch-energetischen Erfahrungen bringen die Klienten in Kontakt mit dem, was wirklich in der Beziehung geschieht. Es ist das Material, aus dem etwas gemacht werden kann.

Ohne diesen Kontakt kommt es leicht zu einem Darüber-Reden, zu unverbindlichen Absichtserklärungen. Wenn die Klienten spüren, um was es für sie geht, kann eine lösungsorientierte Intervention die Problemsituation sofort verändern. So etwa eine einfache Frage wie: „Was möchten *Sie*?" Möglicherweise hat sich der Klient diese Frage nie ernsthaft gestellt, sondern immer nur darauf reagiert, was andere wollen.

Was macht der Therapeut mit diesem ‚Wissen'? Er kann damit den Klienten informieren oder konfrontieren. Und was macht der Klient daraus? Es ist für ihn eine Herausforderung sich nach Alternativen umzuschauen. Das ist für mich noch keine Therapie, sondern gehört in das Vorfeld von Therapie. So wie jemand, bevor er einem Handwerker einen Auftrag gibt, sich über die verschiedenen Möglichkeiten der Ausführung und über Preise informiert. Therapie beginnt dann, wenn die „… Mitglieder einer Behandlungsgruppe … ein gemeinsames Ziel teilen und den Wunsch ausdrücken, etwas zu tun, damit es eintritt"[181].

In der Familien- und Partnertherapie wird hauptsächlich lösungsorientiert gearbeitet. Es ist zweckmäßig, mit den Klienten, nachdem sie ihr Problem dargestellt und ihre Wünsche für die Therapie geäußert haben, einige Vereinbarungen zu treffen, etwa, dass sie (unabhängig davon, ob sie zusammenbleiben oder sich trennen wollen) ihr Miteinander-Umgehen konstruktiv gestalten wollen, dass jeder in der Therapie sagt, was er will (und weniger, was er nicht will), den Anderen ausreden lässt (und ihm nicht ins Wort fällt) und über sich spricht, seine Wünsche, Erfahrungen und Gefühle (und nicht über den Anderen).

In der Familien- und Partnertherapie müssen wir damit rechnen, dass Teilnehmer unterschiedlich interessiert sind an Veränderungen, das kann sich auf die Partner beziehen oder auch schwanken beim Einzelnen. Eine Unterscheidung ist die zwischen einem *freiwilligen* und *unfreiwilligen Klienten*. Es kann sein, dass einer nur mitgekommen ist, um aus seiner Sicht ‚gute Miene zum bösen Spiel zu machen'. Eine andere Unterscheidung ist die zwischen einem *Klienten* (der gewillt ist, an einer Veränderung zu arbeiten), einem *Klagenden* (der Mitleid, Rechtfertigung und Parteinahme sucht) und einem *Besucher* (der kontrollieren will, was vor sich geht, oder aus Höflichkeit mitgekommen ist).

Wir können nur mit einem *Klienten* lösungsorientiert arbeiten. So wie ein Handwerker nicht ohne Auftrag arbeitet, arbeiten wir nicht mit *Klagenden* oder *Besuchern*. Wir können mit ihnen verhandeln, ihre Position klären und ihnen dann die Freiheit lassen, sich zu entscheiden, ob sie als *Klienten* mitarbeiten oder wieder gehen wollen. Da die Grenzen zwischen *Klient* und *Klagen-*

dem fließend sind bzw. ein Teilnehmer schwanken kann zwischen beiden Positionen, oder erst während der Arbeit deutlich wird, dass einer der Teilnehmer kein *Klient* ist, wird man häufig die lösungsorientierte Arbeit unterbrechen und ins Vorfeld der Therapie zurückgehen müssen, entweder zum vernünftigen Verhandeln oder zur systemisch-energetischen Konfrontation.

Ständige Elemente des Systemisch-Energetischen in der Familien- und Partnertherapie sind das Pacen, das Dahinter-Bleiben und das Überholen. Wenn Klienten engagiert auf ihr Ziel zugehen, ist es günstig, wenn der Therapeut etwas hinter ihnen bleibt, sie vorsichtig anerkennt, aber innerlich eher eine abwartende Haltung einnimmt. Das hat wieder etwas zu tun mit Besetzen von Positionen. Übertrieben positive Therapeuten, die strahlen und begeistert sind und alles toll finden, machen mich eher misstrauisch. Auch der Begriff des ‚Cheerleadings'[182] gefällt mir nicht. Anerkennung ist etwas Wertvolles. Man sollte sie sorgfältig und genau da einsetzen, wo sie den Klienten in etwas bestätigt und bestärkt, was ihn weiterbringt.

Wenn der Klient zögert oder rückfällig wird, kann der Therapeut ihn überholen und ihn darin bestärken, vorsichtig zu sein, oder darauf hinweisen, dass es manchmal ganz hilfreich ist, nochmals das Negative auszuprobieren. Es gibt ja kein Richtig und Falsch in der Therapie. Deshalb ist es gut, immer auch die andere Seite zu sehen, das Gute des Schlechten und das Schlechte des Guten. Jedes Therapie-Verfahren hat die Tendenz ideologisch zu werden. Dann wissen die Therapeuten genau, worauf es ankommt, und sind hoch motiviert, die Klienten dahin zu bringen. Doch wissen, wohin jemand will, und motiviert sein, das sollte man besser dem Klienten überlassen.

Paradoxe Interventionen eignen sich gut als Hausaufgaben. Es macht den Klienten großen Spaß, so etwas auszuprobieren – und es klappt so gut wie immer, wenn es echte *Klienten* sind. Es ist als ob man den Klienten ein Zaubermittel mitgegeben hätte. Waren sie vorher oft lange Zeit hilflos, so kommen sie jetzt in die gegenteilige Situation, etwas machen und bewirken zu können. Es gibt Hausaufgaben, bei denen beide wissen, was jeweils der Andere tun soll, z. B. bekommen beide den Auftrag, in der kommenden Woche fünfmal etwas für den Anderen zu tun, doch der muss es erraten und darf erst bei der nächsten Sitzung darüber sprechen. Wenn nur einer der Partner an der Therapie teilnimmt, hat das den Vorteil, dass er besonders gut etwas Paradoxes anwenden kann.

9. Autonomie-Training – Rückkehr zu Wohlbefinden und Selbstbestimmung

Fallen und Auswege

Es gibt hauptsächlich drei Arten, wie es sich Menschen schlecht gehen lassen und sich Probleme schaffen, und in der Regel haben sie sich auf eine davon spezialisiert. Man kann sich *abhängig machen* von Personen, von Ereignissen oder Zuständen – vom Partner, einem Chef, dem Auf und Ab der Börsenkurse, vom Vergleich mit dem Anderen, wie stehe ich da oder vom Urteil anderer, was halten sie von mir? Man kann sich *Sorgen machen* um andere oder um seine Gesundheit, um die Familie oder das Gelingen eines Projektes. Und man kann *zweifeln*, sich in Frage stellen, seine Vorhaben, ob man den richtigen Partner hat, ob man o. k. ist als ... Jede dieser Fallen hat bestimmte Komponenten, das Sich-abhängig-Machen etwa ist ein Beziehungsverhalten, ist auf Gegenwärtiges und (so etwas wie) ein Du fixiert und emotional. Das Sich-Sorgen-Machen bezieht sich auf Zukünftiges, auf Handeln und bezieht sich auf die anderen, das Wir. Und das Zweifeln hat mit quälenden Gedanken zu tun, mit Vergangenem und dem eigenen Ich.

Abb. 23 Fallen und *Auswege*

Die Auswege bestehen darin, dass man in dem Psychographie-Dreieck eine Station weitergeht und dort zum entsprechenden gesunden Verhalten, d. h., man kann das Problem nicht direkt lösen, etwa dass man versucht die Abhängigkeit zu vermindern, die Sorgen durch Optimismus zu ersetzen oder die

Selbstzweifel durch Selbstbewusstsein – das sind die zwar nahe liegenden, doch untauglichen Lösungsbemühungen. Man muss einen gesunden Prozess initiieren. Wenn der *Abhängigkeits-Typ* seine Aufmerksamkeit auf sich lenkt, spürt: Ich bin die Lösung!, wenn der *Sorgen-Typ* das Fühlen zulässt, sich einlässt auf gegenwärtige Beziehungen zu anderen und zu sich selbst, und wenn der *Selbstzweifler-Typ* seine Bedenken hinter sich lässt, nach vorne schaut und sich realistische Ziele setzt und an ihnen festhält, dann kommen alle Typen heraus aus ihren Fallen und in eine gesunde Bewegung.

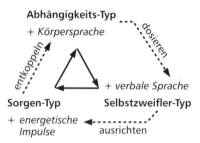

Abb. 24 Kommunikationsebenen und *Lösungsverhalten*

Jede dieser Fallen scheint mit einer eigenen Energie- und Kommunikationsart verbunden zu sein.[183] Der *Abhängigkeits-Typ* hat eine besondere Affinität zur körpersprachlichen Kommunikation. Sie verleitet ihn zu einem Entweder-Oder, sowohl in der Wahrnehmung wie in seinem Verhalten. Stattdessen tut es ihm gut zu dosieren. Nicht ich werde geliebt oder abgelehnt, sondern: Wie viel Sympathie bringt mir der Andere entgegen und wie viel Nähe ist angemessen in der Beziehung zu ihm? Dabei hilft die Klärung durch verbale Kommunikation.

Der *Sorgen-Typ* nimmt stark energetisch wahr. Er spürt die Emotionen des Anderen. Doch energetisches Erleben kann schlecht differenzieren, Angenehmes und Unangenehmes verklumpt, so dass er mit den unterschiedlichen Aspekten nicht angemessen umgehen kann und sich dann blockiert oder hilflos fühlt. Hat er mit dem Anderen zu tun, stört ihn das Unangenehme, meidet er ihn, vermisst er das Angenehme. Für ihn ist es gut, die verschiedenen Aspekte räumlich zu trennen und die unterschiedlichen Aspekte zu entkoppeln, damit er auf jeden gesondert und angemessen eingehen kann.

Der *Selbstzweifler-Typ* ist befangen vom Verbalen, von Worten und Sätzen. Worte haben für ihn so etwas wie eine hypnotische Wirkung. Das wirkt sich negativ aus, wenn er oder andere seine Vorhaben bezweifeln. Es hindert ihn, entschlossen und energievoll in sein Wollen zu gehen bzw. dort zu bleiben.

Ihm hilft die Erlaubnis, sich auf seine Ziele auszurichten, sie nachhaltig mit
Energie zu besetzen und seine Bedenken zurückzustellen.

Ich wurde gefragt, ob es sinnvoll ist, Begriffe wie *Abhängigkeits-*, *Sorgen-* oder
Selbstzweifler-Typ zu benützen, ob das nicht zu negativ sei. Sollte man statt
Abhängigkeits-Typ nicht besser vom zugewandten Typ sprechen, statt vom *Sorgen-Typ* vom fürsorglichen Typ und statt vom *Selbstzweifler-Typ* vom selbstreflektiven Typ? Das wäre die positive Seite des Fallenverhaltens. Ich habe nichts
dagegen. Doch im Rahmen des Autonomie-Trainings scheint es mir zweckmä-
ßiger zu sein, die Falle zu benennen, also Warnschilder aufzustellen. Wenn
jemand sich auf der gesunden Seite seines Typs aufhält, braucht er kein Autonomie-Training. Doch es wäre eine Täuschung, wenn jemand meint, man könne
direkt vom *Abhängigkeits-Typ* zum zugewandten Typ wechseln, vom *Sorgen-
Typ* zum fürsorglichen und vom *Selbstzweifler-Typ* zum selbstreflektiven Typ.

Die Entdeckung des Autonomie-Trainings

Es begann mit einem Experiment. Zu diesem Zeitpunkt hatte ich mich in eine
aussichtslose Beziehung verrannt. Ich konnte oder wollte es jedoch nicht ein-
sehen, vermutlich deshalb, weil es sich, wie ich vermute, um eine Übertragung
aus der Kindheit handelte. In solchen Fällen wollen die Leute von ihrer Partnerin oder ihrem Partner die Zuwendung, nach der sie sich als Kind gesehnt,
doch damals nicht oder zu wenig davon bekommen haben. Gleichzeitig
suchen sie sich jemand aus, der so ähnlich ist wie die Bezugsperson aus der
Kindheit und der ihnen die geforderte Zuwendung nicht geben kann oder
will. Dieses in sich widerspruchsvolle Verhalten erzeugt viel Stress, innen und
außen. Gewöhnlich halten die Leute diese Konstruktion für die große Liebe,
die jedoch leider fast immer unglücklich endet.

Ich nützte damals die Möglichkeiten der Therapie, um das Unmögliche
doch möglich zu machen. Natürlich funktionierte das nicht. Dann fiel mir
ein, dass der Satz ‚Ich bin die Lösung!‘ und der damit verbundene Wechsel der
inneren Haltung mir früher schon geholfen hatten: Ich beschloss ihn anzuwenden, und zwar nicht nur ein- oder zweimal, sondern konsequent und über
einen längeren Zeitraum. Das Ergebnis übertraf meine Erwartungen. Es ging
mir nicht nur deutlich besser. Es ging mir zeitweilig besser als je zuvor, obwohl
die Beziehungs-Situation noch immer nicht geklärt war. Ich nannte dieses
Experiment für mich ‚Autonomie-Training‘.

Dann überlegte ich, wie ich diese Entdeckung anderen zugänglich machen
könnte. Mein psychographisches Wissen verbot mir von vornherein anzuneh-

men, dass das, was mir hilft, in der gleichen Form für alle anderen gut sein müsste – der häufigste Irrtum in der Psychotherapie. Also versuchte ich die Gesetzmäßigkeiten herauszufinden, die mein persönliches Autonomie-Training für mich wirksam machte. Mir fiel auf, dass die Art meines Leidens dem entsprach, was ich als die Komponenten des Typs 5 (oder Fünfer)[184] im Enneagramm herausgefunden hatte – Gegenwart, Fühlen, Du.[185] Was ich dort als zusätzliche positive Möglichkeiten beschrieben hatte, erwies sich jetzt als Fallen: Abhängigkeit vom Du, leidvolles Fühlen und ein Versumpfen im Gegenwärtigen.

Ich erinnerte mich, dass das Enneagramm mit seinen neun Typen ursprünglich keine objektive Beschreibung der Persönlichkeitstypen war, sondern warnende Hinweise auf persönlichkeitstypische Fallen für Aspiranten einer spirituellen Entwicklung. Ich überprüfte dann, ob auch bei den anderen Enneagramm-Typen die entsprechenden Komponenten im Spiel waren, wenn es ihnen schlecht ging, also dass beispielsweise das Leiden eines Zweier zu tun hat mit Wir, Handeln und Zukunft, oder eines Achter mit Ich, Denken und Vergangenheit. Es bestätigte sich in allen Fällen. Jetzt hatte ich die persönlichkeitstypischen Komponenten des Sich-schlecht-gehen-Lassens identifiziert.

Was mir zu dem Zeitpunkt noch nicht klar war: *Wie* kommt jemand aus dem Leiden ins gesunde Erleben, aus seiner Falle in einen Prozess des autonomen Verhaltens? Das prozessorientierte Wissen des Enneagramms konnte mir nicht weiterhelfen. Es beschreibt zwar zutreffend und anschaulich die Fallen. Doch es hat, was seine Empfehlungen und Warnungen betrifft, nur eine Trefferquote um 60 oder 70 Prozent. Das ist mir zu ungenau – auch wenn es für das Überleben eines Modells ausreichend ist. Zwar hatte ich die Antwort in ‚Die drei Persönlichkeitstypen …‘ schon graphisch dargestellt[186] und im Text beschrieben, doch in ihren praktischen Konsequenzen noch nicht wirklich begriffen.

Der Schritt aus der Falle und Beginn des Autonomie-Prozesses findet sich jeweils drei Stationen weiter, also beispielsweise für den Typ 1 beim Typ 4 oder für den Typ 2 beim Typ 5, für den Typ 3 beim Typ 6, usw. Was also für einen Typ schädlich ist, nützt einem anderen. Das erklärt sich damit, dass Fallenverhalten eingeschränkt ist auf einen der drei Lebensbereiche, entweder Denken oder Handeln oder Fühlen. Autonomie dagegen ist ein ganzheitlicher Prozess, an dem immer alle drei Grundkompetenzen beteiligt sind, also Denken und Handeln und Fühlen. Wir nennen das die integrale Kompetenz.

Was also für den Typ 4 Komponenten des Fallenverhaltens ausmachen (Ich, Denken, Vergangenheit) sind für den Typ 1 der Beginn des autonomen Verhaltens. Der Typ 4 findet die Komponenten, die ihn aus der Falle bringen,

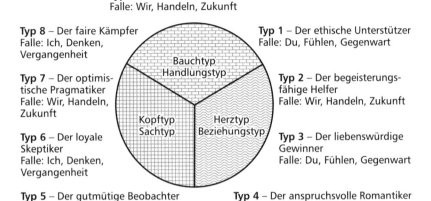

Typ 9 – Der kameradschaftliche Macher
Falle: Wir, Handeln, Zukunft

Typ 8 – Der faire Kämpfer
Falle: Ich, Denken,
Vergangenheit

Typ 7 – Der optimis-
tische Pragmatiker
Falle: Wir, Handeln,
Zukunft

Typ 6 – Der loyale
Skeptiker
Falle: Ich, Denken,
Vergangenheit

Typ 5 – Der gutmütige Beobachter
Falle: Du, Fühlen, Gegenwart

Typ 1 – Der ethische Unterstützer
Falle: Du, Fühlen, Gegenwart

Typ 2 – Der begeisterungs-
fähige Helfer
Falle: Wir, Handeln, Zukunft

Typ 3 – Der liebenswürdige
Gewinner
Falle: Du, Fühlen, Gegenwart

Typ 4 – Der anspruchsvolle Romantiker
Falle: Ich, Denken, Vergangenheit

Abb. 25 Die neun Untertypen und ihre Fallen

beim Typ 7 (Wir, Handeln, Zukunft). Dem Typ 2 helfen die Komponenten des Typ 5 aus seinem Fallenverhalten (Du, Fühlen, Gegenwart). Den Einstieg in den Autonomie-Prozess finden wir also immer drei Schritte weiter im Uhrzeigersinn (siehe auch Abb. 29).

Als ich so weit war, ist mir auch etwas anderes klar geworden. Die zentrale Aussage der Psychographie ist: Die Lösung liegt in den Schlüsselfähigkeiten. Diese Aussage bestätigt sich in jeder Therapie-Sitzung. Doch es gab einige Klienten, für die das nicht zu stimmen schien, und zwar dann, wenn sie im Alltag Probleme hatten. Was in der Therapie problemlos funktionierte, gelang ihnen nicht, wenn sie sich selbst helfen wollten. Sie kamen nicht in ihre Schlüsselfähigkeiten und fanden keine Lösung.

Des Rätsels Lösung: Sie waren in ihre Falle geraten und saßen darin fest. Und es zeigte sich, sie müssen erst aus ihrer Falle herauskommen, damit für sie der Weg frei wird in ihre Schlüsselfähigkeiten. Dabei hilft ihnen das Autonomie-Training. Deshalb ist es besonders alltagstauglich.

Grossarth-Maticeks Typologie

Im Herbst des gleichen Jahres, als ich begonnen hatte, das Autonomie-Training zu entwickeln, wurde ich auf Grossarth-Maticek aufmerksam gemacht. Ich lernte ihn über die Aufzeichnung eines Vortrags kennen und war beeindruckt von seinem Engagement für eine psychosomatische Medizin. Dabei kann er sich auf überaus umfangreiche und differenzierte Langzeit-Untersuchungen stützen zum Thema: Was macht Menschen krank beziehungsweise was erhält sie gesund oder was hilft ihnen, auch bei schweren Erkrankungen wieder gesund zu werden, ihr Leben zu verlängern und ihre Lebensqualität zu verbessern?

Die Ergebnisse lassen sich vereinfacht so zusammenfassen: Eine gesunde Lebensweise verbessert die Chancen gesund zu bleiben um etwa das Doppelte, was die Auswirkung einzelner Faktoren betrifft wie gesunde Ernährung und regelmäßige Bewegung an der frischen Luft. Kommt dazu noch gute Selbstregulation, verbessern sich die Chancen um etwa das Vierfache.[187] Kommen mehrere positive oder negative Faktoren zusammen, vervielfachen sich die Auswirkungen in beide Richtungen.

So hat ein Raucher ein dreimal höheres Risiko an Lungenkrebs zu erkranken oder zu sterben als ein Nichtraucher. Faktoren wie erbliche Belastung und chronische Bronchitis erhöhen das Risiko auf das Sechsfache. Kommt nun noch schlechte Selbstregulation dazu, hat der Betreffende ein 36-mal höheres Risiko an Lungenkrebs zu erkranken oder zu sterben als jemand ohne diese Risikofaktoren.[188] Umgekehrt hat ein Raucher mit guter Selbstregulation fast doppelt so gute Chancen gesund zu bleiben wie ein Nichtraucher mit schlechter Selbstregulation. Für Teilnehmer der höchsten Risiko-Gruppe (36-mal höheres Risiko, s. o.), die an einem Autonomie-Training teilnahmen, verbesserten sich für jene, die das Rauchen aufgaben, die Chancen gesund zu bleiben um etwa das Fünffache, für die, welche weiterrauchten, immerhin um etwa das Dreifache.[189]

Drei Aspekte machen die Untersuchungen von Grossarth-Maticek so bemerkenswert. Sie machen deutlich, dass monokausale Untersuchungen, wie sie bisher in der Psychosomatik üblich waren, wenig Aussagekraft haben. Sie weisen nach, dass, durch die synergistischen Wirkungen mehrerer Faktoren, sich die Chancen und Risiken nicht addieren, sondern vervielfachen. Und sie machen eindrucksvoll deutlich, welch überaus hohe Wirksamkeit der Faktor Selbstregulation hat. Er konnte empirisch nachweisen, dass das größte Potential für Fortschritte in der Medizin beim Faktor Selbstregulation zu finden ist, d. h. beim seelischen, geistigen und sozialen Selbst-Management der Patienten.

Für Grossarth-Maticek war es deshalb wohl so etwas wie ein Muss, ein Autonomie-Training zu entwickeln. Seine Untersuchungen zeigen, dass nicht nur die ‚natürliche‘, also die in der Kindheit erworbene gute Selbstregulation, außerordentlich positive Auswirkungen auf die Gesundheit hat, sondern auch die mit Hilfe eines Autonomie-Trainings erlernte. Grossarth-Maticeks Forschungsergebnisse legen nahe, dass eine verantwortungsbewusste Medizin Psychotherapie nicht weiter ausgrenzen oder vernachlässigen darf, sondern sie in ihre Heilungskonzepte integrieren muss. Das gilt besonders dann, wenn diese psychosomatisch ausgerichtete Psychotherapie rasch und zuverlässig wirksam ist.

Grossarth-Maticek ist kein Psychotherapeut. Vielleicht lag darin für ihn die Chance, relativ unbelastet von traditionellen Vorstellungen, wie Psychotherapie sein müsste, ein Training zu entwickeln, das lösungs- und ressourcenorientiert ist und mit den Klienten auf deren Kompetenz-Ebene arbeitet. Nach meiner Einschätzung resultiert die Wirksamkeit seines Autonomie-Trainings vor allem aus drei Faktoren. Er vermittelt seinen Patienten mit der Autorität seiner Persönlichkeit, dass sie die Möglichkeiten und die Erlaubnis haben, ihr Leben so zu gestalten, dass sie sich wohlfühlen, Lust, Sicherheit und Sinnerfüllung erreichen. Er macht ihnen deutlich, dass sie in einem alten, überholten und krank machenden lebenslangen Verhaltensmuster befangen sind. Und er unterstützt sie auf ihrer Kompetenz-Ebene, neue Lebensziele zu realisieren.

Interessanterweise hat Grossarth-Maticek auch eine Typologie entwickelt, bestehend aus sechs Typen[190]:

Typ I: Leid auf Grund der Distanz zu erstrebten Objekten – Hemmung in der ich-
          bezogenen Expression
Typ II: Leid in der Nähe störender Objekte – hilflose Übererregung
Typ III: Der egozentrische, instabile Typ
Typ IV: Der sich flexibel selbst regulierende und sozial orientierte Typ
Typ V: Der rational-antiemotionale Typ
Typ VI: Der emotional gesteuerte, antisoziale Typ

Die Typologie machte auf mich, auch bei mehrmaligem Lesen, einen verwirrenden Eindruck. Immerhin schien sie nicht aus der Luft gegriffen zu sein, denn Typ I und Typ II unterscheiden sich deutlich nach ihrer Mortalität, Menschen vom Typ I starben danach zu 41,8% an Krebs, während diejenigen von Typ II zu 51% an Herzinfarkt starben.

Typ IV ist die gesunde, entwickelte Persönlichkeit. Bei Modellen, die Gegensätze beschreiben, wie bei Typ V und VI, fehlt erfahrungsgemäß die dritte Komponente, etwa ein zwanghafter *Macher-Typ*, der in seinem Denken starr, eng und voller Vorurteile ist.

Ich will mich im Folgenden auf die ersten drei Typen konzentrieren. Denn die Beschäftigung mit ihnen hat mich zu eigenen Überlegungen angeregt. Sie haben das von mir entwickelte Autonomie-Training griffiger gemacht.

Typ I wird deutlich als jemand beschrieben, der sich abhängig macht von „hoch bewerteten und stark ersehnten Objekten (Personen, Zuständen, nicht verwirklichten Zielen)"[191] und der nicht in der Lage ist, die ersehnte Nähe herzustellen. Es fällt ihm schwer zu sagen, was er will, und er neigt dazu, diesen Konflikt zu harmonisieren.

Typ II wird als jemand verstanden, der im Gegensatz zu Typ I unter der Nähe störender Objekte leidet (Personen, Zustände, Verhaltensweisen der eigenen Person, usw.), sich jedoch nicht von ihnen trennen kann. Er lebt in einem Zustand anhaltender hilfloser Übererregung.

Und Typ III wird als egozentrischer, instabiler Typ beschrieben, der zwischen übergroßer Distanz und erdrückender Nähe wechselt, wobei er nur kurzfristig den optimalen Abstand findet.

Es fällt auf, dass alle drei Typen durch ihr Beziehungs-Verhalten charakterisiert werden. Dadurch ist nicht zu unterscheiden, ob für sie das Beziehungsthema das zentrale Lebensthema ist oder möglicherweise ein zweit- oder drittrangiges. Das Problem-Verhalten des Typs I dürfte sich tatsächlich primär auf der Beziehungs-Ebene abspielen. Dadurch ist er auch in der Grossarth'schen Beschreibung für mich am deutlichsten zu erkennen. Der Ärger des Typs II über und das Leiden an störenden Objekten dürfte schon das Ergebnis eines gescheiterten Bemühens sein. Es dürfte jemand sein, der stellvertretend für andere handelt, etwas, was in der Regel schlecht oder gar nicht funktioniert und nach dem Sprichwort beantwortet wird: Undank ist der Welt Lohn. Und bei Typ III dürfte das irrelevante und egozentrische Beziehungsverhalten ein Symptom sein von jemand, der mit sich selbst und seinem Leben unzufrieden ist, weil er an sich und anderen zweifelt und dadurch nicht richtig ins Handeln kommt.

Abhängigkeits-, Sorgen- und *Selbstzweifler-Typ*

Welche Schlüsse habe ich aus seiner Typologie gezogen? Ich denke, dass Typ I zutreffend beschrieben wird. Ich nenne ihn den *Abhängigkeits-Typ*. Er ist auf das Du oder andere Objekte fixiert, sei es, dass er das Ersehnte nicht erreicht, oder dass er enttäuscht ist von dem, was er bekommt. In jedem Fall sucht er die Lösung nicht in und bei sich, sondern beim Anderen oder woanders. Dabei verliert er den Kontakt zu sich selbst oder ist quasi besetzt, wie ein von einer fremden Macht besetztes Land. Er konstruiert Abhängigkeit und erhält sie aufrecht, indem er nichts Wirksames unternimmt um sie aufzuheben. Hat sich eine Abhängigkeit aufgelöst, etwa weil eine Beziehung zu Bruch gegangen ist, sucht er rasch einen Ersatz.

Er gibt viele Möglichkeiten, sich abhängig zu machen und zu frustrieren, durch falsche Partnerwahl, durch unerreichbare Wunschpartner, indem man sich von der Kritik und Meinung anderer abhängig macht, sich ständig mit anderen vergleicht und dadurch die unvergleichliche Einmaligkeit seiner individuellen Persönlichkeit verkennt. Da psychologisch gesehen Gegensätze zusammengehören als die beiden Seiten des gleichen Themas, treten *Abhängigkeits-Typen* oft extrem unabhängig auf, verhalten sich übermäßig distanziert, kritisch oder zurückgezogen.

Den Typ II nenne ich den *Sorgen-Typ*. Sein Problem-Verhalten hat primär mit Handeln zu tun. Er übernimmt zu viel Verantwortung, fühlt, denkt oder macht zu viel für andere. Das kann jemand sein, der sich aus Hilfsbereitschaft und Pflichterfüllung übermäßig engagiert, für seinen Partner, seine Kinder, seine Familie, seine Firma, seinen Verein, für Freunde und Verwandte. Oder er ist jemand, der den Retter spielt, sich für alle verantwortlich fühlt, sich einmischt in Angelegenheiten, die ihn nichts angehen. Es kann aber auch jemand sein, der übertrieben für sich selbst sorgt in einem selbstverständlichen Egoismus, oder der berechtigte Sorgen verdrängt und allzu sorglos und selbstüberschätzend für andere Projekte initiiert, die dann möglicherweise scheitern.

Der *Sorgen-Typ* handelt nicht um der Sache willen, sondern er möchte für sein Engagement geschätzt, geliebt oder bewundert werden. Bleibt dieser Lohn aus, und das geschieht auf Dauer fast regelmäßig, denn die anderen fühlen sich durch sein Überengagement eingeschränkt, manipuliert oder übertölpelt, dann dürften die negativen Reaktionen eintreten, die Grossarth-Maticek beschreibt. Es entsteht Groll gegen die, für die er sich, wie er meint, so selbstlos engagiert hat. Doch er kann sich nicht von ihnen trennen, da er sich weiter Sorgen macht, um die Familie, um die Firma, um den Partner, um irgendwelche Projekte. Auch der Sorgen-Typ ist nicht immer leicht zu erkennen, da er sich gerne übertrieben optimistisch gibt.

Typ III nenne ich den *Selbstzweifler-Typ*. Sein Problem-Verhalten entsteht aus seiner Art, wie er über sich denkt. Er beschäftigt sich viel mit sich selbst. Er meint, er müsse etwas Besonderes sein, eine außergewöhnliche, hochentwickelte und überzeugende Persönlichkeit oder noch attraktiver, noch kompetenter und noch klüger sein als er es schon ist. Wenn Probleme auftauchen, meint er, es liege an ihm, an seiner Unzulänglichkeit. Oder er versucht andere in die Rolle des Unzulänglichen zu drängen. Diese Anfälligkeit, was sein Selbstvertrauen, sein Selbstbewusstsein oder seine Selbstsicherheit betrifft, sieht Grossarth-Maticek als Instabilität, sein ‚mit sich selbst beschäftigt sein‘ als Egozentrik.

Wenn es dem *Selbstzweifler-Typ* schlecht geht, leidet er extrem an sich selbst oder er beginnt Krieg zu führen gegen einen Anderen. Falls er sich für die zweite Variante entscheidet, tritt er mit überzogenem Selbstbewusstsein auf, das sich aus der Angst nährt, selbst der Missgestaltete zu sein. Sein ambivalentes Beziehungs-Verhalten, das Grossarth-Maticek aufgefallen ist, könnte damit zusammenhängen, dass er sich über den Traum-Partner aufwerten möchte. Wenn er dann erkennt, dass dieser doch eher ein gewöhnlicher Mensch ist (was den Selbstzweifel-Typ unbewusst anzieht, denn das Gewöhnliche ist das, was er sich selbst verbietet), zieht er sich enttäuscht zurück ohne sich wirklich trennen zu können. Auch die *Selbstzweifler-Typen* demonstrieren in ihrem Auftreten oft das Gegenteil, indem sie sich übertrieben selbstsicher und selbstbewusst geben.

Quer zu den Grundtypen

Die drei Fallen, Abhängigkeit, Sichsorgen und Selbstzweifel sind nicht identisch mit dem Erleben der drei Grundtypen, sondern laufen quer zu ihnen. Bei jedem der drei Grundtypen, dem *Beziehungs-*, *Sach-* und *Handlungstyp* gibt es einen *Abhängigkeits-*, einen *Sorgen-* und einen *Selbstzweifler-Typ*. Wobei das Fallen-Verhalten über die Grundtypen hinweg verwandt und grundtypspezifisch eingefärbt ist. Das bestätigt, dass es Sinn macht, sich mit der Differenzierung in drei mal drei Typen zu befassen.

Im Unterschied zum Enneagramm, das die Typen eher phänomenologisch beschreibt, also das, was man beobachten kann, ihre Eigenschaften, ihr Verhalten und ihre Lebensgestaltung, interessieren mich noch mehr die Gesetzmäßigkeiten und Prozesse, die diese neun Typen ausmachen. Die phänomenologische Beschreibung ist interessant im Hinblick auf praktische Menschenkenntnis – jemand hat diese oder jene Eigenschaften und verhält sich so und so. Doch wenn es um therapeutische Arbeit geht, um Veränderungen, ist das systematische Wissen nützlicher. Zudem lässt sich zeigen, dass die phänomenologischen Unterscheidungen auf strukturellen basieren, dass die systematische oder wissenschaftliche Betrachtungsweise die pragmatische erklärt. Beide zusammen genommen empfinde ich als Bestätigung, dass hier richtig und genau beobachtet und beschrieben wurde, und als Bereicherung im Sinne eines differenzierten und verlässlichen Wissens über den Menschen.

Das Problem-Verhalten des *Abhängigkeits-Typs* spielt sich auf der Beziehungsebene ab. Er erlebt es als nicht zu überwindende Distanz gegenüber

Fallen: (Überkompensation:)	sich sorgen (Optimismus)	abhängig sein (Distanz)	Selbstzweifel (Selbstdarstellung)
Beziehungstyp	BT2 retten	BT3 konkurrieren	BT4 etwas Besonderes sein
Sachtyp	ST7 planen	ST5 erwarten	ST6 brav sein
Handlungstyp	HT9 Pflicht erfüllen	HT1 aufopfern	HT8 Boss sein

Abb. 26 Typspezifische Ausprägungen des Fallen-Verhaltens

attraktiven Objekten, als Nichtakzeptiertwerden oder als Vereinsamung und Verlassenheit. Mit dem Scheitern seiner Bemühungen oder Wünsche gewinnen die nicht erreichbaren Objekte an Attraktivität. Er hat das Gefühl, nicht gebraucht, nicht gemocht zu werden, nicht attraktiv zu sein. Diese negativen Beziehungs-Gefühle stellen sich auch ein, wenn er sich von unangenehmen Zuständen und widrigen Umständen oder nicht erreichbaren Zielen abhängig macht. Die Komponenten des *Abhängigkeits-Typs* sind das Du, das Gefühl und die Gegenwart.[192]

Zu den *Abhängigkeits-Typen* gehört HT1, der ethische Unterstützer. Er macht sich abhängig von seinen anspruchsvollen und strengen Maßstäben, von seinem idealisierten Selbstbild, von der Meinung der anderen über ihn und von Regeln, die er für absolut gültig hält, von seinem Perfektionismus und Schwarzweißdenken. Anerkennung gegenüber ist er eher misstrauisch. Kritik an seiner Person trifft ihn so heftig, dass er für lange Zeit zumacht und vor sich hin brütet.

Auch BT3, der liebenswürdige Gewinner, ist ein *Abhängigkeits-Typ*. Er macht sich abhängig von seinem Gewinner-Image. Deshalb reagiert er dramatisch überempfindlich auf Fehlschläge und Kritik an seiner Kompetenz. Auch neigt er dazu zu konkurrieren, muss besser sein als andere und darf auf keinen Fall schlechter sein. Ohne sich dessen bewusst zu sein, erlebt er auch Handlungs- und Identitätsthemen auf der Beziehungsebene.

Der dritte *Abhängigkeits-Typ* ist ST5, der gutmütige Beobachter. Er macht sich abhängig von Personen, die er schätzt oder die seinen Ansprüchen nicht genügen. Es können wichtige Persönlichkeiten sein, Vorgesetzte, seine Partnerin oder Verwandte. Von ihnen erwartet er Anerkennung, dass er interessant, tüchtig, wertvoll ist. Bleibt diese Anerkennung aus, ist er enttäuscht. Mit Kritik kann er relativ schlecht umgehen. Abhängig sein macht ihm Angst, von anderen in Anspruch genommen, okkupiert zu werden.

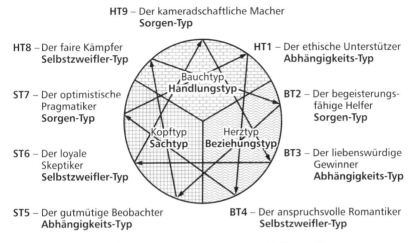

HT9 – Der kameradschaftliche Macher
Sorgen-Typ

HT8 – Der faire Kämpfer
Selbstzweifler-Typ

ST7 – Der optimistische
Pragmatiker
Sorgen-Typ

ST6 – Der loyale
Skeptiker
Selbstzweifler-Typ

ST5 – Der gutmütige Beobachter
Abhängigkeits-Typ

HT1 – Der ethische Unterstützer
Abhängigkeits-Typ

BT2 – Der begeisterungs-
fähige Helfer
Sorgen-Typ

BT3 – Der liebenswürdige
Gewinner
Abhängigkeits-Typ

BT4 – Der anspruchsvolle Romantiker
Selbstzweifler-Typ

Abb. 27 Abhängigkeits-Typ, Sorgen-Typ und Selbstzweifler-Typ

Der *Sorgen-Typ* ist in der Regel geschätzt, weil er viel für andere macht. Sich Sorgenmachen bedeutet, sich negativ mit der Zukunft zu beschäftigen. Häufig macht er sich Sorgen um andere, gelegentlich um sich selbst. Sich Sorgenmachen hat mit Handeln zu tun – welche Maßnahmen, welche Vorkehrungen kann ich treffen, damit ich das, worüber ich mir Sorgen mache, abwenden kann? Da es sich hier um ein Fallen-Verhalten handelt, das weder zweckmäßig noch realistisch noch sinnvoll ist, macht sich der *Sorgen-Typ* bevorzugt Sorgen um Dinge, auf die er keinen Einfluss hat und die nicht in seinem Verantwortungsbereich liegen. Manche sorgen sich um die Gesundheit und das Leben anderer, geben ihnen unerwünschte Ratschläge. Oder sie sorgen sich bei bester Gesundheit darüber, ob sie nicht eine lebensbedrohliche Krankheit in sich trügen.

Dabei geben sich alle drei *Sorgen-Typen* nach außen betont optimistisch und sorglos. Das gilt für BT2, den begeisterungsfähigen Helfer, der strahlend und als Sonnenschein auftritt – solange ihm sein frustrierendes Retterverhalten noch nicht die Sorgenfalten ins Gesicht geschrieben hat. Oder ST7, der optimistische Pragmatiker, der allen versichert, dass alles bestens läuft, so lange, bis sein Kartenhaus zusammenfällt. Oder HT9, der kameradschaftliche *Macher*, der sich freundlich lächelnd immer mehr auflädt, bis ihm ein Herzinfarkt einen Strich durch die Rechnung macht. Die Komponenten der *Sorgen-Typen* sind Zukunft, Handeln und Wir.

BT2 sorgt sich um seinen Partner, seine Kinder, manchmal um seine eigene

Gesundheit. Um sich berechtigterweise Sorgen um die anderen machen zu können, muss man sie als gefährdeter erleben, als sie tatsächlich sind. Was könnte nicht alles passieren, Unfälle, Verbrechen, Krankheiten? Die anderen fühlen sich im besten Fall bemuttert, doch meist wehren sie sich dagegen, wie kleine Kinder behandelt zu werden, die man an der Hand führt und nicht loslässt und denen man Angst macht vor den Gefahren des Lebens.

ST7 sorgt erst einmal für sich. Es sind die sympathischen Egoisten. Da er negative Gefühle vermeidet, wandelt er sie sofort um in Planen, Ratschläge geben, Rationalisieren und vernünftiges Argumentieren. Er redet viel, gibt sich optimistisch, entwirft ständig neue Projekte, sieht tausend Möglichkeiten. Die anderen bewundern seine unterhaltsame Art und Lebenskunst. Doch sie haben auch das ungute Gefühl, von ihm nicht wahrgenommen zu werden. Dann stören sie sich an seiner selbstgefälligen Selbstdarstellung und befürchten, dass das wenig verlässlich ist, was er sagt, weil er dazu neigt, sich etwas vorzumachen. Sie erleben stellvertretend für ihn die Zukunftsängste, die er sich nicht eingesteht.

Die *Selbstzweifler-Typen* sind ausgeprägte Individualisten, die sich viel und nicht immer konstruktiv mit der eigenen Person beschäftigen. Sie präsentieren sich sehr unterschiedlich, BT4 kultiviert, ST6 brav und HT8 expressiv. Dabei übertreibt jeder in seiner Art und die anderen sind etwas irritiert, da sie nicht verstehen, was der Betreffende will. Sie möchten zu BT4 sagen ‚bleib auf dem Boden‘, zu ST6 ‚getrau dich‘ und zu HT8 ‚mach halblang‘. Manchmal delegieren sie das Zweifeln an andere und treten übertrieben selbstbewusst auf.

BT4 meint, er müsse noch besser sein, als er schon ist, um dieses oder jenes machen zu können. Er meint, es müsse etwas Besonderes sein, was er tut. Doch das ist ein falscher Ansatz, man kann nicht mit dem Besonderen beginnen. Er müsste erkennen, dass das gelungene Einfache das Besondere ist. Dazu ist es erforderlich, sich ernsthaft aufs Handeln und seine Gesetzmäßigkeiten einzulassen – das macht er schon, doch ohne rechte Überzeugung.

ST6 möchte den anderen keinen Anlass geben, ihn zu kritisieren. So gibt er sich lieb und angepasst, oder er geht selbst in die Rolle des Kritikers. Er sieht alle möglichen Gefahren, denen er sich nicht gewachsen glaubt. Deshalb verlässt er sich nicht auf sich selbst, sondern greift zu sozial anerkannten Mustern – oder er rebelliert gegen sie. Damit bewegt er sich notwendigerweise im Mainstream. Das macht ihn angenehm und ein bisschen langweilig oder unangenehm und nervig. In beiden Varianten hindern ihn seine Bedenken, sich experimentierfreudig aufs Leben einzulassen und zu erfahren, dass es gar nicht so gefährlich ist, wie er vermutet hat.

HT8 übergeht seine Selbstzweifel durch kämpferisches Verhalten. Er möchte der tolle Typ sein – was immer er sich darunter vorstellt. Er glaubt, wenn er mächtig ist, dann hat er es geschafft. Doch er reißt hinten ein, was er vorne aufgebaut hat. Wenn er nach außen glänzt, begegnet ihm innen ein armseliges Ich – und so behandelt er dann die anderen, mit wenig Wertschätzung und Respekt. Er müsste lernen, mit sich und anderen behutsam umzugehen, erkennen, dass er seine Persönlichkeit nicht ‚herstellen‘ kann, sondern sich und anderen die Muse zu geben für Entwicklung und Entfaltung.

Der Schritt aus der Falle

In unserem Modell der neun Untertypen (Abb. 27) sind, verglichen mit dem Enneagramm, zwei der drei Verbindungslinien geändert und dreimal die Pfeilrichtung. Dadurch ist ein einfaches und geometrisch einheitliches Modell entstanden, das aus drei Psychographie-Dreiecken besteht entsprechend den neun Typen. Diese Änderung bestätigt sich auch jetzt wieder beim Autonomie-Training. Aus der Sicht des ILP findet sich drei Positionen weiter der Entwicklungsbereich und weitere drei Positionen weiter der Zielbereich. Aus der Sicht des Autonomie-Trainings beschreiben die gleichen Dreiecke den Weg aus der Falle, wenn man die einzelnen Komponenten beachtet. Für die *Abhängigkeits-Typen* ist es die Besinnung auf sich selbst, von der Du-Fixierung zum Ich. Für die *Sorgen-Typen* ist es der Schritt in eine erfreuliche Gegenwart, von der sorgenvollen Zukunftsorientierung zum gegenwärtigen Fühlen. Und für die *Selbstzweifler-Typen* ist es der Impuls zu handeln, der Schritt, sich vom selbstzweiflerischen Denken auszurichten auf ein entschlossenes Handeln.

Welche Lösungen zieht dies nach sich? Wie beim Psychographie-Dreieck geht es nicht darum, von einem Problem-Verhalten in ein anderes zu wechseln, sondern die gesunden Aspekte der nächsten Position zu realisieren. Man kann sich zwei Prozess-Kreise vorstellen, einen Problemkreis und einen Lösungskreis, die übereinander liegen. Mit dem Schritt in die vom Pfeil gekennzeichnete Position wechselt man zugleich vom Problem- in den Lösungskreis. Entsprechend den grundtypspezifischen Unterschieden des Problem-Verhaltens haben auch die Lösungen eine etwas andere Färbung. Sie werden bestimmt von den positiven Eigenschaften des drei Positionen entfernten Enneagramm-Typs. Wenn im Folgenden jeweils nur eine Eigenschaft genannt wird, so stellvertretend für andere.

Für die *Abhängigkeits-Typen* bedeutet der Wechsel vom Problem- in den Lösungskreis generell der Schritt von der quälenden Du-Fixierung zum befreienden Ich-Erleben. Damit die folgenden ‚Rezepte‘ anschaulich und

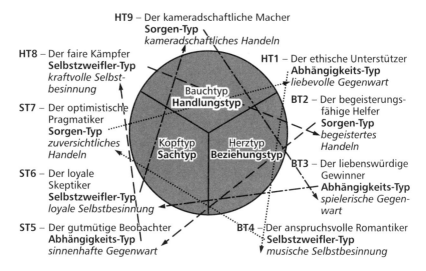

HT9 – Der kameradschaftliche Macher
Sorgen-Typ
kameradschaftliches Handeln

HT8 – Der faire Kämpfer
Selbstzweifler-Typ
kraftvolle Selbst-
besinnung

ST7 – Der optimistische
Pragmatiker
Sorgen-Typ
zuversichtliches
Handeln

ST6 – Der loyale
Skeptiker
Selbstzweifler-Typ
loyale Selbstbesinnung

ST5 – Der gutmütige Beobachter
Abhängigkeits-Typ
sinnenhafte Gegenwart

Bauchtyp
Handlungstyp

Kopftyp
Sachtyp

Herztyp
Beziehungstyp

HT1 – Der ethische Unterstützer
Abhängigkeits-Typ
liebevolle Gegenwart

BT2 – Der begeisterungs-
fähige Helfer
Sorgen-Typ
begeistertes
Handeln

BT3 – Der liebenswürdige
Gewinner
Abhängigkeits-Typ
spielerische Gegen-
wart

BT4 – Der anspruchsvolle Romantiker
Selbstzweifler-Typ
musische Selbstbesinnung

Abb. 28   Vom Problem- in den Lösungskreis

gefühlsmäßig nachvollziehbar sind, sollte man sich für jeden Schritt Zeit lassen und sich die Schwächen der Ausgangsposition und die positiven Eigenschaften des (in Pfeilrichtung) folgenden Typs vorstellen. Für HT1 ist es eine musische Selbstbesinnung. Warum tut ihm das ‚Musische' des anspruchsvollen Romantikers besonders gut? Sein bisheriges ‚Ich' hat zu tun mit anständig und fleißig sein. Für BT3 ist es eine loyale Selbstbesinnung, wie sie ein kooperierender Sechser beherrscht, also nicht das sich vergleichende und konkurrierende Ich. Und für ST5 ist eine kraftvolle Selbstbesinnung wie die des fairen Kämpfers nützlich, nicht das sich schonende Ich.

Für die *Sorgen-Typen* ist es die Wende von der düsteren Zukunft zur erfreulichen Gegenwart. Für BT2 ist ein Sich-Einlassen auf eine sinnenhafte Gegenwart empfehlenswert, wie sie der gutmütige Beobachter lebt, nicht die gewohnte hektische Betriebsamkeit. ST7 tut eine liebevolle Gegenwart gut, etwas, was der ethische Unterstützer besonders im Umgang mit Kindern zeigt, und nicht das egoistische Genießen. Und für HT9 ist eine spielerische Gegenwart hilfreich, etwas, was ihm ein liebenswürdiger Gewinner vorleben kann, und nicht das Ritual der Pflichterfüllung.

Für die *Selbstzweifler-Typen* ist es die Entscheidung, das selbstzweiflerische Denken hinter sich zu lassen und sich stattdessen auszurichten auf attraktives Handeln. Für BT4 ist ein zuversichtliches Handeln, etwas was ihm der optimistische Pragmatiker vorleben kann, einfach, pragmatisch und zielorientiert.

ST6 tut ein kameradschaftliches Handeln gut, das das Wohl der anderen im Auge hat, wie es für den kameradschaftlichen *Macher* charakteristisch ist. Und HT8 kann ein begeistertes Handeln beflügeln, das er dem begeisterungsfähigen Helfer abschauen kann.

Drei Ebenen der Kommunikation

Gewöhnlich wird zwischen verbaler und nonverbaler Kommunikation unterschieden, wobei man bei der nonverbalen Kommunikation vor allem an die Körpersprache denkt. Dazugekommen ist der Informationsaustausch durch Bilder, Töne, Zeichen usw. Eine wichtige Kommunikationsebene, die energetische, wurde bisher eher wenig beachtet.

Nun scheint es so zu sein, dass die drei Untertypen *Abhängigkeits-*, *Sorgen-* und *Selbstzweifler-Typ* je eine besondere Affinität zu einer der drei Kommunikationsebenen haben mit den entsprechenden Fähigkeiten, aber auch Einschränkungen. Das bedeutet nicht, dass sie diese Ebene immer besonders bewusst leben, wohl aber unter ihren Schwachstellen leiden. Im Psychographie-Dreieck würde es sich so darstellen: Der *Abhängigkeits-Typ* neigt zur körpersprachlichen Kommunikation, der *Sorgen-Typ* zur energetischen und der *Selbstzweifler* zur verbalen.

Was bedeutet diese Affinität für eine bestimmte Kommunikationsebene? Es dürfte die sein, die in existentiellen oder stressigen Situationen die für uns maßgebende ist. In stressfreien Situationen oder wenn uns das Thema nicht persönlich betrifft oder betroffen macht, kann es durchaus sein, dass wir andere Kommunikationsebenen bevorzugen. Das erklärt mir als Körpersprachler, dass, obwohl ich normalerweise gut mit der verbalen Sprache umgehen kann, ich in Stresssituationen ‚sprachlos' bin und körpersprachlich

Abb. 29 Die drei Untertypen und ihre Kommunikationsebenen

agiere, was mich schon oft geärgert hat. Umgekehrt ist mir bei *Selbstzweiflern* aufgefallen, dass sie in Stresssituationen zu viel reden und ihnen die Stimme entgleist, während *Sorgen-Typen* hilflos verstummen.

Zunächst stellt sich die Frage, was ist energetische Kommunikation? Wer dafür eine besondere Wahrnehmung hat – und das sind in der Regel die *Sorgen-Typen* –, spürt, wie es dem Anderen geht, obwohl er noch über keine verbalen oder körpersprachlichen Informationen verfügt. Bei intensiven emotionalen Bindungen, wie sie oft zwischen Müttern und ihren Söhnen bestehen, kann das über große Entfernungen wahrgenommen werden. Doch es scheint deutlicher zu werden, wenn sich die Entfernung verringert. „Wenn X mich spontan besucht, spüre ich das schon, wenn sie aus ihrem Auto aussteigt." Oder ich hatte eine Freundin, die, wenn sie mich besuchte, schon wusste, wie es mir ging, wenn sie noch im Treppenhaus war. Und sie war gekränkt, wenn ich es bei ihr nicht auch spürte. Es ging ihr manchmal nicht gut (mit mir). Sie lächelte trotzdem (BT2). Ich fragte sie: „Wie geht's dir?" Sie antwortete: „Gut!" Ich war damit zufrieden, und sie ärgerte sich dann noch mehr über mich.

In der Affinität zu einer der drei Kommunikationsebenen liegen auch Gefahren. So kann die energetische Kommunikation schlecht differenzieren. Unterschiedliche Botschaften vermischen sich emotional und erlauben dann keine angemessenen Reaktionen. Typische Beispiele sind, dass Personen oder Situationen mit unterschiedlichen Gefühlen besetzt sind. Man hat gute und schlechte Erfahrungen mit ihnen gemacht und erwartet es wieder. Die normale Reaktion wäre, die guten Seiten zu genießen und sich vor den schlechten zu schützen oder verändernd auf sie einzuwirken. Das setzt voraus, dass man sie trennen kann. Für jemand, der vorzugsweise auf der energetischen Ebene kommuniziert, ist das schwierig, weil er Gut und Schlecht als Einheit erlebt. Sucht er Nähe, leidet er unter dem Schlechten, entfernt er sich, sehnt er sich nach dem Guten.

Grossarth-Maticek empfiehlt in seinem Autonomie-Training, dass die Klienten diese beiden Seiten deutlich (körpersprachlich) trennen und dann je angemessen mit ihnen umgehen: „Können Sie sich vorstellen, die jahrelang bestehende Ambivalenz aufzulösen und ein zweifach eindeutiges Verhalten wie folgt einzuleiten: Heben Sie Ihre linke und rechte Hand, wie zwei parallel verlaufende Zugschienen. Auf der einen Seite würden Sie die positiven Gefühle zur Mutter, also die erlebte Liebe, die positiven Erinnerungen, in denen sich Ihre Mutter Ihnen zuwendet, immer erleben und zulassen. Auf der anderen Seite erleben Sie immer wieder auch die negativen Erlebnisse, etwa unerträgliche Reglementierung. Somit kommen die beiden Gefühle nicht durcheinander, Ihr eindeutiges Verhalten stabilisiert sich zweifach."[193]

Es fällt auf, dass er in der therapeutischen Anleitung die nächste Kommunikationsebene einbezieht, die körpersprachliche. Das ist fast eine Garantie dafür, dass es funktionieren wird. Genauso, wie es mit großer Wahrscheinlichkeit nicht gelingen würde, wenn er sie überspringt und das Problem verbal lösen wollte. *Sorgen-Typen* sollten sich in der Kommunikation besonders auf die körpersprachlichen Signale konzentrieren. Sie müssten für sie von hohem Informationswert sein.

Auch die körpersprachliche Kommunikation hat ihre Grenzen. Sie kann schlecht dosieren. Das wird zum Problem für die *Abhängigkeits-Typen* mit ihrer Affinität für körpersprachliche Wahrnehmungen. Nehmen wir an, eine Frau lächelt einem Mann zu, bringt ihre weiblichen Reize zur Geltung – doch welchen Stellenwert hat das? Liebt und begehrt sie diesen Mann oder findet sie ihn (nur) sympathisch oder möchte sie sich einen Vorteil gegenüber anderen verschaffen oder benützt sie seine Reaktionen einfach als Spiegel um zu überprüfen, ob sie attraktiv wirkt, oder meint sie einen anderen, der ebenfalls anwesend ist und den sie beeindrucken möchte?

Wenn dieser Mann sich nur auf seine gut ausgebildeten körpersprachlichen Wahrnehmungen verlässt, vermutlich nimmt er genauer und differenzierter wahr als die Frau sich bewusst ist, was sie an Signalen sendet, sind Missverständnissen Tür und Tor geöffnet. Ich bin selbst Körpersprachler, und es ist für mich erschreckend, wenn ich zurückblicke auf meine Beziehungserfahrungen, wie oft und folgenschwer ich mich vertan habe, vermutlich nach beiden Richtungen. Wenn man die Informationen im ‚positiven‘ Sinne fehlinterpretiert, wird man entweder peinliche Abfuhren erleben oder sich auf Beziehungen einlassen, die emotional nicht tragfähig sind. Wenn man sie unterbewertet, frustriert man den Anderen und lässt manche Chance zu Freundschaft oder Liebe an sich vorbeigehen.

Körpersprachliche Kommunikation funktioniert nach dem Prinzip ‚alles oder nichts‘. Genau das ist das Problem des *Abhängigkeits-Typs*, er kann schlecht dosieren, neigt zu einem Entweder-oder. Wenn sich seine Partnerin nett mit einem anderen Mann unterhält, gerät er in Panik. Wenn sich ihr Partner mit Küsschen von einer anderen Frau verabschiedet, macht sie ihm eine Szene. Sagt er ihr, er brauche etwas mehr Zeit für sich, sieht sie endgültig die Beziehung gefährdet. Die Lösung liegt im Sprechen, Worte können abstufen, etwa bezogen auf die obigen Beispiele: „Ich finde den ganz nett, mehr nicht" oder: „Das ist für mich ein freundliches Ritual. Ob ich jemand die Hand gebe oder mich mit Küsschen verabschiede, das macht kaum einen Unterschied" oder: „Ich denke, wenn jeder etwas mehr Zeit für sich hat, wird das unserer Beziehung gut tun."

Noch genauer sind Skalierungen, wie sie in der Lösungsorientierten Therapie häufig eingesetzt werden. „Auf einer Skala von eins bis zehn bedeutet eins ‚ganz wenig‘ und zehn ‚ausgezeichnet‘. Wie gut ging es Ihnen in der letzten Woche?" – „Zwischen drei und fünf." – „Was haben Sie anderes gemacht als Sie bei fünf waren?" – „Ich habe angefangen im Garten Dinge zu machen, die ich schon lange machen wollte." – „Zwischen welchen Werten möchten Sie, dass sich Ihr Wohlbefinden in der kommenden Woche bewegt?" – „Ich wäre zufrieden mit vier bis sechs." – „Was könnten Sie dafür tun, dass sich Ihr Wohlbefinden zwischen vier und sechs einpendelt?"

Mit Skalierungen wird die verbale Verständigung, aber auch die Wahrnehmung genauer. Es ist erstaunlich, wie schnell, sicher und genau Klienten ihr Erleben einschätzen können, wenn man ihnen die sprachlichen Unterscheidungsmöglichkeiten durch eine Skalierung zur Verfügung stellt. Im Vergleich dazu ist die Umgangssprache recht ungenau, besonders dann, wenn sie sich auf innere Wahrnehmungen bezieht. Sie ist eher digital als analog, also mir geht es gut oder schlecht und nicht mir geht es ‚6,5‘ oder ‚3,0‘. Solche analogen Aussagen mögen in einem Liebesgedicht befremdlich wirken. Doch arbeitet man in der Therapie mit analogen Unterscheidungen; so können die Klienten herausfinden, was ihnen hilft um beispielsweise von 6,5 auf 7,0 zu kommen. Andere Möglichkeiten des Dosierens sind, Themen unterschiedliche Überschriften oder Farben zu geben.

Wie wertvoll verbale Kommunikation ist, hat gerade die zweite Generation in der Psychotherapie betont. Leider waren es meist Problemgespräche, die damals geführt wurden. Sie haben die Situationen oft nicht besser, sondern häufig noch schlimmer gemacht. Lösungsorientierte Gespräche haben eine andere Qualität – und das ist ganz wörtlich zu nehmen. Sie sind nicht ‚besser‘, sie sind anders. Es ist der Wechsel vom Analytischen, Objektiven, Wertfreien und Theoretischen zum Energetischen, Subjektiven, Entschiedenen und Praktischen. Beide Seiten sind wichtig, die analytische und die energetische, und beide finden sich in der Lösungsorientierten Therapie. Herausarbeiten, was die Klienten an Fähigkeiten und Lösungsstrategien mitbringen, ist der analytische Aspekt. Deshalb wird gleichbedeutend von ressourcenorientierter Therapie gesprochen. Die Arbeit mit Zielen und Lösungsfilmen unterstützt den energetischen Aspekt.

Für die *Selbstzweifler* kann die verbale Kommunikation und das begriffliche Denken zu einer Falle werden. Wie der verlockende Duft eines Fliegenfängers verleitet es sie, ihre Energien zurückzuziehen von dem, was sie wollen, und sich in Gesprächen und Überlegungen zu verwickeln und zu verwirren. Ein Ausbildungsteilnehmer (ST6) hat es sinngemäß, und begeistert über seine

Entdeckung, so geschildert: „Wenn ich etwas vorhatte, habe ich mit vielen Leuten darüber gesprochen. Jeder hat mir andere Ratschläge gegeben, wusste es besser, hat mich gewarnt, Bedenken geäußert, abgeraten, Alternativen vorgeschlagen. Irgendwann war ich völlig durcheinander und wusste nicht mehr, was ich machen sollte. Jetzt überlege ich mir genau, was ich will, und dann mache ich es. Dann gelingt es mir, und ich bin zufrieden."

Für den *Selbstzweifler* ist es wichtig, dass er sich realistische Ziele setzt, sich einen angemessenen Zeitplan macht und sich dann die Erlaubnis gibt: *Ich darf an meinen Zielen festhalten.* Ziele sind nur dann wirksam, wenn sie mit Energie besetzt oder ‚ausgefüllt' sind. Deshalb ist es notwendig, sich seine Ziele immer wieder vorzustellen und sie mit Energie ‚aufzuladen', sie zu pflegen. Arthur Williams, vermutlich ein *Selbstzweifler* – er wollte zuerst seinem Buch den ironischen Titel geben: „Wie man gewinnt, wenn man so aussieht wie ich" – schreibt immer wieder darüber, wie er seine Zweifel überwunden, sich seine Ziele erneut bewusst gemacht und sich immer wieder entschlossen hat, sie handelnd zu verwirklichen. ‚Tu das, was du tun kannst – das reicht' ist seine Botschaft.[194]

Mein Sohn hatte sich wie folgt geholfen – ich vermute, auch er ist ST6. Er war in der Fahrprüfung durchgefallen, hatte mich um Rat gefragt und seine Erkenntnisse kreativ umgesetzt. Er schrieb groß auf ein Plakat, das er an die schräge Wand über seinem Bett anbrachte, drei Sätze untereinander:

> **Ich will es!**
> **Ich kann es!**
> **Ich mach es!**

Und er hat die Prüfung bestanden.

Beratung zum Autonomie-Training

Mit Hilfe dieses Modells lässt sich eine passgenaue und für die Klienten überzeugende und gut praktizierbare Beratung auf deren Kompetenz-Ebene durchführen. Sie beginnt wie eine lösungsorientierte Stunde mit der Frage nach dem Thema oder Problem und der Frage nach dem Ziel. In einer lösungsorientierten Stunde wird man relativ rasch von der Schilderung des Problems zur Frage nach dem Ziel übergehen. Denn in einer lösungsorientierten Stunde geht es darum, eine einzelne, konkrete Lösung zu realisieren. Im Autonomie-

Training wird nicht nur an einer konkreten Lösung gearbeitet, sondern vor allem werden die individuellen Voraussetzungen dafür geschaffen.

Hier soll ein altes, einschränkendes und sich wiederholendes Muster identifiziert und als Alternative der Weg zu einem autonomen Verhalten entdeckt und gegangen werden. Deshalb ist die Frage zweckmäßig, ob dem Klienten das Problem vertraut ist, ob er darin ein sich in seinem Leben wiederholendes Muster erkennt, das er vielleicht schon als Kind so erlebt hat. Hilfreich kann dabei die Frage sein, wie die Beziehung zu den Eltern und besonders zum gegengeschlechtlichen Elternteil war. Mit solchen Fragen wollen wir nicht zur klassischen Tiefenpsychologie und ihrer Problemorientierung zurückkehren. Wenn der Klient erkennt, dass er ein altes Muster erneut realisiert hat in seinem gegenwärtigen Problem, und wenn ihm klar wird, wie lange er sich damit schon herumquält und welchen Preis er bezahlt hat, wird er motiviert sein, das endlich zu ändern.

Im Autonomie-Training stellt sich schon zu Beginn die Frage: Ist der Klient ein *Abhängigkeits-*, *Sorgen-* oder *Selbstzweifler-Typ*? Häufig wird das schon bei der Problem-Schilderung direkt oder indirekt ausgesprochen. Gegenproben sind: Normalerweise machen sich *Abhängigkeits-Typen* wenig Sorgen um die Zukunft und werden nicht geplagt von Selbstzweifel. Auch *Sorgen-Typen* zweifeln wenig an sich selbst, und sie sind recht unabhängig. Letzteres gilt auch für den *Selbstzweifler*, und sie machen sich nicht allzu viel Sorgen um die Zukunft. Dabei sollte sich der Klient an Zeiten erinnern, in denen es ihm relativ gut ging.

Bei der Formulierung des Ziels achten wir im Autonomie-Training darauf, dass der Klient den entscheidenden Schritt aus seiner Falle hin zur Autonomie schon im Ziel mit formuliert. Häufig machen das Klienten von sich aus, wenn nicht, sollte der Trainer ihnen dabei helfen. Wenn sie wirklich etwas ändern wollen, werden sie spontan erkennen, ob ein Vorschlag oder eine Anregung für sie stimmig ist oder nicht.

So wie kluge Fragen die Voraussetzung dafür sind, interessante Antworten zu bekommen, sei es in einem Interview oder in der Forschung, sollte in der Zielformulierung die Lösungsstrategie enthalten sein. Das Wissen, dass es für den *Abhängigkeits-Typ* darauf ankommt, in seiner Wahrnehmung und seinem Verhalten abzustufen, zu dosieren, dass ein *Sorgen-Typ* die Ambivalenz trennt, um mit jeder Seite angemessen umgehen zu können, und der *Selbstzweifler* sich realistische Ziele setzt und an ihnen energetisch festhält – das kann jeweils bei der Erarbeitung des Zieles Thema sein und in die Zielformulierung mit eingehen.

Beispielsweise: „Ich möchte mit X in meiner Wahrnehmung, in meinem Denken und Handeln dosiert umgehen, so dass ich mich im Umgang mit ihr wohlfühle" (*Abhängigkeits-Typ*) oder: „Ich möchte mit Y künftig so umgehen, dass ich dem, was ich an ihm mag, und dem, was mich an ihm stört, jeweils unterschiedlich und passend begegne, so dass ich mich frei fühle ihm gegenüber" (*Sorgen-Typ*) oder: „Ich möchte entschlossen und konsequent handeln, um Z zu erreichen und mich dabei sicher fühlen" (*Selbstzweifler*). Bei der Hausaufgabe kann das nochmals aufgegriffen und verstärkt werden.

Ist man einigermaßen sicher, mit welchem der drei Problem-Typen man es zu tun hat, bietet man einen allgemein gehaltenen Lösungsschritt an. Die Klienten spüren, ob er ihnen gut tut, für sie stimmt. Das ist eine weitere Kontrolle, ob wir mit der Typeinschätzung richtig liegen. Es sind Leitsätze, die für die Praxis bewusst einfach und eingängig formuliert sind. Sie geben die Hauptrichtung vor, wie der Klient immer wieder aus seiner Falle in den Zustand der Autonomie wechseln kann.

> Für den *Abhängigkeits-Typ* gilt: Besinne dich auf dich: *Ich* bin die Lösung!,
> für den *Sorgen-Typ*: Sorge dich nicht, *lebe*!
> und für den *Selbstzweifler-Typ*: Grüble nicht – *gestalte* dein Leben!

Der Klient überprüft, ob sich sein Leitsatz gut für ihn anfühlt. Wenn ja, dürften wir auf dem richtigen Weg sein. Hier in der Praxis gilt das Gleiche wie in der Theorie: Die Wahrheit oder Richtigkeit lässt sich nicht an einer Sache festmachen, sondern es ist die Stimmigkeit im Zusammenhang, die über wahr oder richtig entscheidet. Ist man auf dem richtigen Weg, gibt es viele Erlebnisse, die das bestätigen, innen und außen, im Fühlen, Denken und Handeln. Ist man auf dem falschen Weg, entstehen Irritationen und die positiven Erfahrungen bleiben aus oder sind nur schwach. Schaden anrichten kann man mit diesem Vorgehen so gut wie nicht.

Das vom Klienten geschilderte Problem gibt vor, wie der allgemein gehaltene Leitsatz zusätzlich konkretisiert werden kann. Leidet eine Klientin als *Abhangigkeits-Typ* darunter, dass jemand ihre Arbeit beurteilen und kritisieren könnte, so bedeutet für sie der Schritt von der Du-Abhängigkeit zur Ich-Souveränität: *Ich* bin zuständig für die Beurteilung und Kritik meiner Arbeit und *ich* kann sie abgestuft beurteilen. So holt sie sich die auf den Anderen übertragene Beurteilungshoheit wieder zurück. Dabei ist das Erkennen dieses Mechanismus, dass sie es ist, die sich abhängig macht, und die Erfahrung, dass sie es ist, die diese Abhängigkeit aufheben und sich als autonom erleben kann, ebenso wichtig wie die aktuelle Problem-Lösung.

Eine andere Klientin, ebenfalls *Abhängigkeits-Typ*, reagiert äußerst gereizt darauf, wenn jemand von der Familie sie stört, wenn sie einen Blick in die

Morgenzeitung wirft. Sie erlebt es so: Jeder verfügt über meine Zeit! Mir bleibt keine Zeit für mich! Hier sieht die Konkretisierung des ‚Besinne dich auf dich: *Ich* bin die Lösung!' so aus: ‚Meine Zeit gehört *mir*! Es ist alles *meine* Zeit, auch wenn ich etwas für den Anderen tue, und ich kann sie mit unterschiedlicher Intensität genießen!' Diese Erkenntnis und Erfahrung gibt ihr so viel Sicherheit, dass sie mit Unterbrechungen ihrer Lektüre jetzt gelassen umgehen kann. Sie weiß, dass ihr niemand ihre Zeit wegnehmen kann, dass sie darüber entscheidet, ob sie die Lektüre unterbricht, und wenn ja, dass sie sie später fortsetzen kann.

Für jemand, der dieses Problem-Verhalten nicht kennt, erscheint die Lösung banal. Und er ist schnell geneigt, in so einem Fall gute Ratschläge zu geben. Doch die werden der inneren Dynamik und Stabilität des Problem-Verhaltens nicht gerecht. Hier ist ein monate- oder jahrelanges Training angesagt, da die Neigungen sich abhängig, sich Sorgen zu machen oder an sich selbst zu zweifeln tief verwurzelt und nicht immer leicht zu erkennen sind. Sie verbergen sich auch in sozial geschätzten Verhaltensweisen. So kann sich der *Abhängigkeits-Typ* als rücksichtsvoll erleben, der *Sorgen-Typ* als fürsorglich und der *Selbstzweifler* als intellektuell, und sie erhalten von anderen entsprechend positive Rückmeldungen.

Der nächste Schritt im Autonomie-Training besteht darin, Beispiele zu finden, in denen es dem Klienten schon einmal gelungen ist, aus seinem problematischen Verhalten in ein autonomes zu wechseln.[195] Damit wird der Klient mit seinen schon vorhandenen Lösungs-Kompetenzen vertraut gemacht und werden die sich schon bewährten Lösungs-Strategien herausgearbeitet. Die entscheidende Frage dabei ist: „Wie haben Sie das gemacht?" Auf diese Weise wird un- oder halbbewusstes Wissen zugänglich und für den Klienten verfügbar gemacht. Die herausgefundenen Strategien werden dem Klienten dann nochmals vorgestellt. Meist ist darin ein roter Faden zu erkennen. Die lösungsorientierte Regel dazu lautet: Was einmal funktioniert hat, funktioniert wieder.

Dann lässt man den Klienten einen Lösungsfilm machen. Er stellt sich vor, er hätte den Status des autonomen Verhaltens schon erreicht, jetzt, in der Gegenwart. Er wird aufgefordert, sich von dem guten Gefühl leiten zu lassen, sein Problem-Verhalten sei verschwunden und er könne sein Leben zu seiner Zufriedenheit gestalten, die Früchte des Autonomie-Trainings schon jetzt genießen. Solche Lösungsfilme haben eine emotional unterstützende Wirkung. Und sie sind wie Samen, die im Unbewussten keimen und zu einem späteren Zeitpunkt aufgehen. Es ist dann so, dass neue Verhaltensweisen mühelos und wie selbstverständlich realisiert werden.

Bezieht man die drei Lösungsleitlinien, die Arbeit mit Zielen, mit Ausnahmen und mit Lösungsfilmen auf die drei Untertypen, so wird man beim *Abhängigkeits-Typ* vor allem auf die Arbeit mit Ausnahmen ausführlicher eingehen, ihm seine Kompetenz und den Reichtum seiner Möglichkeiten verdeutlichen, beim *Sorgen-Typ* beim Lösungsfilm sich mehr Zeit lassen und beim *Selbstzweifler-Typ* auf die Ziele achten. So ist mir bei drei *Selbstzweiflern* aufgefallen, dass einer ständig wechselnde Ziele hatte, ein anderer wohl eines, das in weiter Ferne lag, doch keines, das sich auf das bezog, was jetzt zu tun war, und ein dritter resigniert und aufgegeben hatte, für sich attraktive Ziele zu formulieren.

Es bleibt noch die Frage einer Hausaufgabe. In der Regel heißt sie: das Autonomie-Training anwenden. Da es sich beim Problem-Verhalten um alte, automatisierte Muster handelt, empfiehlt es sich, über die Möglichkeit einer Muster-Unterbrechung nachzudenken. Dazu eignen sich paradoxe Vorgehensweisen, auch sich selbst gegenüber. Dazu ein Beispiel: Ich hatte von mir den Eindruck, dass ich fernsehsüchtig sei. Bei allen möglichen Gelegenheiten schaltete ich das Fernsehen ein und blieb dann daran hängen, tagsüber und vor allem abends. Ich hatte dann viel Zeit vertan, fühlte mich unbefriedigt und unzufrieden. Ich beschloss den Fernseher aus meiner Wohnung ganz zu entfernen.

Da ich zu dieser Zeit Rückenprobleme hatte, war ich auf fremde Hilfe angewiesen. Doch an dem Wochenende waren die Leute, die mir helfen konnten, nicht mehr erreichbar. Der Fernseher blieb also in der Wohnung. Ich beschloss eine Muster-Unterbrechung zu benützen. Jedes Mal, wenn ich den Impuls spürte, den Fernseher einzuschalten, sagte ich mir: Schade, dass er schon weggeschafft ist! Es funktionierte mühelos. Später kam ich in eine ähnliche Situation. Jetzt konnte ich den Fernseher nicht entfernen, weil meine Freundin ab und zu fernsehen wollte. Also bat ich sie, die Fernbedienung zu verstecken. Wieder funktionierte es. Es wäre ein Leichtes gewesen, sie zu finden oder ohne Fernbedienung den Fernseher zu benützen. Doch gerade das Paradoxe oder Spielerische an diesen Strategien wirkte, war wie mit einem inneren Schmunzeln verbunden.

Das Autonomie-Training im Rahmen der Integrierten Lösungsorientierten Psychologie

Die Ausbildung in Integrierter Lösungsorientierter Psychologie/Psychotherapie[196] umfasst in der Hauptsache vier Verfahren:

- lösungs- und ressourcenorientierte Einzeltherapie (Beratung, Coaching),
- systemisch-lösungsorientierte Partner- und Familientherapie und Team-Coaching,
- das Autonomie-Training,
- die Integrierte Lösungsorientierte Psychologie (ILP).

Jedes dieser Verfahren hat einen anderen Anwendungsbereich. Die *Lösungsorientierte Therapie* ist besonders geeignet, wenn es um Lebensplanung und Lebensgestaltung geht, etwa, wenn Klienten herausfinden wollen, wie sie Dinge in ihrem Leben verändern können und wollen, und wenn sie sich über ihre Ziele im Klaren sind, wie sie diese realisieren können. In der Lösungsorientierten Therapie ist der Therapeut Begleiter des Klienten, er unterstützt ihn in der Verwirklichung seiner Ziele. Dabei geht es um konkrete Probleme und praktische Lösungen. Die Lösungsorientierte Therapie stärkt die Eigenverantwortlichkeit und Selbstständigkeit des Klienten. Sie hilft ihm auf die eigenen Beine zu kommen, auf ihnen zu stehen und mit ihnen zu gehen.

Die *systemisch-lösungsorientierte Partner- und Familientherapie* oder das *Team-Coaching* ist der lösungs- und ressourcenorientierten Einzeltherapie verwandt. Doch ihrem Thema entsprechend bezieht sie stärker den systemisch-energetischen Aspekt ein und die prozessorientierte Persönlichkeitstypologie. Neben den Zielen sind hier vor allem die gelungenen Interaktionen (Ausnahmen) und Lösungsfilme hilfreich. Der Zugang zur energetischen Ebene ist eine Voraussetzung, die Beziehung nicht nur von außen zu behandeln. Und das psychographische Wissen ist für die Partner aufschlussreich und erleichtert das Verstehen des Anderen und den Umgang mit ihm.

Im *Autonomie-Training* geht es nicht in erster Linie darum, wie in den beiden anderen Therapie-Verfahren, Veränderungen zu initiieren, Lösungen zu realisieren und neue Lebensmöglichkeiten durchzusetzen, sondern einen problem- und stressfreien Zustand wiederherzustellen. Das Ziel des Autonomie-Trainings ist also nicht etwas Neues, sondern etwas, was verloren gegangen ist, wiederzugewinnen, etwas Vertrautes, das Erleben einer wohltuenden Autonomie und eines individuellen Kompetenz-Prozesses. Das wirkt zwar auch problemlösend und gesund machend, einmal, weil jene Probleme und Krankheits-Verursacher verschwinden, die aus einem defizitären Erleben entstehen, zum anderen, weil es sich dabei um einen positiv-energetischen Zustand handelt, der nach innen und außen ausstrahlt. Doch hauptsächlich geht es um eine innere Verfassung, die in sich und für sich wertvoll ist. Direkt problemlösend wirken das Differenzieren des energetischen Erlebens, das Dosieren im Wahrnehmen und Verhalten und das energetische Besetzen von Zielen und das Sich-Ausrichten auf diese.

Den Weg aus der individuellen Falle zu kennen und den ersten Schritt eines positiven Autonomie-Prozesses zu realisieren, das ermöglicht zusammen mit therapeutischen Anleitungen sowohl typische Probleme zu lösen, wie sie in Zukunft zu vermeiden oder zu reduzieren. Das Autonomie-Training beschreibt und installiert einen Weg, nicht einen Endzustand. In dem, was zur Falle werden kann, liegt auch eine besondere Fähigkeit, die nicht verloren gehen sollte. Störend wirken sich nur die falsche Anwendung und das Zuviel aus.

Man könnte das in Schritten so formulieren: Aus ‚die anderen retten‘ wird über ‚Sorge nicht, lebe!‘ ein ‚sein Leben genießen‘, ‚sich auf sich selbst besinnen‘ und dann ein realistisches ‚sich um andere kümmern‘. Aus dem ‚sich abhängig machen‘ vom Anderen wird über ‚Besinne dich auf dich!‘ ein ‚auf sich selbst vertrauen‘ und ‚konstruktives Handeln‘, und dann ein befreites ‚auf den Anderen eingehen‘. Aus dem selbstzweiflerischen Denken wird über das ‚Gestalte dein Leben!‘ aktive Lebensgestaltung und ein kluges Nachdenken.

Anmerkungen

Einleitung

[1] De Shazer, S. (1989); Walter, J. L. u. Peller, J. E. (1994).

[2] Bandler, R. (1992); Andreas, C. u. St. (1993).

[3] Der Vergleich mit einem Puzzle hinkt insofern, als ein Puzzle etwas Statisches ist. Besser ist das Psychographie-Dreieck, das mit seinen Pfeilen eine Bewegung, einen Prozess darstellt.

1. Rundum wirksam – die Integration lösungsorientierter Konzepte

[4] „Wir wollten im Grunde schon immer herausfinden, was funktionierte und was nicht funktionierte. Wir beobachteten schon immer Therapien von so genannten erfolgreichen TherapeutInnen und beobachteten, was funktionierte und was nicht ..." De Shazer, S. in: Eberling, W. u. Hargens, J. (1996), S. 8.
„Ich weiß nicht, ob ihr jemals die Gelegenheit hattet, Virginia (Satir) arbeiten zu sehen ... Wir können... ihr Verhalten in der Form beschreiben, dass wir ... sagen: ,... Tue diese Dinge in dieser Reihenfolge. Übe es so lange, bis es zu einem systematischen Teil deines unbewussten Verhaltens wird, und du wirst dahin kommen, fähig zu sein, die gleichen Reaktionen hervorzurufen wie Virginia.'"
Bandler, R. u. Grinder, J. (1985), S. 26–27.

[5] „... diese Prozesse müssen auf der Kompetenz- und Bedürfnisebene des Individuums angeregt werden." Grossarth-Maticek, R. (2003), S. 106, und: „Eigenkompetente Lösungen sind therapeutisch immer viel stabiler als vermittelte Analysen und Anregungen ..." Grossarth-Maticek, R. (2003), S. 87.

[6] Ich habe das Modell der drei eigengesetzlichen Lebensbereiche unabhängig von theologischen Modellen entwickelt. Doch ich finde es eine interessante Bestätigung, dass sich die triadische Wirklichkeit auch in der Trinitätstheologie widerspiegelt und auch dort an ontologische Entsprechungen gedacht wird. „Im Übrigen betont ... (Nikolaus von Kues), dass er konsequent an ein gleichseitiges Dreieck denkt. Denn nur so sieht er den Verweis auf die Wesensgleichheit der drei göttlichen Personen gewährleistet, von denen keine größer ist als die andere. Das die drei gleichen Seiten in ihrer Ganzheit das einfachste geometrische Gebilde ergeben, entspricht den konstitutiven Korrelationen zwischen Vater, Sohn und Geist ..." Ganoczy, A. (2001), S. 102, und:

„Bonaventura gelingt es ... ontologische Grundstrukturen des ... endlichen Seins auf Gott und dessen Personenmehrheit hin transparent werden zu lassen ... in einer Ontologie, die göttliches und menschliches Sein strukturanalog aufeinander bezieht." Ganoczy, A. (2001), S. 77.

[7] Die Einheit des Individuums dürfte durch ein transzendentales Ich oder Selbst hergestellt werden, das normalerweise nicht selbst Objekt seiner Wahrnehmung wird. Erleuchtungserfahrungen können so verstanden werden, dass hier das transzendentale Ich sich selbst wahrnimmt und erkennt.

[8] Berne, E. (1957).

[9] Ich-Modelle in der Psychotherapie siehe: Friedmann, D. (2000), S. 33 f.

[10] Im Sinne von mentalen Steuerungen.

[11] Capra, F. (1992).

[12] Auch das Individuum kann als ein System gesehen werden, etwa wenn man an das Zusammenwirken der drei Ichs denkt oder von Psyche und Körper.

[13] Das ist verantwortungslos gegenüber den Patienten, denen wirksame Hilfe versagt bleibt, und schadet der künftigen Qualität von Psychotherapeuten, die gezwungen sind, lange und teure Ausbildungen zu machen in Verfahren, die veraltet sind.

[14] Anmerkung: siehe Kap. 6, 7 und 8.

[15] Friedmann, D. (1976).

[16] Ursache-Wirkungs-Kausalität, Systemische Kausalität, Zielkausalität.

[17] Zukunft, Gegenwart oder Vergangenheit.

[18] Wir, Du oder Ich.

[19] Kraftvolle, liebevolle oder geistige Energie.

[20] Wollen, Fühlen, Denken (bzw. mentale Steuerungen).

[21] Friedmann, D. (1990, 1991, 1993, 1996, 1997, 2000).

[22] Eltern-Ich, Kind-Ich und Erwachsenen-Ich (Berne, 1957) bzw. Handlungs-Ich, Beziehungs-Ich und Erkenntnis-Ich (Friedmann, 2000).

[23] *Handlungstyp, Beziehungstyp* und *Sachtyp.*

[24] Das ist keine Wortspielerei, sondern entspricht der absurden Logik unseres Psychotherapie-Gesetzes.

[25] ILP – Integrierte Lösungsorientierte Psychologie.

[26] Frühe Verbote.

[27] Einschränkende Gebote.

[28] NLP ist durch seine spektakuläre Vermarktung von sog. Motivations-Trainern etwas in Misskredit geraten. Dabei werden jedoch die zukunftsweisenden Erkenntnisse besonders des Fortgeschrittenen NLPs übersehen. Bandler, R. (1992) u. Diltz, R. B. (1993).

[29] Untersuchungen an dem wissenschaftlichen Institut BFTC (De Shazer) ergaben ein Jahr nach Abschluss der Therapie eine Erfolgsrate von über 80% bei durchschnittlich 4,6 Sitzungen. Die Nachfrage ein Jahr später bei den gleichen Klienten führte zu noch besseren Werten (86%). Außerdem berichteten die Klienten, dass sie auch auf Lebensgebieten, die nicht Thema der Therapie waren, Verbesserungen erzielt hätten.

30 De Shazer, S. (1989), S. 101 f., zur Schreibweise s. Anmerkung 169.

31 Friedmann, D. (1976).

32 Zu den Persönlichkeitstypen siehe Friedmann, D. (2000 u. 2004).

33 Wir denken bei dem Begriff Energie vor allem an Intensität, manchmal an die Richtung (etwa bei Windenergie), doch nicht, dass die Energie Information enthält. So gesehen ist unser Energiebegriff ärmer als der chinesische.

2. Ist das noch Psychotherapie?

34 Grawe, K. (1994).

35 Etwa 1900 bis 1950.

36 Etwa 1950 bis 1980.

37 Gesprächspsychotherapie, Gestalttherapie, Transaktionsanalyse, Psychodrama, Verhaltenstherapie, Körpertherapien etc.

38 Walter, J. L. u. Peller, J. E. (1994), S. 17.

39 Ebenda, S. 20.

40 Perls, F. S. (1976), S. 61–62.

41 Etwa seit 1980.

42 Entwickelt an dem wissenschaftlichen Institut ‚Brief Family Therapie Center‘ in Milwaukee, USA von De Shazer und seinen Mitarbeitern, s. De Shazer, S. (1989).

43 Dilts, R. (1990); Bandler, R. (1992).

44 Werner Winkler, ein ehemaliger Schüler von mir, der die Lösungsorientierte Kurztherapie psychographisch weiterentwickelt hat, erzielt mit meist einstündigen Beratungen gute Ergebnisse.

45 De Shazer, S. (1985), S. 12, 23 u. 28.

46 Was die Vorgehens- und Arbeitsweise der ILP betrifft, sind die Bezeichnungen Training oder Coaching angemessener als Psychotherapie. Ich bevorzuge deshalb die Bezeichnung Psychologie im Sinne von praktischer oder angewandter Psychologie, ohne jedoch konsequenterweise auf den Begriff Psychotherapie zu verzichten.

47 Friedmann, D. (1997); Friedmann, D. (2000).

48 Bandler, R. u. Grinder, J. (1985), S. 21.

49 Die sog. paradoxen Interventionen, die in diesem Bereich direkt intervenieren (das lösungsorientierte Vorgehen arbeitet eher indirekt, verbessert die Rahmenbedingungen), wurden eher intuitiv eingesetzt.

50 Dass viele Therapie-Schulen in der Praxis nicht halten, was die Beispiele ihrer genialen Gründer versprechen, hängt damit zusammen, dass sich die Gründer zu wenig um die Ausbildung gekümmert haben. Dann wird bei ihren Schülern Können ersetzt durch Ideologie, erfolgreiche Praxis durch den Glauben an die Wirksamkeit der Methoden.

51 De Shazer, S. (1989), S. 99.

[52] Zum Beispiel wenn wir Klienten nach dem Guten des Schlechten ihrer Problemsituation fragen oder sie Lösungs-Filme machen lassen.

[53] Gadamer, H.-G. (1972).

[54] Durch Pacen, den Klienten spiegeln auf der körpersprachlichen und energetischen Ebene.

[55] Bleibt der Therapeut hinter dem Klienten, geht dieser weiter nach vorne, überholt er den Klienten, so geht dieser zurück. Die Regel lautet: Ist der Klient auf einem guten Weg, sollte der Therapeut hinter ihm bleiben. Schadet der Klient sich oder anderen, sollte ihn der Therapeut überholen.

[56] De Shazer, S. (1994), S. 178.

[57] „Auf der anderen Seite gibt es auch viele Probleme in der modernen Zivilisation, bei denen der Anschein besteht, dass große Anstrengungen zu ihrer Lösung unternommen werden; beim näheren Hinsehen zeigt sich aber, dass bestimmte Aspekte, die möglicherweise die Problemlösung beschleunigen könnten, systematisch vernachlässigt werden." Grossarth-Maticek, R. (2003), S. XVII.

[58] Simonton, C., Matthews-Simonton, S., Creighton, J. (1988); Grossarth-Maticek, R. (2003), S. 191 u. 195.

[59] Capra, F. (1975), The Tao of Physics.

[60] Capra, F. (1992), S. 54.

[61] Bandler, R. u. Grinder, J. (1985), S. 21.

[62] Bandler, R. u. Grinder, J. (1985), S. 23.

[63] Bandler, R. u. Grinder, J. (1985), S. 9.

[64] Bandler, R. (1992), S. 19.

[65] Walter, J. L. u. Peller, J. E. (1994), S. 16.

3. Gesetzmäßigkeiten und Prozesse

[66] Bandler, R. u. Grinder, J. (1980); De Shazer, S. (1996).

[67] Bandler, R. u. Grinder, J. (1985), S. 23.

[68] Halder, A. u. Müller, M. (1997), S. 245.

[69] Huter, K. (1923).

[70] Friedmann, D. (2000).

[71] Friedmann, D. (1976).

[72] Friedmann, D. (1990).

[73] Friedmann, D. (1997).

[74] Winkler, W. (2001).

[75] Capelle, W. (1968), S. 268 f.

[76] Von griechisch *télos*, Ziel, Zweck, Ende, Vollendung. Der Begriff wurde eingeführt von Christian Wolff als Gegenmodell zum mechanistischen Denken, das nur die Ursache-Wirkungs-Kausalität gelten ließ. Halder, A. u. Müller, M. (1997), S. 309.

[77] Duden, Das Fremdwörterbuch (1999).

[78] Laotse, Tao Te King, Kap. 40.

[79] Capelle, W. (1968), S. 136, 149.

[80] Perls, F. S. (1976), S. 77.

[81] De Shazer, S. (1989), S. 97 f.

[82] Sie darf nicht aus einer ablehnenden, ärgerlichen oder ängstlichen Haltung kommen, sondern aus einer annehmenden, spielerischen und selbstbewussten.

[83] Steiner, C. (1982); Berne, E. (1972).

[84] Riemann, F. (1986).

[85] Friedmann, D. (2000), S. 97 f.

[86] Etwa 1980.

[87] Speziell der HT9, der Typ 9 im Enneagramm.

[88] Perls, F. S. (1976), S. 12.

[89] Ebenda, S. 16.

[90] Ebenda, S. 53, 54.

[91] Eugen Bleuler (1857–1939).

[92] Mackenthun, G. (1998).

[93] In der Transaktionsanalyse werden sie Einschärfungen und Antreiber genannt.

[94] Freud, S. (1937), S. 68 f., zitiert nach Mackenthun, G. (1998).

4. Wirksame Therapie ist anders

[95] Perls, F. S. (1976), S. 45.

[96] Ebenda, S. 40.

[97] Ebenda, S. 44.

[98] „Das wäre mal eine wirklich neue Herausforderung – anstatt eines ‚Scharfsinnigkeitstrainings‘ ein ‚Einfachheitstraining‘ zu haben, oder eine ‚Anfängermentalität‘ oder ein ‚Begriffsstutzigkeitstraining‘ … ‚Blödheitstraining‘.“ De Shazer, S. (1996), S. 132.

[99] Walter, J. L. u. Peller, J. E. (1994), S. 61–62.

[100] Wer die Geschichte nicht kennt: Der Igel hatte seine Frau am anderen Ende des Feldes platziert.

[101] „Von daher muss die Frage faszinierend sein, ob die Menschen nicht durch komplexeres Denken und das Abstandnehmen von Ideologien, und das nicht nur im politischen oder religiös-fanatischem Sinne, sondern auch im Sinne einer Ideologie, die uns eine alles beherrschende naturwissenschaftliche Potenz vortäuscht, eine weitaus höhere Problemlöse- und Entwicklungsfähigkeit erreichen könnten.“ Grossarth-Maticek, R. (2003), S. XVIII.

[102] Simonton, C.; Matthews-Simonton, S. u. Creighton, J. (1978).

[103] Grossarth-Maticek, R. (2003).

[104] De Shazer, S. (1989), S. 113.

[105] Die Schreibweise Tit For Tat meint im Gegensatz zu De Shazers TIT FOR TAT meine eigene, weiterentwickelte Methode.
[106] De Shazer, S. (1989), S. 97 f.

5. Integrierte Lösungsorientierte Psychologie (ILP)

[107] Vgl. das gleichnamige Buch „Fühlen, Denken, Handeln" von Roth, G. (2001) oder Friedmann, D. u. Fritz, K. (2004), „Denken, Fühlen, Handeln".
[108] Bandler, R. (1992).
[109] Siehe „Persönlichkeitstypische Spiele und Alternativen" in Friedmann, D. (2000), S. 63 f.
[110] Capelle, W. (1968), S. 156.
[111] Zitiert nach Capelle, W. (1968).
[112] Der Gestalttherapeut Perls und der Transaktionsanalytiker Berne.

6. Das Leben gestalten – Lösungsorientierte Kurztherapie

[113] Peters, Th. J., Waterman R. H. (1991).
[114] Williams, A. L. (1991).
[115] Antonovsky, A. (1997), Begründer der Salutogenese, abgeleitet vom lateinischen ‚salus, -utis', Gesundheit und dem griechischen ‚genesis', Entstehung, also die Erforschung der Gesundheitsursachen als Alternative zur Pathogenese, der Erforschung der Krankheitsursachen.
[116] Grossarth-Maticek, R. (2003) untersucht die Zusammenhänge zwischen Selbstregulation, Autonomie und Gesundheit bzw. Krankheitsfaktoren und soziale Gesundheitsressourcen im sozio-psycho-biologischen System.
[117] Winkler, W. (2001) – Winkler verbindet diese einfachen lösungs- und ressourcenorientierten Interventionen mit Anregungen, die der ‚Bewegung' des Psychographie-Dreiecks folgen. Damit wird aus der etwas statischen Therapie De Shazers eine dynamische Therapie, die noch näher an den Prozessen ist, bei denen Lösungen zustande kommen.
[118] Walter, J. L. u. Peller, J. E. (1994).
[119] Etwa zum gleichen Zeitpunkt unterschied ich, ebenso wie sie, drei Generationen in der Psychotherapie und formulierte unabhängig von ihnen ganz ähnliche Fragen, um die drei Generationen zu charakterisieren (Friedmann, D. [1993], S. 166):
1. Generation
(analytische tiefenpsychologische Methoden, FREUD und die Psychoanalyse)
problem- und vergangenheitsbezogener Ansatz: *„Warum so?"*

2. Generation
(erlebnis- und prozessorientierte Methoden, ROGERS, PERLS, BERNE u. a.)
problem- und gegenwartsbezogener Ansatz: „*Wie jetzt?*"

3. Generation
(generierende Methoden, ERICKSON, BANDLER, GRINDER, DE SHAZER u. a.)
lösungs- und zukunftsbezogener Ansatz: „*Wie anders?*"

[120] Bandler, R. u. Grinder, J. (1985), S. 178.

[121] Walter, J. L. u. Peller, J. E. (1994), S. 73 f.

[122] De Shazer, S. (1989), S. 13.

[123] Der Begriff ‚wissenschaftlich anerkannte Methode' ist selbst unwissenschaftlich, weil Wissenschaft nicht anerkennt. Anerkennung ist affirmativ, kann von einzelnen Personen, Gruppen, Institutionen usw. ausgehen, hat mit Maßstäben, Beurteilungen und Willensentscheidungen zu tun. Der Begriff ‚wissenschaftlich' ist in diesem Zusammenhang irreführend, verschleiert die Verantwortung der Entscheidungsträger und sollte durch den Begriff ‚gesundheitspolitisch' ersetzt werden. Holzhüter berichtet, dass auch die Rechtsprechung die Bezeichnung ‚wissenschaftlich anerkannt' für unzulässig hält (Holzhüter, R. [1995], Wehrt Euch, Patienten!, Ullstein-Sachbuch).

[124] Simonton, C.; Matthews-Simonton, S. u. Creighton, J. (1988).

[125] ILP, Lösungsorientierte Kurztherapie, Autonomie-Training und Systemisch-lösungsorientierte Partner- und Familientherapie.

[126] Berg, I. K. (1992), S. 93.

[127] Ebenda.

[128] De Shazer, S. (1989), S. 12 u. S. 14.

[129] Duden (1996), S. 415.

[130] Wenn man diese Wirkmechanismen durchschaut, wird Psychotherapie zu etwas, was die Lage des Klienten ebenso gut verschlimmern wie verbessern kann.

[131] Peters, Th. J. u. Waterman, R. H. (1982).

[132] Williams, A. L. (1991).

[133] Ebenda.

[134] Ebenda, S. 48.

[135] Williams, A. L. (1991), S. 72.

[136] Williams, A. L. (1991), S. 171 f.

[137] Peters, Th. J. u. Waterman, R. H. (1991).

[138] Friedmann, D. (1976). Mein damaliges Berufsziel war Hochschullehrer zu werden, um wissenschaftlich und praktisch zum Thema Schulreform zu arbeiten.

[139] Peters, Th. J. u. Waterman, R. H. (1991), S. 119.

[140] Ebenda, S. 117.

[141] Das ist wieder dualistisch gedacht und formuliert, ‚zwiespältig', ‚widersprüchlich'. Da die Wirklichkeit triadisch ist, ist es theoretisch ein noch größeres Durcheinander.

[142] Peters, Th. J. u. Waterman, R. H. (1991), S. 36.

[143] Peters, Th. J. u. Waterman, R. H. (1991), ebenda.

7. Mentale Steuerungen – Tiefenpsychologisches NLP

[144] Friedmann, D. (2000), S. 63 f.

[145] Das wussten schon die griechischen Dramatiker. So wird Kreon in Sophokles' „Antigone" dargestellt als jemand, der sich in ein ,Verfolger-Verhalten' verrannt hat und trotz eindringlicher Warnungen alle, die ihm etwas bedeuten, zu Grunde richtet. Als er zur Besinnung kommt, quasi sein Spiel durchschaut, ist es zu spät, und er kann nur noch verzweifelt klagen. In: Friedmann, D. (1993), S. 146.

[146] Siehe Abb. 15, 16 u. 17.

[147] O'Connor, J. u. Seymour, J. (1993), S. 132.

[148] BT2, BT3 u. BT4 bedeuten: BT = Beziehungstyp; 2, 3 u. 4 bezeichnen die Enneagramm-Typen 2, 3 u. 4, siehe Kap. 9.

[149] Siehe Grafik: Einschränkende und erlaubende Glaubenssätze des Beziehungstyps.

[150] HT1, HT8 u. HT9 bedeuten: HT = Handlungstyp; 1, 8 u. 9 bezeichnen die Enneagramm-Typen 1, 8 u. 9, siehe Kap. 9.

[151] China, 1044–1091.

[152] Das Gras steht für das weltliche Begehren, die geheimnisvolle Wahrheit für die Lehren der Meister.

[153] Wu-men-kuan, Koan 47; 1961 stieß ich auf dieses Koan in dem 1925 erschienen Buch von Ôhasama-Faust „Zen – Der lebendige Buddhismus in Japan", die m. W. erste Koan-Sammlung in deutscher Sprache. Ôhasama, S. (1968), S. 102.

[154] Bandler, R. (1992), S. 35 f.

[155] Swish – move or cause to move with a hissing or rushing sound (Oxford Dictionary).

[156] Die Methode des Swish ist hier stark vereinfacht wiedergegeben.

8. Systemisch-energetische Kurztherapie – Leid in Lösungsenergie verwandeln

[157] De Shazer, S. (1989), S. 99.

[158] Wir müssen hier mit ihrem wirklichen Erleben arbeiten, auch wenn es irrational oder ungerecht ist.

[159] Erickson, M. H. (1995), S. 321.

[160] De Shazer, S. (1989), S. 76 f.

[161] Ebenda, S. 82.

[162] Ebenda, S. 89.

[163] Wilhelm von Ockham, Philosoph des 14. Jahrhunderts.

[164] Ebenda, S. 92.

[165] Wie du mir, so ich dir. Könnte von ,tip for tap' stammen.

166 De Shazer, S. (1989), S. 150 f.

167 Walter, J. L. u. Peller, J. E. (1994) und Bamberger, G. G. (2001).

168 Gleiches wird durch Gleiches geheilt.

169 Zur Unterscheidung von De Shazers TIT FOR TAT benütze ich für die eigene, weiterentwickelte Methode die Schreibweise Tit For Tat.

170 Friedmann, D. (2000), S. 63 f.

171 Perls, F. S. (1976), S. 79.

172 Ebenda, S. 76–77.

173 Ebenda, S. 37.

174 Ebenda, S. 51.

175 Bandler, R. u. Grinder, J. (1985), S. 167 f.

176 Beschreibung der Enneagramm-Typen: Friedmann, D. (2000), S. 151 f.

177 De Shazer, S. (1997), S. 172.

178 Bandler, R. (1992), S. 79 f.

179 Ebenda.

180 De Shazer, S. (1989).

181 Walter, J. L. u. Peller, J. E. (1994), S. 50.

182 Ebenda, S. 131 f.

9. Autonomie-Training –
Rückkehr zu Wohlbefinden und Selbstbestimmung

183 Die Vermutung, dass jeder der drei Untertypen eine spezielle Affinität zu einer der drei Interaktionsebenen hat, ist neu und noch nicht ausreichend empirisch gesichert.

184 Im Enneagramm werden die neun Typen allgemeinverbindlich durch Zahlen unterschieden, also entweder Typ 1 oder Einser. Bezeichnungen wie ‚Der ethische Unterstützer‘ unterscheiden sich von Autor zu Autor. Als Abkürzung für die Kombination der drei Grundtypen und neun Enneagramm-Typen wählte ich beispielsweise für *Handlungstyp*, Typ 1 die Bezeichnung HT1, für den *Beziehungstyp*, Typ 3 die Abkürzung BT3 oder für den *Sachtyp*, Typ 5 die Abkürzung ST5.

185 Friedmann, D. (2000), S. 166 f.

186 Friedmann, D. (2000), S. 167, 169–170.

187 Grossarth-Maticek, R. (2003), S. 251.

188 Ebenda, S. 41.

189 Ebenda.

190 Grossarth-Maticek, R. (2003), S. 118 f.

191 Grossarth-Maticek, R. (2003), S. 121.

192 Vgl. die Beschreibung des Typs I in: Grossarth-Maticek, R. (2003), S. 121.

193 Grossarth-Maticek, R. (2003), S. 109.

[194] 'All you can do is all you can do, but all you can do is enough' in: Williams, A. L. (1991), S. 225.

[195] Arbeit mit Ausnahmen.

[196] Informationen zur ILP-Ausbildung unter www.ilp-fachschulen.de.

Literaturverzeichnis

Andreas, C. u. St. (1993): Gewußt wie, Paderborn.

Antonovsky, A. (1997): Salutogenese: Zur Entmystifizierung der Gesundheit, Tübingen.

Assagioli, R. (1978): Handbuch der Psychosynthesis, Freiburg.

Bamberger, G. G. (2001): Lösungsorientierte Beratung, Weinheim.

Bandler, R. (1992): Veränderung des subjektiven Erlebens, Paderborn.

Bandler, R. u. Grinder, J. (1980): Metasprache und Psychotherapie, Paderborn.

Bandler, R. u. Grinder, J. (1985): Neue Wege der Kurzzeit-Therapie, Paderborn.

Berg, I. K. (1992): Familien-Zusammenhalt(en), Dortmund.

Berne, E. (1957): Ego States in Psychotherapy, American Journal of Psychotherapy, II.

Berne, E. (1976): Die Spiele der Erwachsenen, Hamburg.

Capelle, W. (1968): Die Vorsokratiker, Stuttgart.

Capra, F. (1992): Das neue Denken, München.

De Shazer, S. (1989): Wege der erfolgreichen Kurztherapie, Stuttgart.

De Shazer, S. (1994): Das Spiel mit Unterschieden: wie Lösungen lösen, Heidelberg.

De Shazer, S. (1996): Worte waren ursprünglich Zauber, Dortmund.

Debon, G. (1964): Lao-tse. Tao-Tê-King, Stuttgart.

Dilts, R. (1990): Identität, Glaubenssysteme und Gesundheit, Paderborn.

Duden (1999): Das Fremdwörterbuch, Augsburg.

Dumoulin S. J., H. (1953): Wu-men-kuan, Der Pass ohne Tor, Tokyo.

Eberling, W. u. Hargens, J. (Hrsg.) (1996): Einfach kurz und gut: Zur Praxis der lösungsorientierten Kurztherapie, Dortmund.

Erickson, M. H. (1995): Gesammelte Schriften, Heidelberg.

Farrelly, F. u. Brandsma, J. (1974): Provokative Therapie, Heidelberg.

Freud, S. (1969): Einige Charaktertypen aus der psychoanalytischen Arbeit, Freud-Studienausgabe, Bd. X, Frankfurt (1916).

Freud, S. (1972): Über libidinöse Typen, Freud-Studienausgabe, Bd. V, Frankfurt (1931).

Friedmann, D. (1976): Die transzendentalen Bedingungen oder das dialektische Verhältnis von Emanzipation, Identität und Erkenntnis und seine Konsequenzen für eine Neukonzeption der Schule. Dissertation, Universität Heidelberg.

Friedmann, D. (1990): Der andere, München.

Friedmann, D. (1991): Die Entdeckung der eigenen Persönlichkeit, München.

Friedmann, D. (1993): Laß dir nichts vormachen!, München.

Friedmann, D. (1997): Integrierte Kurztherapie, Darmstadt.

Friedmann, D. (2000): Die drei Persönlichkeitstypen und ihre Lebensstrategien, Darmstadt.

Friedmann, D. u. Fritz, K. (1996): Wer bin ich, wer bist du?, München.

Friedmann, D. u. Fritz, K. (1997): Wie ändere ich meinen Mann?, München.

Friedmann, D. u. Fritz, K. (2004): Denken, Fühlen, Handeln, München.

Fritz, K. (2003): So verstehen wir uns, München.

Gadamer, H.-G. (1972): Wahrheit und Methode, Tübingen.

Ganoczy, A. (2001): Der dreieinige Schöpfer, Darmstadt.

Gilligan, S. (1991): Therapeutische Trance, Heidelberg.

Goleman, D. (1997): Emotionale Intelligenz, München.

Gordon, D. u. Myers-Anderson, M. (1986): Phoenix: Therapeutische Strategien von Milton H. Erickson, Hamburg. Originalausgabe: Phoenix: Therapeutic Patterns of Milton H. Erickson, Cupertino.

Grawe, K. (1998): Psychotherapeutische Therapie, Göttingen.

Grawe, K.; Donati, R. u. Bernauer, F. (1994): Psychotherapie im Wandel: Von der Konfession zur Profession, Göttingen.

Grossarth-Maticek, R. (2003): Selbstregulation, Autonomie und Gesundheit, Berlin.

Halder, A. u. Müller, M. (1993): Philosophisches Wörterbuch, Freiburg.

Haley, J. (1996): Die Psychotherapie Milton H. Ericksons, München.

Hau, T. (1986): Psychosomatische Medizin, München.

Hellinger, B. (1994): Ordnungen der Liebe, Heidelberg.

Holzhüter, R. (1995): Wehrt Euch, Patienten!, Berlin.

Huter, K. (1923): Illustriertes Taschenbuch der praktischen Menschenkenntnis, Schwaig bei Nürnberg.

König, K. (1993): Kleine psychoanalytische Charakterkunde, Göttingen.

Kretschmer, E. (1961): Körperbau und Charakter, Berlin.

Madelung, E. (1996): Kurztherapien: Neue Wege zur Lebensgestaltung, München.

Murphy, J. (1989): Die Praxis des Positiven Denkens, München.

Nyânatiloka (1923): Die Reden des Buddha, Aus dem ‚Angúttara-Nikâya‘, München.

O'Connor, J. u. Seymour, J. (1993): Neurolinguistisches Programmieren: Gelungene Kommunikation und persönliche Entfaltung, Freiburg.

O'Hanlon, W. H. u. Hexum, A. L. (1994): Milton H. Ericksons gesammelte Fälle, Stuttgart.

Ôhasama, S. (1968): Zen. Der lebendige Buddhismus in Japan, Darmstadt.

Palmer, H. (1998): Das Enneagramm, München.

Pearsall, J. (1999): The Concise Oxford Dictionary, New York.

Perls, F. S. (1976): Gestalttherapie in Aktion, Stuttgart.

Peters, Th. J. u. Waterman, R. H. (1982): In Search of Excellence – Lessons from America's Best-Run Companies, deutsch (1991): Auf der Suche nach Spitzenleistungen, Landsberg.

Riemann, F. (1982): Grundformen helfender Partnerschaft, München.

Riemann, F. (1986): Grundformen der Angst, Basel.

Rogers, C. (1973): Entwicklung der Persönlichkeit, Stuttgart.

Rohr, R. u. Ebert, A. (1992): Das Enneagramm. Die 9 Gesichter der Seele, München.

Roth, G. (2001): Fühlen, Denken, Handeln. Wie das Gehirn unser Verhalten steuert, Frankfurt.

Schmidt, K. (1954): Sprüche und Lieder, Konstanz.

Seibt, F. (1977): Psychoanalytische Charakterlehre, Basel.

Simonton, C.; Matthews-Simonton, S. u. Creighton, J. (1988): Wieder gesund werden, Reinbek.

Steiner, C. (1982): Wie man Lebenspläne verändert, Paderborn.

Walter, J. L. u. Peller, J. E. (1994): Lösungs-orientierte Kurztherapie, Dortmund.

Weiss, Th. (1992): Familientherapie ohne Familie, München.

Williams, A. L. (1991): Das Prinzip Gewinnen, München.

Winkler, W. (2001): Lehrbuch Psychographie – Menschenkenntnis mit System, Fellbach.

Winkler, W. (2004): Probleme schnell und einfach lösen, Frankfurt.

Zeigt, J. (1992): Meine Stimme begleitet Sie überall: Ein Lehrseminar mit Milton H. Erickson, Stuttgart.

Sach- und Personenregister